W0034409

E-Book inside

Liebe Käuferin, lieber Käufer,
Sie erhalten von uns als Zugabe kostenlos auch das E-Book
zu diesem Buch. Einmal gekauft – zweimal profitiert!

1. Öffnen Sie die **Webseite**
   https://www.gabal-verlag.de/ebookinside.

2. Geben Sie den untenstehenden **Download-Code** ein
   und füllen Sie das Formular aus.

3. Mit dem Klick auf den »Senden«-Button am Ende
   des Formulars erhalten Sie Ihren persönlichen
   Download-Link als **E-Mail**.

4. Beachten Sie bitte, dass der Code nur **einmal gültig** ist.
   Bitte speichern Sie das E-Book.

Ihr Download-Code: **GYNTU-J6FPU-U2R48**

Nari Kahle
Mobilität in Bewegung

NARI KAHLE

Mobilität in Bewegung

Wie soziale Innovationen unsere mobile Zukunft revolutionieren

Mit einem Vorwort
von Friedensnobelpreisträger
Prof. Dr. Muhammad Yunus

Bibliografische Information der Deutschen Nationalbibliothek

Die Deutsche Nationalbibliothek verzeichnet diese Publikation
in der Deutschen Nationalbibliografie; detaillierte bibliografische Daten
sind im Internet über http://dnb.d-nb.de abrufbar.

ISBN 978-3-96739-060-5

Lektorat: Eva Gößwein, Berlin | www.evagoesswein.de
Übersetzung Vorwort: Nikolas Bertheau
Umschlaggestaltung: Stephanie Böhme Strategische Konzeption und Design, Neuwied
Titelillustration, Illustrationen an den Kapitelanfängen und Porträts: George Agas
Grafiken: Tobias Heller
Foto der Autorin (Buchrückseite): Paul Meixner | www.paulmeixner.de
Satz und Layout: Das Herstellungsbüro, Hamburg | www.buch-herstellungsbuero.de
Druck und Bindung: Salzland Druck, Staßfurt

Copyright © 2021 GABAL Verlag GmbH, Offenbach

Wir drucken in Deutschland.

www.gabal-verlag.de
www.gabal-magazin.de
www.facebook.com/Gabalbuecher
www.twitter.com/gabalbuecher
www.instagram.com/gabalbuecher

PEFC zertifiziert
Dieses Produkt stammt aus nachhaltig
bewirtschafteten Wäldern und kontrollierten
Quellen.

PEFC
PEFC/04-31-2251

www.pefc.de

Für alle heutigen und zukünftigen
Mobilitätsrevoluzzer:innen auf dieser Welt

Inhaltsverzeichnis

Vorwort von Professor Muhammad Yunus 11

EINLEITUNG 18
Mobilität im Umbruch 18
Die vergessene Dimension von Nachhaltigkeit 20
Gemeinwohl als wirtschaftliches Ziel in der Mobilität 21
Der Beginn einer Reise 24

Kapitel 1 EIN SOZIALES ZEITALTER 27
Mobilität als Spiegel unserer Gesellschaft 30
Die dunkle Seite der Mobilität 32
Zeit, zu handeln 35
Radfahren für alle 37
Zur bedingungslosen Grundmobilität 40
Das Für und Wider eines kostenlosen Nahverkehrs 41
Mobilität für alle neu denken 44

Kapitel 2 UNTERWEGS IN DER STADT 47
Warum uns Städte zum Umdenken bringen 50
Das beste Mobilitätsangebot ist auf uns zugeschnitten 51
Mobilitätsplattformen: Das Amazon des Transports 52
Was macht eine Mobilitätsplattform so nützlich? 57

Die Schattenseiten der Mobilitätsplattformen   60

Mobilität für eine lebenswerte Stadt   62

Warum Städte um das Auto geplant sind   64

Die Stadt der kurzen Wege   65

Kapitel 3 TEILEN VERBINDET   69

Das oBike-Desaster   72

Vom Besitzen zum Benutzen   74

Was ist vom ursprünglichen Sharing-Ansatz geblieben?   76

Ridepooling für soziale Teilhabe   79

Weitere gesellschaftliche Effekte von Ridepooling   81

Das Dilemma von neuen geteilten Mobilitätsangeboten   82

Carsharing für das Gemeinwohl   84

**Kapitel 4 OFFENE DATEN: VON HACKERN
UND FREIWILLIGEN**   89

Wie Bikesharing aus Versehen gehackt wurde   92

Der Open-Source-Gedanke in der Mobilität   94

Offene Mobilitätsangebote dort, wo sie sich nicht rentieren   96

Offene Daten für innovative und soziale Ansätze   99

Eine Forderung nach mehr offenen Mobilitätsdaten   102

Die Open-Data-Strategie einiger Städte   103

Von den Erfahrungen anderer lernen   106

Eine größere Open-Data-Community   108

Kapitel 5 NEUE IDEEN IM LÄNDLICHEN RAUM   111

Warum Mobilität auf dem Land ein Thema für sich ist   114

Warum der Linienbus keine Chance mehr hat   115

Wenn Nahverkehr immer mehr »on demand« fährt   118

Digitale Mobilitätsangebote für eine nicht digitale Zielgruppe   120

Ein autonom fahrender Shuttle auf dem Land   123

Warum Carsharing auf dem Land noch Zeit braucht   126
Wenn Fahrten geteilt werden   131
Kommen die Produkte zum Menschen?   133

Kapitel 6 EINE FAIRE ELEKTROMOBILITÄT   135
Ein Umdenken in unserer Gesellschaft   138
Wann ist Elektromobilität wirklich nachhaltig?   139
Die Batterie und ihre Rohstoffe   141
Von verantwortungsvollem und fairem Rohstoffbezug   144
Ein Hoffnungsschimmer namens Blockchain   146
Das Leben einer Batterie nach dem Auto   151
Unsere eigene Rolle   155

Kapitel 7 SELBSTFAHREND ODER SELBST FAHREN   159
Mehr Technik für mehr Sicherheit   162
Wenn Autos miteinander kommunizieren   164
Wie fährt ein Auto von allein?   165
Realistische Chance oder Träumerei?   169
Wer fährt sicherer: Mensch oder Maschine?   171
Neue Chancen für unsere Gesellschaft   174
Von der Bezahlbarkeit und den Bezahlmöglichkeiten   176
Wollen wir autonomes Fahren überhaupt?   180

Kapitel 8 DIE VERÄNDERUNG VON ARBEIT   183
Warum sich ein Perspektivenwechsel lohnen kann   186
Wie sich Mobilitätsjobs verändern   187
Autoproduktion und Beschäftigung   190
Von neuen Jobs rund um Mobilität   192
Arbeitsvermittelnde Plattformen und ihre Verantwortung   194
Brauchen wir eine neue Form von Gesellschaftsvertrag?   201
Über Verantwortung und Arbeit in einem Mobilitäts-Start-up   203

Kapitel 9 VON TECHNISCHEN ZU SOZIALEN INNOVATIONEN 207

Fortschritt und Innovation in unserer Gesellschaft 210

Innovationen mit einem gesellschaftlichen Mehrwert 212

Wenn Innovationen weltbewegende Probleme lösen 213

Soziale Innovationen gestern und heute 216

Mobilitätsinnovationen für eine bessere Welt 218

Drohnen, die Menschenleben retten 219

Eine soziale Vision von Mobilität 222

Kapitel 10 EPILOG 225

Von Erwartungen und Wünschen an Mobilität 228

Physische Mobilität: Schneller und weiter mit dem Hyperloop 229

Digitale Mobilität: Wie mobil müssen wir eigentlich sein? 231

Warum Mobilität heute mehr denn je in Bewegung ist 233

Anmerkungen und Quellen 237

Gesprächspartner:innen 253

Dank 255

Personen- und Stichwortverzeichnis 258

Die Autorin 262

Vorwort von Professor Muhammad Yunus

Ich erinnere mich noch lebhaft an eine der eindrücklichsten Reisen, die ich jemals unternommen habe. Im Jahr 1955 erhielt die Pfadfindergruppe, zu der ich gehörte, die Chance, nach Europa und Nordamerika zu reisen, um in Kanada am World Scout Jamboree der Boy Scouts Association, einem internationalen Pfadfindertreffen, teilzunehmen.

Ich war fünfzehn Jahre alt. Es war eine unvergessliche Reise voller Eindrücke, die sich tief in mein Gedächtnis eingeprägt haben. So war es wahrlich ein Erlebnis, den Atlantik hin und zurück auf Luxuslinern zu überqueren, zu sehen, wie die Länder Europas aus den Ruinen des Zweiten Weltkriegs auferstanden, und die Welt mit den Augen eines Kindes zu betrachten, das im ländlichen Umfeld eines südasiatischen Landes aufgewachsen war. Diese Reise war eine phänomenale Erfahrung. Was ich als Fünfzehnjähriger hier lernen durfte, sollte mein gesamtes weiteres Leben prägen.

Schneller, als wir es uns gewünscht hätten, rückte der letzte Tag des Pfadfindertreffens näher. Das Ende unseres großen Abenteuers schien sich anzukündigen. Das betrübte uns sehr, denn wir spürten, dass es für uns noch so viel zu entdecken gäbe. Die Organisator:innen unserer Reise hatten jedoch eine andere Idee. Sie dachten sich: Warum machen wir die

Rückreise nicht zu einem Teil des Abenteuers für die 27 Jugendlichen? Also änderten sie den Reiseplan und beschlossen, uns auf dem Landweg durch ganz Europa bis nach Karatschi in Pakistan zu bringen, wo unsere Reise offiziell begonnen hatte. Sie würden den Flugpreis sparen und für das Geld stattdessen drei Kleinbusse kaufen, die anschließend in den Besitz der Pfadfinderorganisation Pakistans übergehen würden.

Natürlich gab es Bedenken. Manche sagten: »Nein, die Distanz ist zu groß, um sie mit Kleinbussen zu überwinden.« Andere sagten: »Nein, da müssten wir zu viele Grenzen passieren.« Zuletzt aber waren alle dafür. Wir waren jung und fanden alles besser, als nach Hause zu kommen und wieder zur Schule gehen zu müssen.

Den Atlantik überquerten wir auch diesmal per Schiff. In London angekommen, trafen wir alle erforderlichen bürokratischen und anderen Vorbereitungen für die lange Reise. Die erste Etappe führte uns nach Wolfsburg in Deutschland, wo wir im Werk von Volkswagen drei nagelneue Kleinbusse erwarben (besser bekannt als Bulli). Unmittelbar vom Werksgelände setzten wir zu unserer langen Fahrt an.

Jeder einzelne Tag der Reise war Spannung pur. Wir fuhren von Stadt zu Stadt und nahmen auch Umwege in Kauf, um besonders interessante Städte zu besichtigen, die nicht direkt entlang der Route lagen. Dort, wo es uns gefiel und wir mehr sehen wollten, blieben wir länger. Unvorhergesehene Umstände führten ebenfalls zu längeren Aufenthalten. Am Ende dauerte die Fahrt von Deutschland entlang der Mittelmeerküste durch Länder wie die Türkei, den Libanon, Irak und Syrien bis zurück nach Karatschi vier Monate. Hinzu kamen zwei weitere Wochen für den Weg quer durch Indien bis in meine Heimatstadt Chittagong in Bangladesch.

Auf unserer langen Reise begegneten wir so vielen warmherzigen und gastfreundlichen Menschen, dass sich die ganze Welt für uns anfühlte wie unser Zuhause.

Diese Erfahrung brachte mich zu der festen Überzeugung, dass wir globale Mobilität brauchen, um allen Menschen ein Umfeld zu ermöglichen, in dem sie Orte erreichen und die Welt erkunden können. Menschen auf der ganzen Welt sind begierig darauf, ihre Nachbarländer und die große Welt zu bereisen und hautnah zu erleben.

Auch im Alltag sind wir Menschen auf Mobilität angewiesen. Ohne Mobilität können wir nicht leben. Mobilität ist eine Lebensnotwendigkeit, wo immer wir uns befinden. Dabei unterscheidet sie sich natürlich abhängig von den ökomischen Gegebenheiten eines jeden Landes.

In Bangladesch beispielsweise besitzen die meisten Menschen kein eigenes Auto. Sie können sich schlicht keines leisten. Aber ich denke, das verschafft Bangladesch zugleich die Chance, die Zukunft besser zu planen. Wir können gewissermaßen bei null anfangen. Das gibt uns die Möglichkeit, mehr über den Transport für die Masse nachzudenken anstatt über private Autos. Wir können uns für umweltfreundliche Lösungen entscheiden. Wir können uns auf grüne Antriebe konzentrieren und fossilen Treibstoffen eine Auslauffrist setzen. Wir können neue Mobilitätsdienste für selbst organisierte Fahrgastgruppen einführen, die ihre Routen, Zeiten und Fahrpreise selbst bestimmen – für die einmalige Fahrt genauso wie auf regelmäßiger monatlicher Basis. Wir können die Nutzung von Fahrzeugen durch jeweils nur eine Person unattraktiv machen.

Bangladesch ist das am dichtesten besiedelte Land der Welt. Im Schnitt leben hier auf einem Quadratkilometer mehr als 1000 Menschen. Was würde passieren, wenn jede Person ein eigenes Auto hätte – womöglich auch noch mit fossilem Antrieb? Wir gehören bereits jetzt zu den Hauptleidtragenden der Klimakatastrophe. Da sollten wir nicht auch noch maßgeblich zu ihrer Verschärfung beitragen.

Mobilität ist aus verschiedenen Gründen ein großes Problem in Bangladesch. Die zwei wichtigsten sind die Luftverschmutzung und die Zahl der Verkehrstoten. In Dhaka, der Hauptstadt des Landes, ist der Verkehr schlicht unerträglich. Dhaka gehört weltweit zu den Städten mit der schlechtesten Luftqualität. Verkehrsstaus und Hupkonzerte sind hier fester Bestandteil des Alltags.

Während des letzten Jahres hat die Welt aus der Covid-19-Pandemie einige höchst wichtige und positive Dinge mit Blick auf die Mobilität gelernt. Die Pandemie hat uns gezwungen, unsere Mobilität drastisch zu verringern. Wir haben uns daran gewöhnt, viele Dinge auch ohne Mobilität zu meistern. Viele dieser wertvollen Veränderungen unserer Lebensweise, die die Pandemie uns aufgedrängt hat, werden wir auch dann beibehalten, wenn die Pandemie dereinst hoffentlich Vergangenheit sein wird. Es sind Veränderungen, die uns gefallen. Wir sagen ihnen eine große Zukunft voraus. Wir haben erfahren, dass wir Büros und ganze Unternehmen von zu Hause aus betreiben können. Wir tun dies nicht länger im Sinne einer Notfallmaßnahme, sondern weil es für uns bequem ist und unter Umweltgesichtspunkten ratsam erscheint. Wir haben erkannt, dass wir die meisten unserer Meetings virtuell abhalten können. Das spart Zeit (wir stecken nicht länger in Staus fest, was sich in Dhaka über Stunden hinziehen kann) und Geld. Wir können jetzt zu unseren Meetings und Konferenzen so viele Teilnehmer:innen einladen, wie wir nur wollen – von überall im Land und in der Welt und ohne die Hilfe einer Eventorganisation. Für Bildungseinrichtungen ist der virtuelle Alltag zur neuen Normalität geworden. Wir haben gesehen, wie Parlamentssitzungen und hochrangige UN-Meetings virtuell stattfinden können. Konferenzen wurden globaler – ganz ohne zusätzliche Kosten. Jede virtuell durchgeführte globale Veranstaltung spart Tonnen von Kohlenstoffemissionen. Virtuelle Meetings und Zusammenkünfte werden auch künftig helfen, die Gefahr einer globalen Ausbreitung von Viren zu reduzieren.

Plötzlich schießen die unterschiedlichsten Online-Unternehmen aus dem Boden. Viele unserer neuen Verhaltensweisen wurden uns von den Umständen aufgenötigt, aber wir werden sie fortan beibehalten, nachdem wir mittlerweile Gefallen an ihnen gefunden haben. Und wir werden sie im Lauf der Zeit weiter ausgestalten und noch mehr zu schätzen wissen.

Es gilt, Mobilität im Lichte dieser neuen Realität vollkommen neu zu denken. Die Pandemie hat einen wichtigen Lernprozess in Gang gesetzt. Wir werden den virtuellen Umgang miteinander weiter pflegen – nicht nur, um uns vor der Pandemie zu schützen, sondern unserer Umwelt und unserer Gesundheit zuliebe. Wir sollten baldmöglichst Richtlinien aufstellen, um virtuelle anstelle von physischen Interaktionen auf den unterschiedlichsten Ebenen zu fördern. Die Aufsichtsräte sollen ihr Management auffordern, Wege zu finden, wie sie die Menge der zurückgelegten Flugzeug- und Autokilometer Jahr um Jahr verringern können. Dies wird die virtuelle Interaktion fördern.

Mobilität, ja. Aber Mobilität muss mit sozialer und ökologischer Verantwortung verbunden werden. Mobilität ist ein Bereich, in dem es unerlässlich ist, die individuellen mit den kollektiven Bedürfnissen in Übereinstimmung zu bringen. Durch die Balance von sozialer und ökologischer Verantwortung ergibt sich ein klares Bild für die Zukunft der Mobilität: Sie muss verantwortungsbewusst, nachhaltig, bedarfsgerecht, einfach, hilfreich und erschwinglich sein. Und dabei muss uns stets bewusst sein: Als Alternative bleibt uns immer auch die virtuelle Option.

Die Mobilität der Zukunft muss das Ziel verfolgen, den Verkehr zu reduzieren. Den Vorrang sollten zwei- und dreirädrige Gefährte haben, während das typischerweise lediglich mit einer Person besetzte Auto zum Auslaufmodell werden sollte – zumindest, solange es nicht mit grüner Energie betrieben wird und sehr viel weniger öffentlichen Raum in der Stadt beansprucht als das typische Auto von heute.

Wenn wir diese Ziele erreichen wollen, benötigen wir kreative Ideen und innovative sogenannte Social Businesses. Sowohl im Mobilitätssektor wie auch in seinem Gegenstück, dem virtuellen Sektor, der uns hilft, den Mobilitätsbedarf zu verringern. Ein Social Business ist ein von sozialem Bewusstsein getriebenes Unternehmen. Es ist ein Unternehmen, das keine Gewinnabsicht verfolgt, sondern sich an den Bedürfnissen der Gesellschaft orientiert und seine Aufgabe darin sieht, Probleme der Menschheit zu lösen. Mittlerweile werden überall auf der Welt Social Businesses zur Entwicklung nachhaltiger Mobilitätslösungen gegründet. Massive Anstrengungen sind erforderlich, damit daraus eine Kraft wird, die das Potenzial hat, echte Veränderungen zu bewirken. Ich werde nicht müde, Unternehmen, Technologieexpert:innen und jungen Menschen Mut zu machen, immer wieder mit der kreativen Herangehensweise der Social Businesses neue Ideen zu entwickeln, um Mobilitätsprobleme zu bewältigen. Die Aufgabe eines Social Business ist es, mit unternehmerischen Mitteln Lösungen für die Probleme des Menschen und des Planeten zu finden. Wir definieren ein Social Business als ein nicht auf Gewinn ausgerichtetes Unternehmen zur Lösung von Problemen unserer Gesellschaft.

Weil es Social-Business-Unternehmer:innen nicht darauf absehen, persönlich Gewinn aus dem Unternehmen zu ziehen, können sie all ihre

Kreativität voll und ganz der unternehmerischen Lösung des eigentlichen Problems widmen.

Warum sollte jemand an Social Business interessiert sein? Ganz einfach: Geld macht zwar glücklich, aber andere glücklich zu machen, macht noch sehr viel glücklicher.

Unternehmertum kann aus dem einfachen Grund die Form von Social Business annehmen, weil der Mensch von Natur aus keine Gelddruckmaschine ist. Menschen sind vielmehr dazu geschaffen, zweierlei Interessen zu verfolgen: persönliche und Kollektivinteressen. Doch aus irgendeinem Grund sind wir ausschließlich damit beschäftigt, persönliche Interessen zu verfolgen, indem wir Gewinnmaximierung als Unternehmensziel festlegen. Social Business hingegen ist eine Form des Wirtschaftens, das sich diesem zweiten Grundanliegen gegenüber öffnet: dem Gemeinwohl zu dienen.

Social Business verfolgt keine persönlichen Gewinninteressen. Es ist ausschließlich dem kollektiven Glück gewidmet, indem Probleme der Allgemeinheit gelöst werden. Wenn wir Mobilität als eine kollektive Aufgabe verstehen, müssen wir auch nach sozialen und unternehmerischen Lösungen suchen. Social Business ist der geeignete unternehmerische Ansatz dafür.

Und hier kommt nun Nari Kahle ins Spiel. Sie hat dieses inspirierende Buch über Sozialinnovator:innen und ihre Initiativen im Mobilitätssektor geschrieben. So erhalten alle diejenigen eine Plattform, die sich mit viel Einsatz um die Verwirklichung gesellschaftlicher Ziele im Bereich der Mobilität bemühen. Alle diese Disruptor:innen einer sozial orientierten Mobilität streben danach, bessere Mobilitätsmodelle zu entwickeln, als wir sie heute haben. In Nari Kahles Buch lernen wir Social Changemaker kennen, die fest daran glauben, dass es möglich ist, unsere Mobilität durch die Kraft des Unternehmertums zu verbessern.

Ich bin davon überzeugt, dass Social-Business-Initiativen unsere Mobilität verändern können, genauso wie sie unsere Lebens- und Arbeitswelt grundlegend verändern. Ich lade Sie ein, einen Blick auf die neuen Ideen dieser Social Changemaker aus dem Mobilitätsbereich zu werfen, die mit viel Engagement interessante Lösungen für die bestehenden gesellschaftlichen Herausforderungen finden und umsetzen.

Ich hoffe, dass Ihnen die im Buch vorgestellten neuen Ansätze, soziale Lösungen auf wirtschaftlich nachhaltige Weise zu verfolgen, zu vielen neuen Erkenntnissen verhelfen, und wünsche Ihnen viel Freude beim Lesen.

Professor Muhammad Yunus
Gründer der Grameen Bank
Friedensnobelpreisträger 2006

EINLEITUNG

Mobilität im Umbruch

Seit über zehn Jahren beschäftige ich mich mit sozialen Fragen in der Wirtschaft. Damit, wie die Wirtschaft Lösungen zu den wichtigsten und drängendsten Problemen der Gesellschaft finden kann. Wie Unternehmen einen positiven Beitrag für ihr soziales Umfeld leisten können und sollten. Ich beschäftige mich mit sozialen Geschäftsmodellen, sozialen Start-ups und sozialen Innovationen. Warum? Ich bin fest davon überzeugt, dass sich unser Wirtschafts- und unser Sozialsystem im Umbruch befinden. Es findet ein Umdenken statt. Fragen nach dem Sinn und Ziel der aktuellen Marktwirtschaft werden wichtiger. Soziale und ökologische Aspekte drängen sich auf die Agenden der großen Wirtschaftsforen, Medien und politischen Diskurse. Für mich ist klar: Wir denken Wirtschaft zu einseitig, wenn wir sie unter dem alleinigen Ziel der Gewinnmaximierung betrachten. Es ist an der Zeit, in Projekten und wirtschaftlichen Vorhaben den Nutzen für Menschen und Gesellschaft in den Vordergrund zu stellen.

Eigentlich dachte ich, die Mobilitätsbranche sei nichts für mich. Meine Schwerpunkte sah ich in anderen Wirtschaftszweigen und an den Universitäten. Und dann landete ich bei einem Arbeitgeber, der auf den ersten Blick so gar nicht zu meinen Themen passte: bei einem der weltweit größten Automobilhersteller. Ich startete in einer sicherlich ungewöhnlichen Position: als Referentin des Gesamt- und Konzernbetriebsrats der Volkswagen AG im Kontext der vielleicht am stärksten gelebten Mitbestimmung der Welt. Etwas später im Buch möchte ich mehr darauf eingehen, inwiefern diese Zeit meinen Blick auf Arbeit und unternehmerische Verantwortung für immer verändert hat.

Ich dachte nicht, dass ich mich jemals in einem Automobilkonzern heimisch fühlen würde. Doch dann tauchte ich tief ein in den Alltag, die Herausforderungen und die Entwicklungen des gigantischen Automobil- und Mobilitätskosmos. Ich lernte viel und sprach mit meinen Kolleg:innen, war bei Diskussionen mit Vorstandsmitgliedern und dem Aufsichtsrat dabei und traf in Pitches auf Berufseinsteiger:innen und Gründer:innen. Außerdem sprach ich viel mit der jungen Generation, mit NGOs, Gewerkschaften und Konsumentenvertreter:innen außerhalb des Unternehmens. Mir wurde klar: Mobilität ist vielschichtig, facettenreich und unfassbar spannend.

So habe ich meine Leidenschaft für das Thema entdeckt. Kaum ein Wirtschaftsbereich ist für uns als Gesellschaft so prägend, so verbindend und so unersetzlich. Alle sind auf Mobilität angewiesen. Nicht zuletzt deshalb werden Diskussionen bisweilen hoch emotional geführt. Wir alle haben eine Meinung. Wir alle sind betroffen.

Nicht nur die Wirtschaft, auch die Mobilität befindet sich im Umbruch. Sie wird auf der ganzen Welt neu erfunden. Die uns jahrzehntelang so vertrauten Fahrzeuge, Antriebe und Verkehrsinfrastrukturen werden in naher Zukunft anders aussehen oder vielleicht gar nicht mehr existieren. Die aktuellen Entwicklungen zeigen in eine sehr eindeutige Richtung: Mobilität wird moderner, digitaler, vernetzter, umweltfreundlicher, geteilter, offener, zugänglicher, gerechter und sie wird vor allem sozialer.

Und hier habe ich es wieder – das Thema, das mich mein ganzes Berufsleben begleitet. Doch wie wird Mobilität sozial? Was heißt das überhaupt? Welche Entwicklungen des gesellschaftlichen Bereichs der Mobilität tragen dazu bei, den Menschen und seine Bedürfnisse in den Mittelpunkt zu stellen?

Darum soll es in diesem Buch gehen. Ich bin überzeugt, dass es sich lohnt, in der aktuellen Debatte auf die sozialen Entwicklungen in einer faszinierenden Branche zu schauen, den sozialen Pionier:innen und Innovator:innen zuzuhören und die Diskussion um weitere Aspekte anzustoßen. Denn ob wir wollen oder nicht, Mobilität wird auch in Zukunft unseren Alltag prägen, in welcher Form auch immer. Gleichzeitig kann sie mit neuen Angeboten einen positiven Beitrag zu einem gesellschaftlichen Miteinander leisten, vielleicht auch frühere Fehler und Versäumnisse wiedergutmachen – für uns und eine bessere Zukunft.

Die vergessene Dimension von Nachhaltigkeit

Grundsätzlich balancieren viele Mobilitätsinnovationen zwischen ökologischen, ökonomischen und sozialen Zielen – sie werden klassischerweise unter dem Mantel der »Nachhaltigkeit« zusammengefasst. Der Fokus der aktuellen gesellschaftlichen Debatte liegt dabei vor allem auf den Fragestellungen zu Umwelt und Klimawandel. Sie sind längst in der Mitte der Gesellschaft angekommen und werden in ihrer Gänze diskutiert. Das ist essenziell, denn das Wohl unseres Planeten und der Schutz der Ökosysteme gehören zu den zentralen Herausforderungen unserer Zeit. Darüber ist bereits viel geschrieben und geredet worden. Deswegen widme ich mich den beiden weiteren Dimensionen der Nachhaltigkeit: nämlich der sozialen und wirtschaftlichen. Gerade die sozialen Fragen rund um Mobilität erhalten erst allmählich Aufmerksamkeit. Und sie sind im öffentlichen Diskurs rund um Mobilität noch allzu oft eine Randerscheinung.

Die Vereinten Nationen definieren 17 Nachhaltigkeitsziele als eine dauerhafte Entwicklung, die menschliche Bedürfnisse und Wünsche der Gegenwart befriedigt, ohne das Risiko einzugehen, dass künftige Generationen wiederum ihre Bedürfnisse nicht befriedigen können.[1] Bezogen auf Mobilität lässt sich also die Frage stellen: Wie können wir heute unsere Mobilitätsbedürfnisse so erfüllen, dass auch nachfolgende Generationen noch ihre Bedürfnisse erfüllen können? Oder anders: Wie frei und selbstbestimmt dürfen wir heutzutage unsere Anforderungen an Mobilität mit unseren selbst gewählten Lebensstilen überhaupt noch leben?

In diesem Buch soll es um die Bedürfnisse der Menschen aller Generationen in Bezug auf Mobilität gehen mit dem Ziel, gerechten und gleichen

Zugang der Gesellschaft zur Mobilität zu ermöglichen. Dazu zählen auch Aspekte wie Sicherheit, Gesundheit, Risiken und Belastungen durch Mobilität. Genauso aber natürlich neue Chancen, die durch neue Formen von Mobilität entstehen.

Die Vereinten Nationen formulieren in ihren 17 Nachhaltigkeitszielen sehr genau, wie Mobilität bis 2030 aussehen soll: Der Zugang zu sicheren, bezahlbaren und nachhaltigen Verkehrssystemen soll für alle ermöglicht werden. Dafür soll insbesondere der öffentliche Verkehr ausgebaut werden, »mit besonderem Augenmerk auf den Bedürfnissen von Menschen in prekären Situationen, Frauen, Kindern, Menschen mit Behinderungen und älteren Menschen«.[2] Das bedeutet, dass gleichwertige Mobilitätschancen, Mobilitätserfahrungen und Lebensverhältnisse für alle Bevölkerungsgruppen sicherzustellen sind – unabhängig von Alter, Geschlecht oder der sozialen Herkunft.

Doch viel Zeit bleibt uns nicht mehr bis zum Jahr 2030. Wie kommen wir am besten dorthin? Haben wir die genannten Zielgruppen überhaupt im Blick? Und wie können wir soziale und wirtschaftliche Mobilität auf dem Weg dorthin zusammendenken?

Gemeinwohl als wirtschaftliches Ziel in der Mobilität

Wenn ich an Mobilität im Zusammenhang mit sozialen und wirtschaftlichen Fragen denke, kommt mir als Erstes meine Kollegin Lisa Guggenmos in den Sinn. Sie leitete beim Lkw-Hersteller MAN einen Accelerator, also eine Art Förderprogramm, für soziale Start-ups rund um Mobilität. Mehrere Jahre lang suchte sie auf der ganzen Welt nach geeigneten Start-ups und nahm die besten von ihnen in das Programm auf. Es waren diejenigen, deren Geschäftsmodelle darauf ausgerichtet sind, gesellschaftliche Probleme in der Mobilität unternehmerisch und sozial anzugehen. Im Accelerator kommen die Gründer:innen dieser »Social Businesses« zusammen mit Mentor:innen aus der Wirtschaft.

»Vor meiner Zeit im Accelerator hatte ich rückblickend betrachtet eine sehr europäische Perspektive«, sagt Lisa. »Mit meinem zunehmend tieferen Einblick in die Mobilitätsbranche und in verschiedene Märkte weltweit fand ich die Beobachtung schnell unerträglich, dass Menschen schon allein deswegen von Bildung, von Arbeit ausgeschlossen bleiben, weil sie keinen Zugang zu Mobilität haben. Ein Mobilitätsunternehmen, egal welches, hat die Verantwortung, Zugang zu ermöglichen. Ihn nicht zu beschränken auf eine exklusive Gruppe derer, die sich das Produkt leisten können. Das ist mir eigentlich so richtig erst in der Zusammenarbeit mit den Social Businesses klar geworden.«

Genau wie ich brennt Lisa für den Gedanken von »Social Business«. Uns beiden ist wichtig, dass wir die sozialen und wirtschaftlichen Aspekte zusammendenken. Dabei ist dieser Gedanke übrigens alles andere als neu.

Seit 2000 Jahren besteht unter vielen Wirtschaftsvordenker:innen von Aristoteles über Thomas von Aquin bis zu Adam Smith Einigkeit darüber, dass die ökonomische Theorie und Praxis auf ein übergeordnetes Bedürfnis gerichtet sein sollte, nämlich das Gemeinwohl.[3] Dass Güter und Dienstleistungen angeboten werden sollten, weil ein kollektives Interesse und ein Bedürfnis der Gesellschaft bestehen. Dass es darum geht, eine Überzeugung zu leben, sich für das Gemeinwohl einzusetzen und einen Wert für die Gesellschaft zu verfolgen.

Der Gedanke des Gemeinwohls ist in vielen Kulturen auf der Welt wiederzufinden: im Lateinischen als »bonum commune«, in Lateinamerika als »buen vivir«, im Französischen als Gemeinwille (»volonté générale«), im südlichen Afrika als »Ubuntu«, der Philosophie der Menschlichkeit, in Bhutan als »landesweites Glück«.[4] Gemeinwohl lässt sich sehr gut in der Ökonomie einbinden als ein Wirtschaftsgedanke, der auf Werten aufgebaut ist, die auf dieses kollektive Wohl ausgerichtet sind. Auch wir kennen das Leitbild des ehrbaren Kaufmanns, der sich an ethischen Grundsätzen wie der Menschenwürde, einem nachhaltigen Aufbau und Erhalt von Arbeitsplätzen sowie dem Einsatz für eine soziale Marktwirtschaft ausrichtet.

In der Marktwirtschaft findet der Aspekt des Gemeinwohls vermehrt Anwendung in der strategischen Ausrichtung und den entsprechenden Kennzahlen. Einige Unternehmen entschließen sich bewusst, sich nicht nur an finanziellen Kennwerten und Erfolgsindikatoren messen zu lassen, sondern auch daran, wie wirksam ihr Beitrag für das Gemeinwohl ist. Hier fließen Kriterien wie Menschenwürde, Solidarität, Gerechtigkeit, ökologische Nachhaltigkeit und demokratische Mitentscheidung ein. Eines dieser Unternehmen, teilAuto, werden wir im Laufe dieses Buchs auch näher kennenlernen.

Ich möchte darüber nachdenken, wie das Gemeinwohl bei der Gestaltung der Mobilität stärker berücksichtigt werden kann. Denn Mobilität ist in unserer Gesellschaft fest an den Gedanken der Daseinsvorsorge gebunden. Sie gehört zur Grundversorgung durch den Staat. Mobilität ist damit beides – ein lebenswichtiges Gut und Dienstleistung.[5] Ihre Bedeutung ist für unsere Gesellschaft kaum monetär zu beziffern. Eine mobile Gesellschaft kann viele positive wirtschaftliche, kulturelle und soziale Effekte haben. Eine unbewegliche Gesellschaft dahingegen wird in der Literatur als nicht zukunftsfähig betrachtet. Ihr drohen kultureller Schaden, soziale Armut und Isolation.[6]

Die sich verändernde Mobilität und ihre Konzepte müssen sich daher ebenfalls an der Ausrichtung am Gemeinwohl messen lassen. Sie müssen sicherstellen, dass alle Menschen Zugang zu notwendigen Leistungen erhalten, dürfen möglichst niemanden aufgrund von Status oder niedrigem Einkommen ausschließen, sollen Teilhabe ermöglichen. Wie kann das gewährleistet werden? Welche Verantwortung haben Mobilitätsunternehmen? Wie ließe sich Mobilität gerechter und für alle gestalten?

Eine neue Mobilitätsausrichtung bietet Chancen und Lösungsansätze, die vielleicht sogar zu einem gerechteren und besseren mobilen Miteinander beitragen können. Für Lisa ist jedenfalls klar: »Ich bin stark davon überzeugt, dass nach der digitalen Transformation, die wir derzeit beobachten, ein soziales Zeitalter eintritt. Eines, in dem wir uns immer mehr in Richtung einer menschenorientierten Gesellschaft bewegen, in der auch unsere Wirtschaft zunehmend in der Verantwortung steht, Produkte zum Wohle aller Menschen zu entwickeln und sich nicht nur auf die wirtschaftlichen Interessen einiger weniger auszurichten.« Und genau diesen Gedanken möchte ich auf meiner Erkundungsreise zu einer besseren Mobilität in den Mittelpunkt stellen.

Der Beginn einer Reise

Ich erinnere mich noch sehr gut an einen Nachmittag in Wolfsburg, als mir mein Freund Hans Reitz, der schon viele Social Businesses selbst gegründet hat und viele Gründer:innen ebenso wie Vorstandsmitglieder dazu berät, freudestrahlend von dem Konzept des Possibilismus erzählte. Es stammt von Jakob von Uexküll, der mit seinen Ideen nicht nur Hans, sondern auch mich begeistert: Im Jahr 1979 schlug der schwedische Philatelist und Schriftsteller der Nobelstiftung in Stockholm vor, zwei neue Kategorien in den Reigen der Nobelpreise aufzunehmen: eine für Armutsbekämpfung und eine für Umweltschutz. Die altehrwürdige Stiftung von Alfred Nobel konnte dem nicht viel abgewinnen. Beide Kategorien wurden abgelehnt. Uexküll verkaufte daraufhin seine sehr wertvolle Briefmarkensammlung. Mit dem Erlös – einer Summe von einer Million US-Dollar – gründete er 1980 eine Stiftung, die den »Right Livelihood Award« verleiht. Dieser Preis gilt bis heute als »Alternativer Nobelpreis«. Er zeichnet weltweit Menschen und Initiativen aus, die mit ihren Ansätzen zu einer besseren Welt beitragen. Oft sind das Menschen, die weniger in der Öffentlichkeit stehen, aber Wertschätzung für das erhalten sollen, was sie tagtäglich leisten.

Jakob von Uexküll sagt von sich, er sei kein Optimist, wenn er die Vielzahl der aktuellen ökologischen und sozialen Probleme sehe. Genauso wenig sei er aber auch ein Pessimist. Stattdessen sei er ein Possibilist und als solcher davon überzeugt, realistische Möglichkeiten zu sehen und so

Probleme anzugehen und zu lösen. Und Hans sagte zu mir: »Nari, ist dieser Gedanke nicht einfach wunderschön?« Darauf konnte ich nur mit einem klaren »Ja« antworten.

Dieses Buch schreibe ich aus der Sicht einer überzeugten Possibilistin. Ich sehe mich nicht als Aktivistin, die das bisherige Mobilitätsverhalten verändern möchte. Das, was ich sehr gern bewirken möchte, ist, unseren Blick auf Mobilität zu verändern. Denn ich bin davon überzeugt, dass wir an einem Wendepunkt stehen und alle Mittel in der Hand haben, Mobilität besser und sozialer für viele zu gestalten. Ich möchte zeigen, wo schon an dieser Vision gearbeitet wird. Und ich möchte Sie, liebe Leser:innen, einladen auf eine Entdeckungsreise zu einer besseren Mobilität.

Die wenigsten von uns werden sich vermutlich heute schon vorstellen können, wie sich Mobilität in den nächsten Jahrzehnten wandeln wird. Vielleicht gibt es irgendwann keine privaten Fahrzeuge mehr. Keine, die wir selbst lenken. Vielleicht wird der öffentliche Nahverkehr flächendeckend ausgebaut und für alle kostenlos zur Verfügung stehen. Vielleicht werden Waren über Drohnen geliefert, vielleicht legen wir auch irgendwann innerstädtische Wege mit einem Lufttaxi zurück und erreichen die nächstgrößere Stadt per Hyperloop.

Wichtig ist, dass wir unser Mobilitätsverhalten, unsere Mobilitätsmuster und das heutige Mobilitätsangebot hinterfragen und zum Besseren gestalten. Wir müssen darüber sprechen, wie sich Mobilität in Städten verändern könnte, welche Lösungen für Mobilität in ländlichen Regionen vorhanden sein sollten und welchen Beitrag Digitalisierung, offene Daten und gemeinsam geteilte Fahrten für eine bessere Mobilität leisten können. Wir sollten uns fragen, wie wir Daten teilen und Mobilität öffnen, um sie noch deutlich mehr Menschen verfügbar zu machen. Zudem sollten wir darüber nachdenken, ob autonom fahrende Fahrzeuge, die in den kommenden Jahren sicherlich verstärkt auch auf unseren Straßen zu beobachten sein werden, eine Bereicherung sein können und wie neue Mobilitätsinnovationen einen Beitrag zu mehr gesellschaftlicher Inklusion leisten können.

Ebenso wichtig sind die Auswirkungen von Mobilität auf die Arbeitswelt: Wie steht es beispielsweise zukünftig um Arbeit und Arbeitsplätze in Deutschlands Mobilitätsbranche? Welche menschenrechtlichen Risiken in der Welt nehmen wir heute in Kauf, wenn wir uns für Elektromobilität entscheiden, und haben wir dafür Lösungen?

Liebe Leser:innen – wir müssen reden! Lassen Sie uns Denkanstöße diskutieren und mit Vordenker:innen sprechen. Lassen Sie uns nachdenken, wie wir unsere Mobilitätsansprüche und die Bedürfnisse der künftigen Generationen unter einen Hut bringen. Lassen Sie uns Mobilität im Hinblick auf soziale Effekte und Auswirkungen hin untersuchen.

Dieses Buch lädt Sie ein, mich auf meiner Reise zu begleiten, auf der ich soziale Innovationsansätze in der Mobilität kennenlernen durfte. Es ging mir dabei nicht um eine technologische Auseinandersetzung und Bewertung der Ansätze, sondern vielmehr um einen Blick auf die gesellschaftlichen Effekte der neuen Entwicklungen rund um Mobilität. Ich traf Visionär:innen, Macher:innen und Mobilitätsrevoluzzer:innen. Sie alle hinterfragen unsere bisherige Fortbewegung und unser bisheriges Mobilitätsverhalten. Sie bieten uns alternative Arten der Fortbewegung und setzen dabei auf neue, kreative Ansätze, um Mobilität für mehr Menschen besser zu machen. Es gibt bereits viele Pionier:innen, die an dieser sozialeren Zukunft von Mobilität arbeiten. Lassen Sie uns von ihnen lernen.

Ich möchte nicht vorgeben, was unter einer besseren Mobilität zu verstehen ist oder wie sie gelebt werden soll. Aber ich möchte Ideen liefern, Gedanken und Denkanstöße. Gleichwohl hoffe ich, dass wir bessere und insbesondere sozialere Lösungen finden, um Mobilitätsanforderungen mit einer Zukunftsfähigkeit für kommende Generationen zu verbinden. Ich freue mich, Sie durch die Kapitel dieses Buches zu begleiten.

Kapitel 1

EIN SOZIALES
ZEITALTER

Mobilität als Spiegel unserer Gesellschaft

Unsere Welt ist permanent in Bewegung. Schon immer wollten wir uns fortbewegen, unsere Welt erkunden. In den ersten Jahrtausenden der Menschheitsgeschichte zu Fuß, später mit Elefanten und Pferden, Kutschen, Fahrrädern und Autos. Heute kommen Elektrofahrräder (E-Bikes), Elektroscooter (E-Scooter), Lastenfahrräder oder auch Cargobikes sowie geteilte Fahrten und Fahrzeuge dazu. Und morgen entscheiden wir uns vielleicht zwischen dem Flug mit der Drohne oder der Fahrt mit dem Hyperloop?

Mobilität ist ein menschliches Grundbedürfnis, die Verankerung unserer Bewegungsfreiheit. Sie ermöglicht es, Orte aus wirtschaftlichen, sozialen, kulturellen und vielen weiteren möglichen Gründen aufzusuchen. Sie steht für die Art und Weise, wie wir uns bewegen und bewegt werden. Sie ist eine Grundvoraussetzung für soziale und menschliche Begegnungen, um sich auszutauschen und persönlich zu treffen. Sie ist essenziell für all die vielen Erwerbstätigen, die zum Arbeitsort hin- und zurückpendeln oder für ihre Tätigkeit mobil sein müssen. Sie ermöglicht uns Selbstbestimmung und Unabhängigkeit und schuf schon immer Freiräume in der Lebensgestaltung. Es ist für uns so selbstverständlich, frei über unsere Mobilität verfügen zu können, dass wir Lebensplanungen, (Fern-)Beziehungen, unser Familienleben, unsere Arbeits- und auch Freizeitmuster an der vorhandenen Mobilitätsinfrastruktur ausrichten. Sie entscheidet oftmals darüber, ob wir uns einen Wohnort an einer ICE-Strecke aussuchen, in der Nähe einer Autobahnauffahrt oder nahe bei einer S-Bahn-Haltestelle.

Besonders viel Wert legen wir laut einer Befragung in Deutschland darauf, dass wir flexibel und unabhängig, aber auch verlässlich und planbar unterwegs sind.[1] Zudem sind uns Sicherheit und Schnelligkeit, geringe Kosten und ein angenehmes, komfortables Fortkommen wichtig. Wir las-

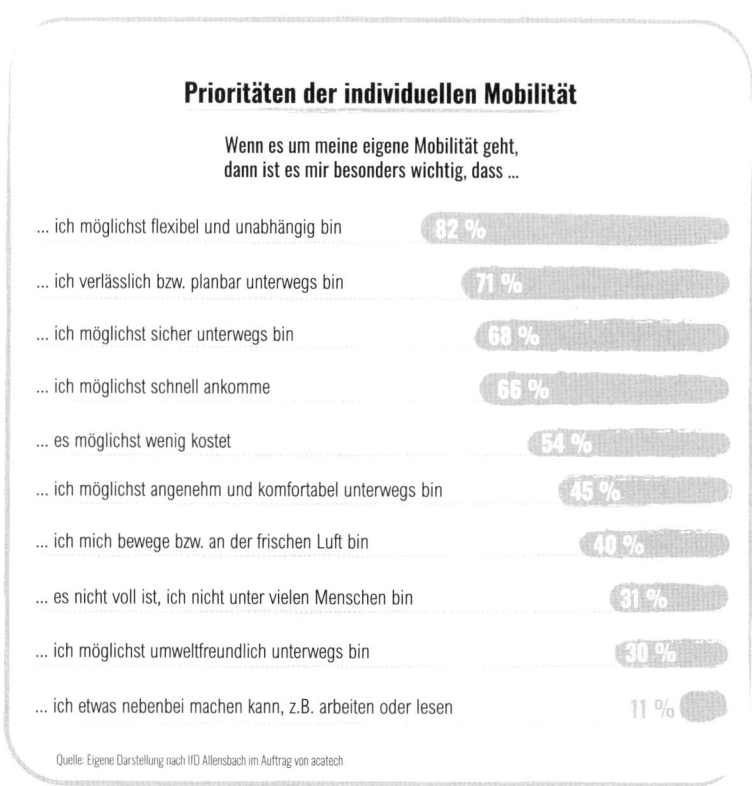

Prioritäten der individuellen Mobilität

Wenn es um meine eigene Mobilität geht,
dann ist es mir besonders wichtig, dass ...

... ich möglichst flexibel und unabhängig bin	82 %
... ich verlässlich bzw. planbar unterwegs bin	71 %
... ich möglichst sicher unterwegs bin	68 %
... ich möglichst schnell ankomme	66 %
... es möglichst wenig kostet	54 %
... ich möglichst angenehm und komfortabel unterwegs bin	45 %
... ich mich bewege bzw. an der frischen Luft bin	40 %
... es nicht voll ist, ich nicht unter vielen Menschen bin	31 %
... ich möglichst umweltfreundlich unterwegs bin	30 %
... ich etwas nebenbei machen kann, z.B. arbeiten oder lesen	11 %

Quelle: Eigene Darstellung nach IfD Allensbach im Auftrag von acatech

sen uns Mobilität auch etwas kosten – rund 2600 Euro jährlich pro Person bei einer durchschnittlichen Strecke von 39 Kilometern pro Tag und Person.[2] Mobilität beeinflusst unseren Alltag wie wenig anderes. Viele Entscheidungen treffen wir dabei gewohnheitsmäßig und unbewusst. Doch Mobilität ist schon lange nicht mehr allein auf die Bewegung und den Transport zu beschränken.

Vielmehr ist Mobilität für uns fast zu einer Ideologie geworden. Sie ist Ausdruck unserer Überzeugungen und hat Einfluss auf unsere Autonomie, unseren Status und unsere Sicherheit. Sie ist für einige von uns hoch emotional. Und sie ist Spiegel einer jeden Gesellschaft, indem sie zeigt, welche Stellenwerte Unabhängigkeit, das Miteinander, Gerechtigkeit, Nachhaltigkeit, aber auch Zukunftsfähigkeit in dieser Gesellschaft haben.

Fehlende Mobilität verhindert gesellschaftliche Teilhabe. Es ist dann nur schwer möglich, einer Arbeit an einem weiter entfernten Ort nachzugehen, zum Arzt auf der anderen Seite der Stadt zu kommen oder Familie und Freunde zu besuchen. Mobilität trägt damit sowohl zur Stabilität unserer Gesellschaft bei als auch zu unserem wirtschaftlichen Wohlstand.

Die dunkle Seite der Mobilität

Die Mobilitätsbedürfnisse und -wünsche werden auf der ganzen Welt mehr und auch anspruchsvoller. Individuelle Mobilität ist jedoch zugleich zum Symbol für Reichtum, Freiheit und Erfolg geworden, das sich jahrzehntelang nur ein kleiner Teil der Weltbevölkerung leisten konnte.[3] Nicht selten wurde sie auch zum Selbstzweck und Ausdruck eines Lebens- und Konsumstils der Wohlhabenden. Ein eigenes Auto zu besitzen oder Fliegen gelten heute noch vielen als erstrebenswert – auch denjenigen, die es sich nicht leisten können.[4]

In wenigen Jahrhunderten haben sich unsere zurückgelegten Entfernungen, aber auch die Geschwindigkeit vervielfacht. Fuhr die Postkutsche um 1800 noch mit etwa vier Kilometern pro Stunde, schaffte die Dampfeisenbahn um 1900 bereits 90 Kilometer pro Stunde. Unsere heutige durchschnittliche Reisegeschwindigkeit ist bei Nutzung eines Flugzeugs etwa zehnmal so hoch. Und diese Geschwindigkeit ist ein kostbares Gut. Denn im Privaten wie in der Wirtschaft wird die Art der Mobilität anhand des Tempos bewertet. Das schnellere Verkehrsmittel spart Zeit und ist damit automatisch teurer als jede langsamere Verbindung. Diese Ungerechtigkeit der Verteilung scheint geradezu eine Grundvoraussetzung für Mobilität zu sein: Sie macht schnelle Mobilität zum exklusiven Gut, das denjenigen vorbehalten ist, die dafür bezahlen können. Der größere Teil der Gesellschaft ist weniger schnell unterwegs oder sogar immobil.

In Deutschland wird 54 Milliarden Mal jährlich ein Mensch durch das Auto befördert, fast 10 Milliarden Mal durch den Nah- und Linienverkehr, fast 3 Milliarden Mal durch die Bahn und 223 Millionen Mal durch das

Flugzeug.[5] Dabei gilt: Nicht nur die Schnelligkeit, auch die Individualität und der Komfort sind Kostentreiber. Diese Verkehrskosten seien in den letzten Jahren überdurchschnittlich gewachsen, was besonders die einkommensschwachen Haushalte hart treffe, schreibt der Mobilitätsexperte Professor Stephan Rammler.[6] Er stellt eine zunehmende Mobilitätsungerechtigkeit fest. Für einkommensschwache Bevölkerungsgruppen sei das Mobilitätsangebot geringer und oftmals sehr begrenzt. Neue Mobilitätsdienstleistungen würden Aspekte der gesellschaftlichen Teilhabe häufig gar nicht erst berücksichtigen. Somit sei Mobilität gerade für diejenigen am schwierigsten zugänglich, die besonders auf sie angewiesen sind, etwa weil sie sich keine Wohnung in der Innenstadt leisten können und daher ihre weiter entfernte Arbeitsstelle nicht unmittelbar mit dem Nahverkehr erreichen können. Ortsveränderungen und lange Distanzen erschwerten die gesellschaftliche Teilhabe auch in anderen essenziellen Lebensbereichen, etwa beim Zugang zu gesundheitlichen Leistungen und Bildungsangeboten. Es bestehe eine wirtschaftliche Ausgrenzung für diejenigen, die sich Mobilität nicht oder nur begrenzt leisten können.

Auf die Frage, welche Mobilitätsprobleme als besonders groß empfunden werden, fallen die Antworten sehr eindeutig aus: Genannt werden in der deutschen Bevölkerung die vielen Staus und die Überlastung der Innenstädte durch den Verkehr.[7] Für knapp 50 Millionen Autos auf den Straßen haben wir zu wenig Raum in den Städten. Die Konsequenz ist jeden Tag zu beobachten: volle Straßen, Zeitverluste durch die Suche nach Parkplätzen, zu viele Verkehrsteilnehmer:innen auf engstem Raum. Und natürlich sind es auch die umweltbezogenen Aspekte, die uns bei der aktuellen Mobilität große Sorgen bereiten. Feinstaub, CO_2 und Dieselskandale in der Automobilbranche sind nur einige der Schlagworte aus den letzten Jahren. Zudem gehören auch gesundheitliche und Sicherheitsaspekte zur dunklen Seite: Mobilität trägt zum allgegenwärtigen Lärm bei und ist auch Ursache von Unfällen. Rund 2,7 Millionen Unfälle sind 2019 erfasst worden – jährlich werden etwa 380 000 Personen im Straßenverkehr verletzt, 3000 Menschen pro Jahr kommen bei Unfällen ums Leben.[8] Das sind erschreckend hohe Zahlen.

Mobilitätsprobleme

Nun zur Mobilität, also wie die Menschen heute unterwegs sind und wie Waren und Güter transportiert werden: Was sind in Ihren Augen die größten Probleme, die dadurch verursacht werden?

Es gibt zu viele Staus	82 %
Durch den Verkehr sind die Innenstädte überlastet	77 %
Die Luftverschmutzung durch den Verkehr ist zu groß	64 %
Der Verkehr verursacht eine hohe Lärmbelastung	62 %
Die Straßen und Brücken werden durch das Ausmaß des Verkehrs zu stark belastet	60 %
Die Belastungen für das Klima, die Erderwärmung	56 %
Es werden zu viele nicht nachwachsende Rohstoffe wie Öl und Gas verbraucht	52 %
Es gibt zu viele Unfälle	50 %

Quelle: Eigene Darstellung nach IfD Allensbach im Auftrag von acatech

Für mich ist klar: Wir müssen über eine sozial gerechtere Gestaltung unserer Mobilität sprechen. Mit dem Ziel, Mobilität für alle besser zugänglich, verfügbar, bezahlbar und nutzbar zu machen. Dies ist jedoch in Anbetracht der aktuellen Infrastruktur und ihrer begrenzten Kapazität sehr herausfordernd. Wir müssen uns deshalb mit neuen Formen der Mobilität befassen und uns über deren gesellschaftliche Bedeutung Gedanken machen. Über Aspekte der Bezahlbarkeit, Gerechtigkeit und Inklusion sprechen und prüfen, welche neuen Angebote einen echten Mehrwert dafür leisten. Mehr Mobilität für alle zur Verfügung stellen – für diejenigen, die sie besonders benötigen, genauso wie für diejenigen, die bislang außen vor geblieben sind.

Zeit, zu handeln

Wie wollen wir Mobilität bewerten? Die gesellschaftlichen Erwartungen, die freitäglichen Proteste der jungen Generation, das Hinterfragen unseres eigenen Mobilitätsverhaltens, neue innovative und soziale Start-up-Ideen und der politische und gesellschaftliche Druck auf klassische Mobilitätsunternehmen tragen zu einem deutlichen Ruck in der Mobilitätsbranche bei. Es gibt in der Nutzung von Verkehrsmitteln erste Anzeichen dafür, dass nicht mehr das Höchsttempo allein die Art unserer Mobilität vorgibt. Es geht zunehmend um das Wie. Um die sozialen genauso wie die ökologischen Faktoren. Sie entscheiden mit über die Wahl des Fahrzeugs und den Weg, mit dem wir unser Ziel erreichen wollen.

Fast 90 Prozent aller Befragten einer repräsentativen Studie zu Mobilität und Nachhaltigkeit in Deutschland geben an, dass sie ein vollständiges Umdenken oder zumindest Korrekturen in einzelnen Bereichen der Mobilität für notwendig erachten.[9] Darüber hinaus könnten sie sich gut vorstellen, mit anderen Mobilitätsangeboten unterwegs zu sein, sich entspannter fortzubewegen. Und auch ihr Mobilitätsverhalten zu verändern.

Das Umdenken trägt zu einer Mobilitätswende bei, aus politischer, ökonomischer, ökologischer und sozialer Sicht. Mit dem Zielbild einer Mobilitätskultur, die nicht vorrangig auf den Individualverkehr abzielt, sondern alle Verkehrsteilnehmer:innen mit ihren unterschiedlichen Bedürfnissen und Anforderungen in den Mittelpunkt stellt. Die es schafft, nutzerorientierte und passgenaue attraktive Mobilitätsangebote für alle gesellschaftlichen Zielgruppen zur Verfügung zu stellen und mehr Menschen selbstbestimmt und eigenständig mobil zu machen. Indem sie bessere Angebote bereitstellt, neue Zielgruppen erschließt und die wesentlichen sozialen Ziele klar vor Augen hat.

In der Welt der Mobilität finden wir immer häufiger neue Ansätze von denjenigen, die Bewegung, Zielgruppen, aber auch Geschäftsmodelle anders denken und die dabei viel Wert auf den sozialen Aspekt legen. Sie bringen Carsharing, Bikesharing, Rollersharing, Ridepooling und viele weitere Angebote zusammen, die derzeit entstehen. Diese Vordenker:innen und Unternehmer:innen schaffen Möglichkeiten für den Weg von der Haustür

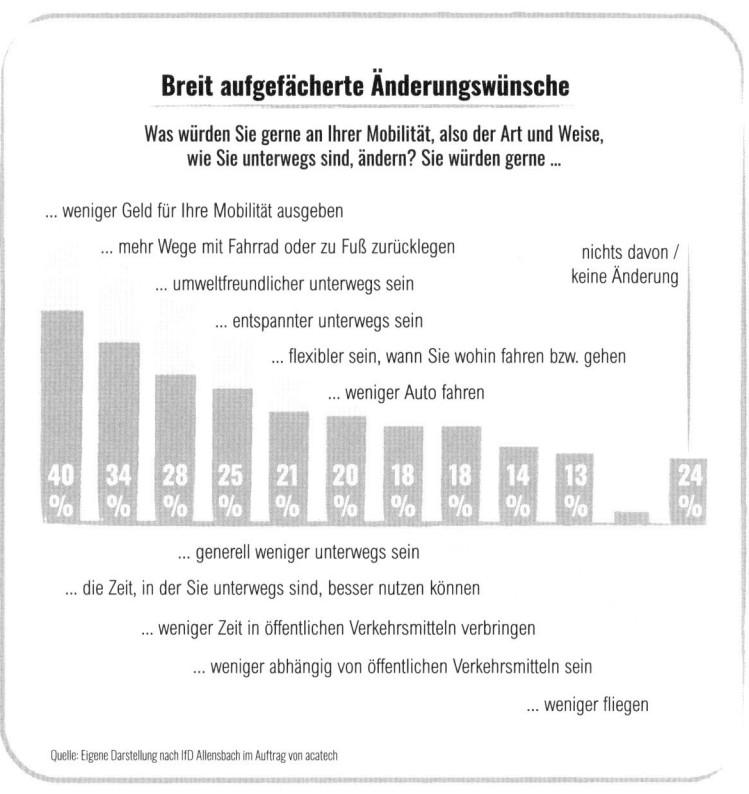

Breit aufgefächerte Änderungswünsche

Was würden Sie gerne an Ihrer Mobilität, also der Art und Weise,
wie Sie unterwegs sind, ändern? Sie würden gerne ...

... weniger Geld für Ihre Mobilität ausgeben

... mehr Wege mit Fahrrad oder zu Fuß zurücklegen

nichts davon /
keine Änderung

... umweltfreundlicher unterwegs sein

... entspannter unterwegs sein

... flexibler sein, wann Sie wohin fahren bzw. gehen

... weniger Auto fahren

| 40 % | 34 % | 28 % | 25 % | 21 % | 20 % | 18 % | 18 % | 14 % | 13 % | | 24 % |

... generell weniger unterwegs sein

... die Zeit, in der Sie unterwegs sind, besser nutzen können

... weniger Zeit in öffentlichen Verkehrsmitteln verbringen

... weniger abhängig von öffentlichen Verkehrsmitteln sein

... weniger fliegen

Quelle: Eigene Darstellung nach IfD Allensbach im Auftrag von acatech

bis zur Haltestelle und zurück. Sie ergänzen den vorhandenen Nahverkehr und bringen das Angebot deutlich näher an die Menschen heran, und das mit einem Komfort, der die neuen Mobilitätsangebote zu einer echten Alternative und sinnvollen Ergänzung zum Individualverkehr macht.

Auch wenn Laufen das gesündeste Fortbewegungsmittel ist, wie Mediziner nicht müde werden zu betonen, haben neue Angebote eine unbedingte Berechtigung. Je mehr Angebote es im Bereich Mobilität gibt, die auf unterschiedliche gesellschaftliche Bedürfnisse eingehen, und je besser all diese Angebote zusammenspielen, desto vielfältigere und individuellere Lösungen lassen sich für unsere Mobilitätsbedarfe finden. All diese sozialen Mobilitätsinnovationen können somit Stück für Stück zu der Mobilitätswende und einer neuen Mobilitätskultur beitragen.

Radfahren für alle

Einen besonderen Ansatz, um diejenigen mobil zu machen, die es bislang
nicht waren, finde ich in Schottland,
genauer genommen in Glasgow. Auf
das Gespräch mit Gregory Kinsman-
Chauvet habe ich mich sehr gefreut.
Greg ist der Gründer und Geschäftsführer
von Bike for Good in Schottland. Er hat mich
schon in dem Moment begeistert, als ich die erste E-Mail
von ihm erhielt: In seiner Signatur steht CEO, die übliche englische Abkürzung für einen Geschäftsführer oder Vorstand, einen »Chief Executive
Officer«. Gregs eigene Interpretation des Titels ist jedoch »Cycling Enthu-
siast Officer«, also ein begeisterter Fahrradfahrer. Wie schön, jemanden
zu finden, der bereits in seinem Titel die Werte des Unternehmens offen-
bart und gleichzeitig alles daransetzt, das Leben vieler anderer durch Mobilität zu verbessern.

Greg berichtet mir, dass er seine Leidenschaft für das Radfahren fast
nicht gefunden hätte. Ein kleiner Unfall in seiner Kindheit hatte dazu geführt, dass er sich viele Jahre lang nicht mehr auf ein Fahrrad setzte. Als
Erwachsener arbeitete er zunächst lange in der Wirtschaft. Doch er stellte
sich zunehmend die Frage, ob es nicht auch bessere Wege gibt, zu wirtschaften. Er kündigte seine Arbeit, zog nach Glasgow, verkaufte sein Auto
und überlegte, was er machen wollte. »Vielleicht war es eine Midlife-Cri-
sis«, sagte er lachend, »aber irgendwie ging es mir auch darum, meinem
Leben einen Sinn zu geben und nicht nur eine Arbeit zu finden.«

Eines Tages las er von einem Mann in Edinburgh, der Radfahren an einer Fahrradstation lernte, die von Freiwilligen betrieben wurde. Das fas-
zinierte Greg. Und er beschloss, mit 30 Jahren dem Fahrradfahren eine
zweite Chance zu geben. Das änderte sein Leben.

In dieser Zeit, so erzählt er mir, haben ihn zwei Aspekte besonders
geprägt. »Zum einen arbeitete ich damals ehrenamtlich in einer kleinen
Wohltätigkeitsorganisation und erhielt sehr viel Dankbarkeit und Wert-

schätzung. Aus meiner bisherigen Karriere kannte ich das so nicht und es berührte mich sehr. Ich fragte mich, wie ich mehr aus meiner wohltätigen Arbeit machen konnte. Zum anderen beschäftigte ich mich in dieser Zeit mit dem Konzept sozialer Unternehmen. Den Ansatz fand ich sehr spannend, denn es geht viel mehr um die Gesellschaft als um die eigenen Interessen. Es geht nicht darum, wem das Unternehmen gehört, ob es verkauft wird, oder darum, wie sich möglichst viel Profit erwirtschaften lässt – sondern vor allem um die Frage, wie sich ein möglichst hoher gesellschaftlicher Beitrag umsetzen lässt. Aus diesen Gedanken entstand Bike for Good.« Es waren also eher ein paar zufällige Umstände, weniger ein lang geplanter Weg, die Greg dazu brachten, Bike for Good aufzubauen.

Und das ist das Konzept von Bike for Good: Zunächst setzt das Team aus angestellten und freiwilligen Helfer:innen rund um Greg gespendete Fahrräder instand und repariert sie. In Fahrradstationen werden sie mit weiterem neuen und gebrauchten Fahrradzubehör verkauft. »Wir sind auf der einen Seite ein ganz normales Fahrradgeschäft und eine Fahrradwerkstatt, die dir dein Fahrrad repariert. Wo du auch einen neuen Fahrradhelm kaufen kannst. Doch wir haben noch eine zweite Seite: Wenn du dir kein Fahrrad leisten kannst, helfen wir dir. Es gibt so viele Menschen, die darauf warten, ein Fahrrad zu besitzen, sich aber keines leisten können. Die nicht wissen, wie man ein Fahrrad fährt, was man damit macht – es einfach auch nicht wissen können, weil auch sonst niemand in ihrer Nachbarschaft oder im Bekanntenkreis Fahrrad fährt. Diese Leute können nicht nur günstig ein aufbereitetes Fahrrad von uns erhalten, sondern uns jede ihrer Fragen stellen und auch das Radfahren völlig neu lernen.«

Bike for Good arbeitet seit 2010 mit 55 festen Mitarbeiter:innen sowie fast ebenso vielen Freiwilligen daran, Mobilität für mehr Menschen verfügbar zu machen. Pro Jahr ist Bike for Good in der Lage, mehr als 1800 Fahrräder aufzuarbeiten, und arbeitet mit über 30 000 Menschen zusammen. Zum Angebot gehören zahlreiche kostenlose Unterrichtsstunden für verschiedene Altersgruppen, von kleineren Kindern bis hin zu Senior:innen. Ein weiterer Bestandteil des Angebots sind kostenlose Reparaturtrainings, um anderen beizubringen, wie sie das eigene Fahrrad selbst reparieren können, so schnell und einfach wie in den Werkstätten von Bike for Good.

»Wenn du es dir leisten kannst, kauf doch ein Fahrrad bei uns, und du weißt, dass wir mit diesem Geld Gutes für andere Menschen tun. Es ist wichtig zu verstehen, dass wir sowohl ein soziales Unternehmen sind als auch eine Wohltätigkeitsorganisation. Wir brauchen die Umsätze, um nicht dauerhaft von Spenden abhängig zu sein. Gleichzeitig nutzen wir unsere Programme, um Gutes zu tun und den Menschen Mobilität für sehr wenig Geld, teilweise sogar kostenlos, zu ermöglichen, die sie sich sonst nicht leisten könnten«, erzählt Greg.

Ich frage Greg, wie sie Missbrauch verhindern. Wer prüft, ob jemand wirklich kein Geld hat? »Wir arbeiten mit Gesundheitsorganisationen zusammen, mit Organisationen, die sich für Geflüchtete einsetzen, für Menschen ohne festen Wohnsitz, und mit Partnern aus der Stadtverwaltung oder Initiativen und Vereinen. Und wir setzen diese Programme gemeinsam auf«, erzählt er mir.

Eine dieser Partnerschaften finde ich besonders bemerkenswert: Zusammen mit dem kommerziellen Bikesharing-Dienst Nextbike hat Bike for Good folgenden Deal ausgehandelt: Gregs Team hilft dabei, die Verleihfahrräder von Nextbike zu warten. Dafür bietet Nextbike an, den Preis für eine Jahresnutzung an geteilten Fahrrädern für die Teilnehmenden des Programms von Bike for Good um 95 Prozent auf gerade einmal etwa drei Euro im Jahr zu reduzieren. Darüber hinaus erhalten die Teilnehmenden mehrfach Einzelunterricht im Fahrradfahren in ihrer Muttersprache, wenn Englisch keine Option ist. Zum Programm gehören zudem Gruppenfahrten quer durch die Stadt, um diese kennenzulernen und dabei das Radfahren zu üben. Gerade für geflüchtete Menschen, die ihr Leben neu in Schottland aufbauen, sei das Programm eine große Bereicherung, da sie nun in der Lage sind, überall hinzukommen, ohne ihr weniges Geld für das teure Mobilitätsangebot nutzen zu müssen, erzählt Greg. Mehrere Hundert Personen profitierten bereits von dieser Partnerschaft.

»Meine große Vision ist es«, so Greg, »das Radfahren für jeden in und um Schottland zugänglich zu machen – unabhängig von den jeweiligen Lebensumständen. Für junge Menschen, die einen schnellen Weg suchen, um zur Schule zu kommen. Für arme Menschen, die sich Mobilität in der Stadt sonst nicht leisten könnten. Bis hin zu älteren Menschen, die einen einfachen Weg suchen, um sich gesund zu halten.«

Kein Wunder, dass Greg und sein Sozialunternehmen jährlich neue Preise für ihre leidenschaftliche Arbeit und Passion erhalten. Ich freue mich mit ihm, dass das Konzept bereits in Italien, Polen und Spanien umgesetzt wird. Ich bin sicher, dass die Idee von Greg noch viele Tausende Leben bereichern wird und all denen mobile Freiheit verschaffen kann, die sie besonders benötigen.

Zur bedingungslosen Grundmobilität

Kann das, was Greg mit seinem Team in Glasgow anbietet, noch größer gedacht werden? Einige Stimmen sprechen sich in jüngster Zeit für eine bedingungslose Grundmobilität aus.[10] Eine Art Grundrecht auf Mobilität. Dabei geht es darum, Mobilität verfügbar zu machen, gerade dort, wo Nahverkehr und Fahrangebote fehlen. Wie zum Beispiel in strukturschwächeren Regionen, in denen kommerzielle Mobilitätsangebote wirtschaftlich wenig rentabel sind. Ähnlich dem Konzept des bedingungslosen Grundeinkommens soll auch bedingungslose Mobilität einen Ausschluss eines Teils der Gesellschaft verhindern. Ganz besonders geht es dabei um Angebote, die ein Mindestlevel an Mobilität für die Gesellschaft garantieren.[11] Interessant ist jeder Ansatz, der die Bewegungsfreiheit für alle verbessern kann. Denn dies würde nicht nur die geforderte physische Mobilität verbessern. Bedingungslose Grundmobilität könnte tatsächlich auch echte soziale Mobilität in Form von gesellschaftlichem Aufstieg ermöglichen, wenn sie Menschen Zugang zu Bildung und Wissen und zu einer weiter entfernten Arbeitsstelle verschafft und damit ihr Einkommen sichert.

Der Hauptfokus der bedingungslosen Grundmobilität liegt auf der Bezahlbarkeit. Einkommensschwache Menschen sind besonders stark vom öffentlichen Personennahverkehr abhängig, andere Verkehrsmittel sind entweder gar nicht nutzbar oder nur mit eingeschränkter Qualität und Funktion. Dabei geben einkommensschwache Haushalte im Durchschnitt einen besonders hohen Anteil ihres Haushaltseinkommens für Mobilität aus. Überdurchschnittlich ansteigende Verkehrs- und Mobilitätskosten in den vergangenen Jahren treffen sie somit deutlich mehr.[12] Und damit nähern wir uns einer der größten Debatten um unseren öffentlichen Nahverkehr: Die Frage nach einem günstigen, vielleicht sogar kostenlosen Nahverkehr wurde in den letzten Jahrzehnten viel diskutiert und erhält derzeit wieder besonders viel Beachtung.

Das Für und Wider eines kostenlosen Nahverkehrs

Die Befürworter von kostenlosem Nahverkehr schauen auf die Städte, in denen das Konzept funktioniert. Dorthin, wo ein kostenloser Nahverkehr zu einer Sozialpolitik für alle wird – für diejenigen, die sich aus umweltpolitischen Gründen dafür entscheiden, genauso wie für diejenigen, die es sich sonst nicht leisten könnten.

Tallinn in Estland bietet als erste europäische Hauptstadt ihren Bürger:innen seit 2013 mit der TallinnCard einen vollständig kostenlosen Nahverkehr. Untersuchungen zeigen, dass die Nutzung des Nahverkehrs nach nur einem Jahr um 14 Prozent gestiegen ist, bei einkommensschwachen und arbeitslosen Bürger:innen sogar um mehr als 20 Prozent.[13] Sie zeigen außerdem, dass in diesem Falle sogar ein positives Geschäftsmodell möglich ist. Denn der entgangene Betrag durch die fehlenden Ticketverkäufe liegt laut Aussage der Stadt zwar bei etwa 12 Millionen Euro jährlich. Doch gleichzeitig habe Tallinn mit seinem neuen Nahverkehrskonzept bereits mehr als 25 000 neue Menschen von sich überzeugen und als Einwohner:innen gewinnen können. Damit gehen neue steuerliche Einnahmen in Höhe von 20 Millionen Euro jährlich einher.

In Luxemburg ist ebenfalls der gesamte Nahverkehr flächendeckend kostenlos. 41 Millionen Euro zahlt der Staat jährlich dafür, finanziert aus

Steuermitteln. Für die Regierung war dies zuallererst ein Projekt, das die soziale Gerechtigkeit in den Mittelpunkt stellte, mit positiven Effekten für die Umwelt. Und die Umstellung auf den kostenlosen Nahverkehr wird sichtbar: Ticketautomaten werden nicht mehr benötigt und abmontiert. Kontrolleure werden umgeschult, um das Serviceangebot zu verbessern. Ist das der Weg zu einer besseren Mobilität für alle?

Doch es gibt auch einige Argumente gegen einen kostenlosen Nahverkehr. Zuallererst sind es sicherlich die finanziellen Gründe, die dagegensprechen. Denn dass wie in Tallinn ein stärkerer Zuzug und damit zusätzliche Steuereinnahmen die Kosten für einen kostenlosen Nahverkehr kompensieren können, ist nicht in jedem Fall zu erwarten. In Deutschland belaufen sich die Kosten für den Nahverkehr auf über 13 Milliarden Euro jährlich. Die Erlöse aus Ticketverkäufen decken schon jetzt nur etwa drei Viertel der Kosten.[14] Mit einem kostenlosen Angebot fehlen damit dem ohnehin unterfinanzierten Nahverkehr in Deutschland wichtige Mittel für den Betrieb und die Modernisierung.

Die zweite Sorge ist die um eine Überfüllung und Überstrapazierung des Nahverkehrs. Das geschah bereits vor einigen Jahren in der Stadt Templin etwas nördlich von Berlin. Templin führte 1998 einen kostenlosen Busverkehr ein, um das starke Verkehrsaufkommen, aber auch den Verkehrslärm durch die Autos zu reduzieren. Mit einem neuen Busnetz war für fast alle Einwohner:innen der Stadt eine Haltestelle in einem Radius von 150 Metern erreichbar. Doch das Konzept wurde zu erfolgreich – drei Jahre später fuhren 15-mal so viele Menschen Bus wie zuvor. Die Folge war eine permanente Überfüllung der Busse. Manche Menschen fuhren einfach nur aus Langeweile mit dem Bus. Daher führte die Stadt 2003 eine Jahreskarte ein, die mit 44 Euro jährlich eine unbegrenzte Nutzung der Busse ermöglichte. Dies brachte zumindest einen kleinen Zuschuss für die Stadt, reduzierte aber vor allem die Fahrgastzahl. Eine Maßnahme, die wohl notwendig war, um die völlige Überlastung des Nahverkehrssystems zu verhindern.

Doch nicht immer führt ein kostenloses Nahverkehrsangebot auch zu einer grundlegenden Veränderung des Nutzungsverhaltens.

Das zeigt sich besonders gut am Beispiel des bayrischen Pfaffenhofens.

Dort wird seit geraumer Zeit ein kostenloses Busangebot getestet, nicht nur für die eigenen Einwohner:innen, sondern sogar für alle Besucher:innen des Orts. Die Nutzungszahlen sind zwar etwas höher, die Busse bleiben aber immer noch deutlich leerer als erwartet. Trotz voller Straßen und des hohen Verkehrs ist das Busangebot offenbar nicht attraktiver als die Fahrt im eigenen Auto. Wichtiger als die kostenlose Nutzung scheinen den Menschen die Fragen nach der Reisezeit und der Taktung des Nahverkehrs im Vergleich zu anderen Verkehrsmitteln zu sein. Wie schnell kommen wir von A nach B, wie pünktlich und regelmäßig fahren die Busse und Bahnen, wie voll sind sie? Aber auch die Fragen nach dem Komfort sind maßgeblich bei der Wahl des Verkehrsmittels. Wie oft muss umgestiegen werden? Wie steht es um die Zeitersparnis, aber auch die Zuverlässigkeit des Angebots?

Eine Untersuchung zeigt: Ein Preisvorteil von zehn Euro erhöht die Wahrscheinlichkeit, dass der Nahverkehr genutzt wird, nur um etwa sieben Prozent. Ein Zeitvorteil von zehn Minuten erhöht hingegen die Wahrscheinlichkeit der Nutzung um über 40 Prozent.[15] Daher werde ein günstigerer Preis des Nahverkehrs nicht unbedingt dazu führen, die Wahl des Verkehrsmittels zu überdenken, so das Fazit der Studie.

Zum gleichen Ergebnis kommt übrigens auch eine Studie im New Yorker Umfeld.[16] Diese schaut darauf, wann neue Mobilitätsangebote und -formen insbesondere von einkommensschwächeren Menschen angenommen werden. Sie bestätigt, dass es um die Verbesserung des Nahverkehrs an sich geht. Dazu gehören gute Anschlüsse der Gebiete, in denen er am meisten benötigt wird.

Mobilität muss also nicht zwangsläufig kostenlos sein. Die Beispiele zeigen, dass der Nahverkehr attraktiver und zuverlässiger werden und gleichzeitig das Angebot verbessert werden muss. Das klappt in einem Land wie Luxemburg, das seit mehreren Jahren bewusst auf die Verbesserung des Nahverkehrs setzt und konsequent zwei Drittel aller Gelder, die für den Bereich Mobilität bestimmt sind, in den Nahverkehr investiert und nur noch ein Drittel in den Ausbau der Straßen. Bei einem solchen Vorgehen kann kostenfreier Nahverkehr mit gleichzeitigem weiteren Ausbau des Nahverkehrs eine Lösung sein.

Für mich steht außer Frage: Wir müssen auch in Deutschland den öffentlichen Nahverkehr attraktiver machen und auf ein deutlich höheres Komfortniveau anheben, um ihn als ernst zu nehmende Alternative in unserer Gesellschaft zu verankern. Wir werden im Laufe unserer gemeinsamen Reise in diesem Buch noch feststellen, dass es hierfür durchaus gute und auch ökonomisch gangbare Wege gibt.

Mobilität für alle neu denken

Ich bin davon überzeugt, dass es an der Zeit ist, unsere Mobilitätsbedarfe für die Zukunft grundsätzlich neu zu verhandeln. Mit einem weiteren Blick auf Zielgruppen und ihre Bedürfnisse. Die vorgestellten Projekte zeigen, welchen Mehrwert Mobilität für die Gesellschaft liefern kann, wenn wir den Zugang zu ihr und somit die gesellschaftliche Teilhabe verbessern.

Mit neuen, sozialeren Mobilitätslösungen geht noch ein positiver Effekt einher. Denn eine ganzheitliche und inklusive Mobilität hilft oftmals auch vielen weiteren Menschen: Eine Rampe hilft nicht nur Menschen mit einem Rollstuhl, sondern auch Menschen mit einem Kinderwagen oder mit Gepäck. Wenn eine App für blinde Menschen entwickelt wird, hilft sie auch denjenigen, die nicht schnell oder gut lesen können. Wenn Apps einfach und intuitiv sind, helfen sie auch Leuten mit geringen Sprachkenntnissen oder geringem technischen Wissen.

Wir stehen an der Schwelle zu einem neuen Zeitalter der Mobilität. Eines, das sich immer mehr den Weg und die Art der Mobilität im Verhältnis zum zu erreichenden Ziel bewusst macht. Eines, das zunehmend darüber nachdenkt, wie Mobilität für möglichst alle gut zugänglich gemacht werden kann. Aber auch eines, das neben technischen Innovationen immer häufiger über soziale Innovationen und soziale Geschäftsmodelle nachdenkt, um somit einen großen Beitrag zum Gemeinwohl zu leisten. Mit dem Ziel, eine bessere, menschlichere, mobile Gesellschaft für uns alle zu gestalten.

Werfen wir also einen Blick dorthin, wo wir schon viele neue Mobilitätsangebote finden: in unsere Städte, in denen die Mobilität zunehmend vielfältiger wird. Doch machen die Angebote das Leben in Städten lebenswerter? Werden wir dadurch wirklich mobiler? Oder muss die Stadt an sich neu gedacht werden?

Kapitel 2

UNTERWEGS
IN DER STADT

Warum uns Städte zum Umdenken bringen

Wir lieben Städte. So viel steht fest. Auf der ganzen Welt scheinen sich die Menschen gerne in immer kleineren Regionen zu konzentrieren. Anfang des 19. Jahrhunderts lebten gerade einmal drei Prozent der Weltbevölkerung in Städten. 1950 waren es dann etwas weniger als ein Drittel. Heute lebt erstmalig in der Menschheitsgeschichte mehr als die Hälfte der Weltbevölkerung in Städten. Bis 2050 wird erwartet, dass es zwei Drittel sein werden.[1]

Mit dieser Entwicklung sind zunehmend auch neue Mobilitätslösungen gefragt. Denn wir merken immer deutlicher, dass der städtische Raum für die stetig wachsende Anzahl an Verkehrsteilnehmer:innen kaum noch ausreicht. Dass es dabei auch nicht hilft, die bestehende Straßeninfrastruktur auszubauen, wusste schon der Stadtforscher Lewis Mumford, der 1955 im Magazin »New Yorker« beschrieb, dass breitere Straßen zu bauen, um den Stau zu verringern, genauso sei, wie seinen Hosengürtel zu öffnen, um Übergewicht loszuwerden.[2]

Immer mehr Expert:innen sind sich einig: Wenn wir unsere Städte lebenswerter machen wollen, muss die Anzahl an Privatfahrzeugen auf den Straßen reduziert werden, und gleichzeitig müssen sinnvolle Alternativen geschaffen werden, um mehr Menschen mit weniger Fahrzeugen mobil zu machen. Das bedeutet also, der bestehende Raum muss neu gedacht, vielleicht sogar zwischen allen Verkehrsteilnehmer:innen neu aufgeteilt werden, um viele neue Mobilitätsangebote zu schaffen. Durch diese neuen Angebote wird Mobilität auf unseren Straßen vielfältiger und bunter. Eine Mischung aus Radfahrenden, Rollerfahrenden, Autofahrenden, E-Scooter- oder Cargobike-Fahrenden und Menschen, die sich Fahrzeuge teilen – mit Fußgänger:innen jeden Alters mittendrin. Diese Vielfalt ist eine Chance, um bessere Angebote zu schaffen, als wir sie bisher kennen. Wie lassen sich die unterschiedlichen neuen Mobilitätsangebote miteinander kombinieren, um uns bestmöglich mobil zu machen?

Das beste Mobilitätsangebot ist auf uns zugeschnitten

»Wie komme ich am besten von A nach B?« ist eine Frage, die früher vielleicht einfacher zu beantworten war. Denn heute erscheint die Frage nach »dem Besten« zunehmend subjektiv aufgrund der zahlreichen neuen Mobilitätsmöglichkeiten, aber auch der gesellschaftlichen Trends und individuellen Vorlieben: angefangen bei der Auswahl der Verkehrsmittel über den eigenen Anspruch an Komfort und Nachhaltigkeit bis hin zur Frage, ob es nicht vielleicht reicht, digital in B anwesend zu sein, statt physisch dorthin zu gelangen.

Wie würden wir die Frage daher mittlerweile beantworten? Vielleicht so: »Das hängt von den jeweiligen Anforderungen ab.« Möchten wir eine längere Strecke zwischen Großstädten zurücklegen, wäre der ICE die beste Wahl. Für viele Erledigungen in der Innenstadt kann das Fahrrad oder das Kleinauto eine gute Lösung sein, um nicht auf große Parkplätze angewiesen zu sein. Ist die nächste Straßenbahnhaltestelle zu weit entfernt, schnappt man sich schnell einen Scooter. Wer ohne viel Stau schnell und möglichst umweltfreundlich innerhalb der Stadt ein großes Paket transportieren möchte, greift vielleicht zum elektrischen Lastenrad (Cargobike). Wenn der Wunsch besteht, ein besonderes Fahrvergnügen zu erleben, kann ein Ausflug mit einem Sportwagen viel Freude bereiten.

Genau darum geht es bei der Kombination der vielen neuen Mobilitätsangebote, die wir seit einigen Jahren in unseren Städten beobachten. Kaum eines von ihnen hat den Anspruch, das beste Verkehrsmittel für jede Situation zu sein. Es geht also weg von einer Universallösung. Und wir merken: Wenn wir stärker bedarfsorientiert auf unsere Mobilitätsanforderungen schauen, wird die Lösung vielfältiger und passgenauer, als sie es bislang war. Das Ziel ist, die besten Lösungen für die eigenen Mobilitätsbedarfe zu finden, passend zur jeweiligen Situation mit ihren konkreten Anforderungen.

Und um genau diese persönlichen Mobilitätsbedarfe ganzheitlich zu betrachten und die bestmöglichen Lösungen zusammenzubringen, spielen digitale Plattformen eine wichtige Rolle. Denn sie sind der Dreh- und Angelpunkt, um die vielen unterschiedlichen Mobilitätsangebote zu vereinen. Im besten Fall sind die Verbindungen des öffentlichen Nahverkehrs dort genauso abrufbar wie die vielen Angebote von geteilten Fahrrädern, Autos, E-Scootern und Cargobikes, von Zügen und Fernbussen bis hin zu Mietautos.

Wenn Mobilität digital und vernetzt gedacht wird, kann uns eine Plattform bequem alles anbieten, was wir für ein solches Mobilitätsangebot benötigen: Informationen sowie die Möglichkeit, die unterschiedlichen Leistungen zu buchen und zu bezahlen – und das alles aus einer Hand.

Mobilitätsplattformen: Das Amazon des Transports

Wir kennen das Prinzip digitaler Plattformen schon aus anderen Bereichen unseres Lebens: Sie bündeln Angebote und Leistungen. Einkäufe oder Aktivitäten werden für uns dadurch im besten Fall einfacher und übersichtlicher. Die Plattformen interagieren zwischen uns als Nachfragenden und denen, die ihre Leistungen anbieten. Netflix und Spotify ermöglichen uns eine Auswahl an Filmen, Serien und Musik, die früher kaum eine Videothek oder ein Musikgeschäft anbieten konnte. Übernachtungssuchende werden auf Booking.com oder Airbnb fündig, mit einer Auswahl an Angeboten, mit der ein traditionelles Reisebüro nicht mithalten kann – gepaart mit Einschätzungen und Bewertungen anderer Konsumenten, die hohes Vertrauen genießen. Auch Google, Facebook oder Alibaba gehören zu den Unternehmen, die erfolgreiche Plattformmodelle aufgebaut haben. Diese machen sie zu den wertvollsten Unternehmen weltweit. Als Vermittler erbringen sie die auf der jeweiligen Plattform angebotenen Leistungen nicht

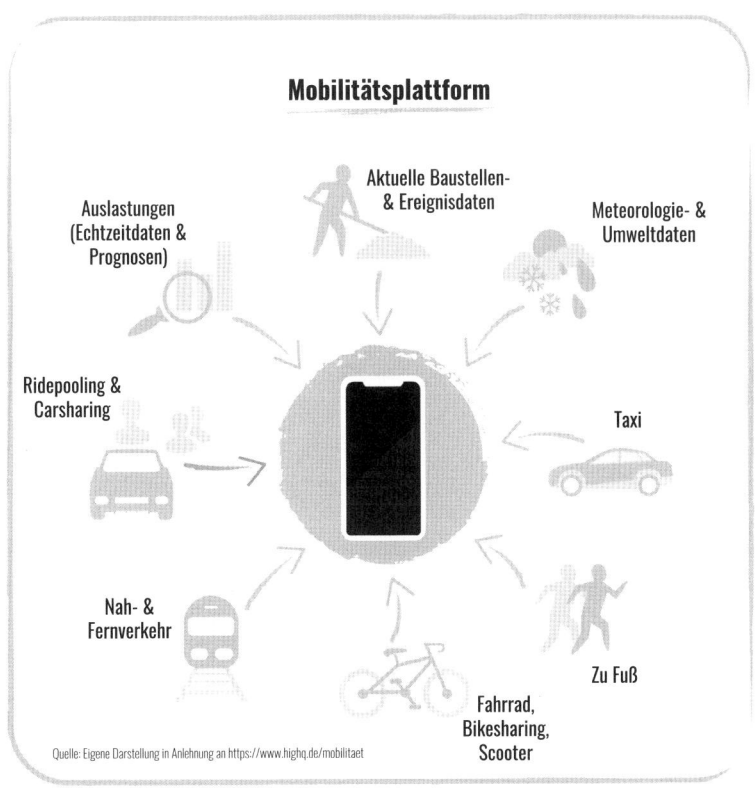

Mobilitätsplattform

Auslastungen
(Echtzeitdaten &
Prognosen)

Aktuelle Baustellen-
& Ereignisdaten

Meteorologie- &
Umweltdaten

Ridepooling &
Carsharing

Taxi

Nah- &
Fernverkehr

Zu Fuß

Fahrrad,
Bikesharing,
Scooter

Quelle: Eigene Darstellung in Anlehnung an https://www.highq.de/mobilitaet

selbst, aber sie profitieren von Vermittlungsgebühren, Werbeeinnahmen und natürlich den zahlreichen Nutzer- und Nutzungsdaten.

Dabei setzen plattformbasierte Geschäftsmodelle auf Netzwerkeffekte: Der Mehrwert der Plattform wird umso größer, je mehr Leistungen angeboten und je mehr Nutzer:innen an sie gebunden werden. Je größer die Plattform wird, desto ökonomisch wertvoller ist sie. Ein Eindringen in diesen Markt wird für neue Anbieter immer schwieriger; die bestehende Marktmacht steigt. Die Plattform, die am schnellsten wächst und von vielen genutzt wird, hat aufgrund ihrer Größe dadurch den entscheidenden Wettbewerbsvorteil, um dauerhaft am Markt zu bestehen (»The winner takes it all«). Gibt es solche Plattformen auch im Mobilitätsbereich? Und was macht eine Mobilitätsplattform besonders wertvoll?

»Berlin soll mobiler werden«, verkündeten die Berliner Verkehrsbetriebe und die Verkehrssenatorin im Februar 2019. Das war nicht nur die Ankündigung einer neuen App, sondern gleichzeitig eine Einladung an alle Mobilitätsanbieter in Berlin, Teil der Plattform zu werden. Denn, so die damalige Chefin der Berliner Verkehrsbetriebe, Sigrid Nikutta: Eine solche Mobilitätsplattform könne den Verkehr verbessern und dadurch die Lebensqualität erhöhen. Jelbi ist der Name dieser App, die alles können soll: Sie vergleicht alle Wege zum Ziel und reserviert, bucht und bezahlt die beste Option für jede Wetterlage, und das, so die Chefin, mit nur einem Login.[3] Von der Routenplanung über die Reservierung bis hin zum Bezahlvorgang – das Magazin »Forbes« bezeichnete Jelbi sogar als »das neue Amazon des Transports«.[4] Dabei steht der Name Jelbi übrigens, frei nach Berliner Dialekt, für die Farbe Gelb, passend zu der Markenfarbe der Berliner Verkehrsbetriebe.

Interessant ist das große Angebot an Mobilitätsdienstleistungen, das auf dieser Plattform bereits zusammengekommen ist: Nach nur einem Jahr sind 15 000 Fahrzeuge über die App verfügbar, unter anderem Busse, Bahnen, Sharing-Autos, Scooter, Fahrräder und E-Roller. Damit soll es nicht mehr nötig sein, sich mithilfe zahlreicher einzelner Apps mit jeweils einzelnen Kundenkonten die besten Wege und Fahrten selbst zusammenzusuchen – ein Problem der heutigen Zeit, das mittlerweile einen eigenen Namen hat: App-Jumping.

Doch der große Erfolg von Jelbi war unglücklich für einen anderen Plattformanbieter, der eigentlich etwas Ähnliches entwickelt hatte: Eine Siemens-Tochter hatte bereits zweieinhalb Jahre vor dem Start von Jelbi die App »Berlin mobil« herausgebracht, die ebenfalls eine Routenplanung anbietet und die unterschiedliche Transportmöglichkeiten und Fahrangebote kombiniert. Diese App fragte die Nutzer:innen, ob sie lieber schnell, lieber günstig oder lieber besonders umweltbewusst von A nach B kommen wollten. Doch das Problem: Die App war kaum bekannt. Dies wurde ihr schlussendlich zum Verhängnis. Wurde zu wenig Werbung gemacht? War das Design der App nicht intuitiv genug? Lag es an der fehlenden Möglichkeit, Tickets auch direkt zu bezahlen?

Vermutlich wird sich das nie so richtig rekonstruieren lassen. Aber der

Wettlauf zwischen den beiden Plattformangeboten zeigt auf jeden Fall eines sehr deutlich: Es geht nicht immer nur um Schnelligkeit, auch Nachzügler können den Markt für sich einnehmen, wenn sie mit kundenorientierten Angeboten einen echten Mehrwert leisten und der Markt noch nicht von einem großen Anbieter dominiert wird.

Mittlerweile gibt es auch in der Stadt München eine neue Mobilanwendung der Münchner Verkehrsgesellschaft, die zumindest schon einen Teil der Mobilitätsangebote zusammenfasst. Es ist keine Frage, dass sich hier in der nahen Zukunft noch sehr viele weitere Entwicklungen in den Apps, aber auch in weiteren Städten beobachten lassen werden.

Mobilitätsplattformen haben also das Ziel, ein nahtloses Mobilitätserlebnis zu bieten, das idealerweise von der Ermittlung einer Tür-zu-Tür-Verbindung und Informationen rund um die Fahrten über Buchungs- und Bezahlmöglichkeiten für alle Verkehrsmittel bis hin zu Informationen über Veränderungen auf dem Weg reicht. So machen sie ein ideales Angebot für jeden Zeitpunkt, jedes Bedürfnis und jeden Anwendungsfall. Dabei sind zwei Faktoren besonders wichtig: die multi- und intermodale Mobilität. Worum geht es dabei genau?

Multimodale Mobilität umfasst unterschiedliche Mobilitätsangebote, je nach Situation, Präferenz und Bedarf: Carsharing bei größeren Einkäufen und kurzen Zeiträumen, Bikesharing bei gutem Wetter und kleineren Einkäufen und das Mietauto für den Urlaub. Mobilitätsangebote werden passgenau vorgeschlagen, genau zugeschnitten auf die Bedürfnisse der einzelnen Nutzer:innen. Diese haben dann die Wahl, zudem können sie ihre eigenen Vorlieben auf der Plattform hinterlegen, zum Beispiel ob sie selbst fahren oder gefahren werden möchten. Wenn eine Person gar keinen Führerschein hat, werden Carsharing- und Mietautoangebote gar nicht erst angezeigt. Ob wir eine Einschränkung haben, ob wir eher auf die Kosten achten oder uns vor allem Zeit und Komfort wichtig sind, ob uns der Umweltschutz am Herzen liegt, wir lieber sitzen, uns gern allein fortbewegen oder lieber gemeinsam mit anderen, all das hat Auswirkungen auf die Wahl der Mobilitätsform. Bei der multimodalen Mobilität geht es also darum, die unterschiedlichen Ziele mit unterschiedlichen und jeweils passenden Mobilitätsmöglichkeiten zu erreichen.

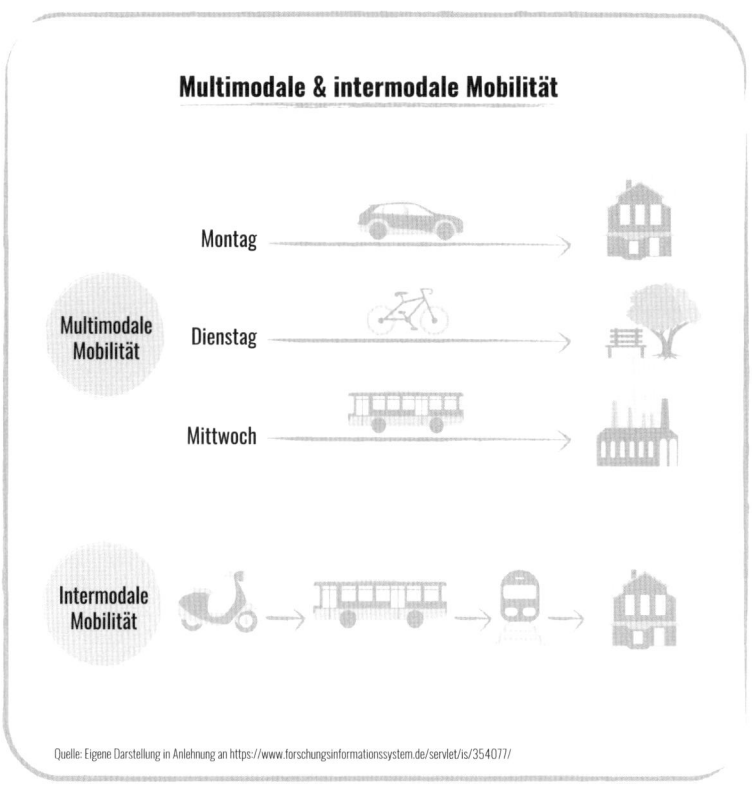

Multimodale & intermodale Mobilität

Multimodale Mobilität

Montag

Dienstag

Mittwoch

Intermodale Mobilität

Intermodale Mobilität hingegen kombiniert die verschiedenen Mobilitätsangebote nahtlos und optimal miteinander bis zum Ziel. Damit können individuelle, eigens zugeschnittene Angebote von Tür zu Tür gemacht werden. Es wird beispielsweise auch die Strecke von der Wohnung bis zur S-Bahn-Station berücksichtigt, die mit dem eigenen Fahrrad, einem Scooter, einem Bus oder einem Taxi bewältigt werden kann – je nachdem, was für die Nutzer:innen gerade am sinnvollsten ist. Suchen wir den günstigsten Weg zum Ziel? Den schnellsten? Den umweltfreundlichsten? Oder den sportlichsten, weil wir gerade Lust auf möglichst viel Bewegung haben? Auch die persönlichen Eigenschaften werden bestmöglich aufgegriffen. Wie schnell jemand zu Fuß ist, hat Auswirkungen auf die Umsteigezeit beim Wechsel der Verkehrsmittel. Wenn jemand ungern geht oder nicht selbst gehen kann, werden lange Fußwege oder herausfordernde Hindernisse wie Treppen vermieden.

Doch um solche nahtlosen und für die Anfragenden perfekten Lösungsketten ermitteln zu können, ist es nötig, dass alle vorhandenen Daten der Mobilitätsangebote der Plattform in Echtzeit zur Verfügung gestellt werden. Nur wenn die Plattform weiß, ob der Bus gerade pünktlich ist oder Verspätung hat, ob der nächste Scooter wenige oder viele Meter entfernt steht, wie lang der Stau auf den Straßen gerade ist und ob sich Baustellen auf dem Weg befinden, können die Optionen bestmöglich miteinander kombiniert werden.

Wie sehr sich Mobilität an die Bedürfnisse der Menschen anpassen und durch sie gestalten lässt, zeigt die interaktive Mobilitätsplattform Beeline in Singapur. Da die Berufspendler:innen in Singapur viel Zeit durch suboptimale Busrouten verlieren, können sie mittlerweile individuelle Routen vorschlagen. Diese werden über Algorithmen optimiert und erweitert. Wenn eine Mindestanzahl an Anfragen für eine Route erreicht wird, wird diese Fahrt angeboten – was eine deutlich geringere Pendelzeit ermöglicht und die Busfahrten genau auf die Bedürfnisse der Nachfragenden zuschneidet.[5]

Was macht eine Mobilitätsplattform so nützlich?

Eine Mobilitätsplattform versucht, uns mit den vorhandenen Informationen eine Art Rundum-sorglos-Paket anzubieten. Je mehr Features sie umfasst, desto wertvoller wird sie für alle. Eine der wichtigsten Eigenschaften ist dabei die erwähnte Nutzung von Echtzeitinformationen.

Es reicht für die Plattformen nicht aus, die digitalisierten Fahrplandaten auszulesen. Nur in Verbindung mit den Echtzeitinformationen über jedes einzelne Fahrzeug kann ein perfektes Mobilitätsangebot für jede Einzelne und jeden Einzelnen von uns erstellt werden. Welchen finanziellen Mehrwert Echtzeitdaten haben können, lässt sich am Beispiel des bestehenden Nahverkehrs gut erkennen. Denn der Nahverkehr hat ein großes Problem:

Trotz steigender Ticketpreise ist und bleibt er ein wirtschaftliches Zuschussgeschäft mit einem Investitionsstau in Milliardenhöhe. Die Betreiber erhalten Subventionen von mehr als 3 Milliarden Euro.[6]

Doch es gibt Hoffnung, denn neue Entwicklungen rund um die Digitalisierung lassen höhere Einspareffekte erwarten. Der Verkehrsfluss an sich und die Auslastung von Fahrzeugen würden sich über Echtzeitdaten besser verteilen lassen. Durch die permanente Übermittlung von technischen Fahrzeugdaten können auch Probleme schneller gelöst und Wartungsintervalle verkürzt werden – die Kostendeckung in größeren Städten könnte allein hierdurch nach ersten Hochrechnungen um mehrere Prozentpunkte steigen. Und auch die Öffnung von Nahverkehrsdaten kann hohe Einsparmöglichkeiten ermöglichen, wie wir noch später feststellen werden.

Neben Echtzeitinformationen darüber, wo und womit wir uns im Augenblick bewegen, ist eine Auslastungsprognose der Verkehrsmittel und Straßen wichtig für eine gute nahtlose Mobilität. Bei aufkommenden Veränderungen während der Fahrten wird das Mobilitätsangebot sofort aktualisiert und verbessert. Die Nutzer:innen wissen in jeder Situation, warum die Routen verändert werden, und erhalten nach Bedarf alle Informationen zu Störungen, Verkehrssituationen und Aktualisierungen der Strecken. Sicherlich kann man so in vielen Fällen auch gelassener zur nächsten Haltestelle gehen, da man weiß, dass es ohnehin zu einer Verspätung kommen wird.

Ein weiterer wichtiger Mehrwert einer Plattform ist die sogenannte Tiefenintegration: Die Plattform muss sämtliche Prozesse von der Information über die Buchung des jeweils richtigen Tickets bis hin zur Zahlung und zur Sicherung sensibler Daten, etwa des Führerscheins, beherrschen. Sie muss zudem geteilte Autos und Fahrräder öffnen und verriegeln, von einem Ort zum nächsten navigieren und die Ticketinformationen zur Kontrolle bereitstellen können. Die Plattform vereint also alle Dienste rund um Mobilität in sich – für die größte Nutzerfreundlichkeit am besten mit nur einem einzigen Zugang.

Idealerweise würden die Nutzer:innen nur ein Ticket für alle Fahrten erhalten und nichts von den Prozessen im Hintergrund mitbekommen. Wir müssten uns dann keine Gedanken darüber machen, welcher Tarif für die gefahrenen Strecken der günstigste ist, da dies automatisch berechnet und zugeordnet wird. Dass der Bezahlvorgang im Hintergrund der Plattform komplex ist, kann man sich annähernd vorstellen, wenn man an die weiterzuleitenden Zahlungsströme denkt, die eine solche Plattform gewährleisten müsste. Dabei müssen allein schon die unterschiedlichen Steuersätze beachtet werden. Denn bei Fernbussen, Zügen, Mietwagen wird eine höhere Mehrwertsteuer fällig als beim Nahverkehr und bei Taxen.

Mit einer solchen Plattform erhalten wir also umfassende Mobilitätsoptionen mit einem optimal auf uns zugeschnittenen Verkehrsmix. Eine solche übergreifende Mobilitätsplattform bemüht sich damit auch, möglichst viele einzelne Mobilitätsangebote zu ersetzen, indem sie einen hohen Nutzungskomfort verspricht. So ist es beispielsweise sehr bequem, sich nicht für einzelne Angebote neu registrieren zu müssen und nicht jedes Mal Zahlungsinformationen und weitere Daten, etwa zum Führerschein, hinterlegen zu müssen.

Genau hier liegt also die große Chance einer guten Mobilitätsplattform: Sie macht Mobilität einfacher, vielseitiger, effizienter und nutzerfreundlicher. Dadurch kann sie für immer mehr Menschen eine attraktive Alternative sein, die dafür vielleicht sogar auf das eigene Auto verzichten würden. Eine solche Plattform könnte auch diejenigen begeistern, die aufgrund von Unübersichtlichkeit und fehlendem Komfort bislang nicht von den unterschiedlichen Mobilitätsangeboten profitieren konnten oder wollten.

Wie hoch der Wert von Mobilitätsplattformen schon heute ist, zeigt die Übernahme der Plattform Moovit durch den Technologiekonzern Intel. Dieser erwarb Moovit, die als App bereits kostenlos in mehreren Tausend Städten weltweit verfügbar ist, für fast eine Milliarde US-Dollar. Die App berechnet Fahrtrouten mit dem öffentlichen Nahverkehr und bindet auch Fahrdienste und E-Scooter-Angebote mit ein. Was sie allerdings so besonders wertvoll macht, sind die Echtzeitinformationen zum Nahverkehr in zahlreichen Städten. Der Gründer Nir Erez sagte, dass Moovit über 70 Prozent mehr Daten zum öffentlichen Verkehr habe als Google. Und der Erfolg gibt ihm recht: Täglich wird die App von 1,3 Millionen Nutzer:innen heruntergeladen. Sie wird in mehr als 3000 Städten in über 100 Ländern von 800 Millionen Menschen verwendet. Kein Wunder, dass Intel so viel Geld für das Start-up gezahlt hat: Es könnte mit seinen Daten den Weg für das autonome Fahren ebnen.

Die Idee zu Moovit kam dem Seriengründer Nir Erez übrigens mit einem Freund zusammen während des Marathontrainings am See Genezareth in Israel. Sie waren genervt davon, dass es keine gute Navigations-App für den öffentlichen Nahverkehr gab, und entschieden, das Problem selbst in die Hand zu nehmen. Wenn Nir Erez heute geschäftlich in unterschiedlichen Städten auf der Welt unterwegs ist, mietet er gar kein Auto mehr. Stattdessen schließt er mit seinen Geschäftspartner:innen häufig Wetten ab, wer schneller am Restaurant-Treffpunkt ankommt: er mithilfe seiner App und dem öffentlichen Nahverkehr oder die anderen mit dem Taxi. Wer als Letztes ankommt, zahlt für das Abendessen. »Ich bekomme viele kostenlose Abendessen«, erzählt er oft mit einem Augenzwinkern.[7]

Die Schattenseiten der Mobilitätsplattformen

Doch die angenehmen Vorzüge einer umfassenden Mobilitätsplattform für die Nutzer:innen bedeuten nun mal auch eine hohe wirtschaftliche Zentrierung. Mit dem Risiko, dass der Marktzugang für andere Anbieter stark kontrolliert werden kann und kleinere wie auch größere Mobilitätsanbieter sich nach den Vorgaben der Plattformanbieter zu richten haben, um nicht von der Plattform ausgeschlossen zu werden.

Auch für uns als Nutzer:innen bieten die Plattformen ein gewisses Risiko. Auch wir müssen hinterfragen, wie viel Vertrauen wir den datengetriebenen Geschäftsmodellen entgegenbringen möchten. Denn wir vertrauen zunehmend blind den angebotenen Diensten, obwohl uns eigentlich bekannt sein sollte, wie schnell sich Datenströme und Informationen manipulieren lassen. Besonders eindrucksvoll zeigte das der Berliner Künstler Simon Weckert, als er 99 Smartphones in einen Handkarren legte und diesen durch Straßen der Berliner Innenstadt zog. Dabei sorgte er bei Google

Maps für einen virtuellen Stau, denn nach und nach färbte sich die jeweilige Straße auf der Karte rot – wodurch Autos auf andere Routen umgeleitet wurden.[8] Als Künstler wollte Weckert darauf aufmerksam machen, wie viel Einfluss digitale Plattformen wie Google Maps mittlerweile auf unsere Gesellschaft haben, das heißt, wie sehr datengetriebene Unternehmen unsere eigenen Bewegungsströme vorgeben. Und wie sehr wir den Vorschlägen der digitalen Dienste als Gesellschaft geradezu blind vertrauen.

Vielleicht wundern wir uns mittlerweile schon gar nicht mehr, wenn uns über Google nur die Angebote einer kleinen Auswahl an Mobilitätsdienstleistern angezeigt werden, obwohl es eigentlich deutlich mehr gibt. Ich frage mich, ob es eher Vertrauen oder eher Bequemlichkeit ist, dass uns vorgefilterte und ausgewählte Angebote hierbei auszureichen scheinen. Und ob es uns überhaupt stört, dass erst einmal die Mobilitätsanbieter gelistet werden, die am meisten für die Platzierung gezahlt haben. Müssten wir nicht einfordern – gerade bei Mobilität, einer so wichtigen und notwendigen Grundversorgung für uns alle –, vollumfänglich und transparent über alle Angebote informiert zu werden?

Doch das sind noch nicht alle Risiken von digitalen Plattformen. Gerade die digitalen Mobilitätsangebote bergen die Gefahr, diejenigen auszugrenzen, die nicht die notwendigen Voraussetzungen für den Zugang mitbringen. Denn für fast alle Mobilitätsdienstleistungen ist die App-Nutzung per Smartphone unerlässlich. Es ist zum einen die Schlüsseltechnologie, um auf Mobilitätsdienstleistungen zugreifen zu können, diese zu buchen, zu entsperren und abzurechnen. Zum anderen erlaubt das Smartphone die punktgenaue Ortung, um von einem Ort abgeholt und zum nächsten gebracht zu werden, das nächste Fahrzeug zu finden sowie in Echtzeit bestehende Routen zu optimieren. Daher ist ein solches Gerät die notwendige Voraussetzung, um an dieser Form von Mobilität partizipieren zu können. Das mag in immer weniger Fällen eine Hürde sein, zu sehr sind Smartphones Teil unseres Lebens und Teil unserer Gesellschaft geworden, fast unabhängig vom verfügbaren Einkommen.

Anders sieht es jedoch aus, wenn es um technische Fähigkeiten geht: Kann von allen Menschen erwartet werden, dass sie den Umgang mit der App beherrschen, sich registrieren und digitale Zahlungswege nutzen können und auch Datenschutzfragen richtig einschätzen können? Viele Angebote zielen derzeit vorrangig auf technikaffine und einkommensstärkere Zielgruppen ab.

Dabei könnten eigentlich gerade Plattformen einen besonderen Beitrag dazu leisten, die besten Fortbewegungsmöglichkeiten für diejenigen aufzuzeigen, die in ihrer Auswahl eingeschränkt sind. Plattformen könnten die unter den gegebenen Rahmenbedingungen besten Optionen ermitteln, zum Beispiel rollstuhl- oder rollatorfreundliche Wege. Sie könnten schon im Vorfeld darauf hinweisen, ob die S-Bahn-Station Stufen hat. Ebenfalls möglich ist das Anzeigen der günstigsten Mobilitätsoption für Nutzer:innen, die zeitlich flexibel sind und sparen wollen oder müssen.

Wir sollten uns daher durchaus fragen, wie digitale Buchungsangebote und Buchungssysteme besser gestaltet werden können, und zwar für möglichst alle Menschen. Vielleicht heißt das, den potenziellen Nutzer:innen Schulungen anzubieten, um ihnen den Umgang mit Mobilitätsangeboten näherzubringen. Sie könnten darüber informiert werden, wann welches Angebot für welche persönliche Anforderung am sinnvollsten ist und welche Mobilitätsangebote überhaupt zu ihren Bedürfnissen passen. Es könnte aber auch heißen, dass die Hersteller die Plattformen bereits mit einem umfassenderen Blick auf die Gesellschaft entwickeln.

Mobilität für eine lebenswerte Stadt

Vielleicht ist es aber auch der völlig falsche Ansatz, darüber nachzudenken, wie die neuen Mobilitätsangebote zu nutzen sind und welchen Beitrag Plattformen dazu leisten. Vielleicht gehört zur anfangs gestellten Frage nach der besten Art der Fortbewegung in der Stadt viel mehr als die bloße Zusammenstellung von Mobilitätsoptionen. Müssen wir uns in der heutigen Zeit nicht vielmehr die Frage stellen, wofür wir Mobilität überhaupt benötigen und wie Mobilität zu einer höheren Lebensqualität beitragen kann?

Auf diesen Gedanken bringt mich Dr. Arndt Pechstein. Wir sitzen an einem sonnigen Tag in Berlin, nur wenige Meter vom Brandenburger Tor entfernt, in den Räumlichkeiten des Allianz Forums. Arndt ist ein Verfechter des hybriden Denkens, eines neuen Ansatzes, der analytische und intuitive Methoden vereint. Als Innovationsvordenker, Mobilitätsexperte und Neurowissenschaftler kombiniert er all diese Denkweisen, um das menschliche, das technische und

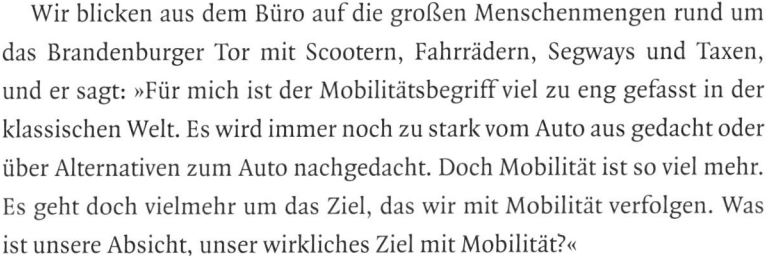

das lebende System, also den Planeten, alle im Einklang zu betrachten. Das bedeutet für ihn, von der Natur zu lernen, Gegebenes zu hinterfragen und Vorgehensweisen völlig neu zu denken. Grenzen aufzubrechen, wie er es gerne beschreibt.

Wir blicken aus dem Büro auf die großen Menschenmengen rund um das Brandenburger Tor mit Scootern, Fahrrädern, Segways und Taxen, und er sagt: »Für mich ist der Mobilitätsbegriff viel zu eng gefasst in der klassischen Welt. Es wird immer noch zu stark vom Auto aus gedacht oder über Alternativen zum Auto nachgedacht. Doch Mobilität ist so viel mehr. Es geht doch vielmehr um das Ziel, das wir mit Mobilität verfolgen. Was ist unsere Absicht, unser wirkliches Ziel mit Mobilität?«

Ich überlege kurz. Und antworte, dass es uns doch darum gehen muss, die jeweils beste Art der Fortbewegung durch ein breites Portfolio an verschiedenen Mobilitätsmöglichkeiten anzubieten. Doch er widerspricht mir und beschreibt seine Sicht: »Wenn ich mich von A nach B innerhalb von einer Stadt bewege, ist es ja nicht primär mein Ziel, ein Auto oder eine U-Bahn zu benutzen. Mein Ziel ist es doch, Menschen zu sehen, die mir wichtig sind, oder zu einem Job zu kommen. Und damit komme ich zu Zielen, die eigentlich erst einmal nichts mit Mobilität zu tun haben. Sondern mit Lebensqualität, mit Begegnungen und mit Erlebnissen. Und damit sind wir eigentlich gar nicht mehr bei der klassischen Definition von Mobilität, sondern wir sind bei dem Schaffen von Möglichkeitsräumen. Durch Erreichen von bestimmten Bedürfnissen oder Erfüllen von Bedürfnissen. Doch muss dies nicht zwangsläufig über ein Auto erfolgen, auch wenn das im Stadtbild vieler unserer Städte heutzutage so wirken mag.«

Über diese Worte denke ich lange nach. Wie lässt sich der Lebensraum für alle Bewohner:innen einer Stadt so attraktiv wie möglich gestalten? Wann ist eine Stadt überhaupt lebenswert? Und haben wir in den letzten Jahren Städte tatsächlich zu sehr vom Auto aus gedacht?

Warum Städte um das Auto geplant sind

Wenn wir uns den städtischen Raum ansehen, lässt sich erkennen, wie sehr in den vergangenen Jahrzehnten das Auto die Stadtplanung dominiert hat. Die Anzahl der Fahrzeuge nahm in der Nachkriegszeit exponentiell zu, die Massenmotorisierung wurde zum Ausdruck unseres wirtschaftlichen Fortschritts und guten Lebens. Höchste Priorität erhielt der ungehinderte Verkehrsfluss der Autos, mit schnellen Straßenverbindungen, zentralen Parkräumen, Stadtautobahnen, innerstädtischen Autotunneln, aber auch Fußgängerbrücken und -unterführungen.[9] Maßstab war der Mensch in seinem motorisierten Fahrzeug, der sich mit seinem Auto identifizierte. Aus seinem Blickwinkel wurden die Städte betrachtet. Die Anforderungen und Bedürfnisse aller nichtmotorisierten Verkehrsteilnehmer:innen hatten sich diesem Paradigma unterzuordnen.

Doch über die Jahre fiel uns auf, wie wenig erstrebenswert das Leben in den Städten wurde, die hauptsächlich für Autos gebaut waren und weniger für ihre Bewohner:innen. Vielleicht waren die daraus resultierenden Probleme einfach zu lange nicht sichtbar. Lärm, Stau, Emissionen, die Gefährdung von weniger geschützten Verkehrsteilnehmer:innen, aber auch die kostenintensive Instandhaltung oder der Bewegungsmangel sind allesamt Effekte einer Privilegierung des Autos. Die ohnehin engen Straßen mussten von immer mehr Verkehrsteilnehmer:innen geteilt werden. Und je mehr Verkehrsteilnehmer:innen sich die Straßen teilten, desto mehr sank zwangsläufig das durchschnittliche Tempo für alle.

Ist uns eigentlich bewusst, wie viel unserer Zeit wir nach wie vor in

Staus verlieren? In München sind es sage und schreibe dreieinhalb Tage pro Jahr.[10] Wir alle wissen, dass wir das Auto nicht effizient nutzen, dass die meisten Fahrzeuge zu 95 Prozent der Zeit ungenutzt bleiben, wie Studien immer wieder ermitteln.[11] Und dass allein genutzte Autos viel Raum einnehmen, der durch Formen von geteilter Mobilität für mehr Menschen nutzbar gemacht werden könnte. Obwohl in Städten jeder Quadratmeter kostbar ist, haben Autos einen hohen Flächenverbrauch auf Straßen und Parkplätzen. Während Fahrradfahrer:innen in Berlin etwa drei Prozent der Straßenflächen zur Verfügung haben, beanspruchen parkende und fahrende Autos fast 60 Prozent der Verkehrsflächen.[12] Schon vor einigen Jahren entstand ein sehr plakatives Bild, das verdeutlicht, wie viel Platz es im Durchschnitt benötigt, 72 Menschen zu transportieren: Sie passen entweder in 60 Autos, auf 72 Fahrräder oder in nur einen Bus.

Es ist daher nicht überraschend, dass die Abneigung gegen das Auto in einigen Städten wächst. Über 80 Prozent der Menschen in Deutschland wünschen sich, nicht auf ein eigenes Auto angewiesen zu sein.[13] Fast 40 Prozent der Autofahrer:innen würden ihr Auto lieber zu Hause lassen.[14]

Die Stadt der kurzen Wege

Viele hoffen daher darauf, die Straßen und damit die Städte den Menschen zurückgeben und besser auf die unterschiedlichen Mobilitäts- und Lebensbedürfnisse eingehen zu können. Für eine höhere Lebensqualität und eine lebenswertere Stadt.

Nach der Definition des bekannten Stadtplaners Jan Gehl ist eine Stadt lebenswert, wenn sie »das menschliche Maß respektiert«, sich also an den Fußgänger:innen und Fahrradfahrer:innen orientiert, um Begegnungen auf Plätzen und Gassen zu schaffen.[15] All dies, so Gehl, sei die eigentliche Idee einer Stadt. Ziel für ihn sei daher vor allem eine Verlagerung des Verkehrs weg von Autos und hin zu stadtverträglicheren Verkehrsmitteln wie dem öffentlichen Nahverkehr, dem Fahrrad oder dem Zufußgehen. Es geht also darum, weniger von den technischen Möglichkeiten her zu denken, sondern den Lebensraum attraktiv für möglichst viele Menschen zu machen und so ihr Leben zu verbessern. Das ist ein ambitioniertes Ziel, das sich aber dennoch natürlich abzuleiten scheint. Denn es passt zu einem Zeitalter, in dem ein stärkeres soziales Gleichgewicht gesucht wird und der Mensch mit seinen Bedürfnissen klar im Vordergrund steht.

Hätte sich der Verkehr in unseren Städten anders entwickelt, wenn wir uns schon früher damit beschäftigt hätten, wofür wir unsere Mobilität wirklich nutzen wollen? Wenn wir viel stärker die Wahl unserer Verkehrsmittel und unsere Mobilitätsoptionen hinterfragt hätten? Vielleicht sogar hybride gedacht hätten? Würden wir dann heute möglicherweise viel weniger Mobilität benötigen? Diese Fragen werden wir rückwirkend nicht mehr beantworten können. Aber sie können uns dabei helfen, Mobilität heute zu hinterfragen und neue Ansätze für die Zukunft zu wählen.

Für Arndt ist vollkommen klar, dass Mobilität nicht nur völlig neu gedacht werden muss, sondern dass auch neu an die alten Fragestellungen heranzugehen ist. Die Fragen, an denen wir uns heute mehr denn je zu orientieren haben, seien diejenigen zur Zielsetzung von Mobilität: »Was genau sind die Probleme, die Mobilität lösen soll? Wie kann ich menschenzentrierte und ganzheitliche Lösungen denken und modellieren? Wie lässt sich der Mobilitätsbedarf sogar möglichst reduzieren?« Es sind genau diese Fragen, die seiner Ansicht nach den Weg zur Zukunft unserer Mobilität bereiten.

Eine Person, die genau über solche neuen Formen von Mobilität oder auch Nicht-Mobilität nachdenkt und die auch entsprechend handelt, ist Anne Hidalgo, die derzeitige Bürgermeisterin von Paris. Sie setzt auf das Konzept der 15-Minuten-Stadt (»Ville du quart d'heure«).[16] Dahinter verbirgt sich die Vision einer Stadt der kurzen Wege, der Gedanke, dass alle wichtigen Orte des Alltags möglichst mit kurzen Wegen innerhalb von wenigen Minuten zu erreichen sein sollen. Das soll Mobilitätsbedarfe reduzieren. Denn in einem solchen Stadtmodell wären fast alle Wege zu Fuß oder mit dem Fahrrad zu bewältigen. Ganz nebenbei ließe sich so auch auf kostengünstigste Art Gesundheitspolitik betreiben, da Menschen zu regelmäßiger Bewegung animiert würden. Zudem würde die Innenstadt nach und nach autofrei werden. Und genau das hätte gewaltige

Auswirkungen: Laut Hidalgos Planung würden damit fast drei Viertel aller bestehenden öffentlichen Parkplätze in Paris, also etwa 60 000, eine neue kreative und menschenorientierte Nutzung finden, wie beispielsweise als Fußgängerzonen, Aufenthalts- und Grünflächen, Spielplätze oder Gärten. Dabei nimmt die engagierte Bürgermeisterin Elektroautos übrigens nicht aus dem Konzept aus, da sie den gleichen Platz wie herkömmliche Fahrzeuge beanspruchen. Die innerstädtische Versorgung soll daher vorrangig über kleine elektrische Lastkarren und Lastenräder sichergestellt werden.

Die Bürgermeisterin hat bereits konsequent zentrale Straßen in Paris für Autos sperren lassen und den Ausbau von Fahrradwegen vorangetrieben. Hidalgos Prämisse dabei ist: Autos werden nicht verboten, aber es soll unpraktischer werden, sie zu nutzen. Nach ihrem Konzept werden Autos immer strengeren Tempolimits unterworfen und dürfen andere Verkehrsteilnehmer:innen nicht mehr überholen. Damit wären innerorts Bus-, Bahn- und Radfahrten attraktiver und vor allem schneller als Autofahrten. Erste Ergebnisse waren nach nur einem Jahr mehr als deutlich: Die Fahrten mit dem Fahrrad nahmen um 50 Prozent zu, dagegen ging die Nutzung des Autos erstmals seit vielen Jahrzehnten zurück.

Dass es auch mit weniger radikalen Mitteln möglich ist, eine Stadt menschenzentrierter zu gestalten, zeigen die Beispiele anderer Städte. Kopenhagen etwa ist einen behutsameren Weg gegangen und hat kontinuierlich seit den 1960er-Jahren in vielen kleineren Maßnahmen nicht nur Straßen für den Autoverkehr gesperrt, sondern auch jährlich zwei bis drei Prozent der bestehenden Parkplatzflächen gestrichen, Gehwege verbreitert und neue Radwege geschaffen. Vielleicht ist genau das einer der Gründe dafür, dass Kopenhagen seit so vielen Jahren zu den lebenswertesten Städten der Welt gehört.

Die Bürgermeister:innen einiger sehr einflussreicher Metropolen weltweit – von Vancouver, Los Angeles und Santiago über Amsterdam, Paris, Jakarta und Seoul bis hin zu Auckland – haben sich darauf geeinigt, ihre Städte in den kommenden Jahren besonders nachhaltig und gesund zu gestalten, stets mit den Bedürfnissen der Menschen im Blick. Daraus entstanden ist ein Manifest, das aufzeigt, welche ambitionierten Ziele sich diese Städte gesetzt haben und wie sie diese erreichen wollen.[17] Immer geht es dabei um die Fragen, wie neue Mobilitätsangebote zusammenspielen, wie die begrenzten Räume der Städte neu verteilt werden können und wie auf die Bedürfnisse aller Menschen im Verkehr besser eingegangen werden kann.

Dabei wird allerdings auch klar: Ganz auf das Auto verzichten wird man kaum. Die Anzahl der Autos in einer Stadt lässt sich aber durchaus reduzieren, bei gleichzeitiger Förderung neuer verkehrsmittelübergreifender Mobilitätsangebote.

Diese Bürgermeister:innen leben vor, wie sich mit neuen Ansätzen und Maßnahmen die Mobilität in Städten völlig neu denken lässt. Dabei wird auf geteilte Mobilität gesetzt, und der Verkehr wird so gesteuert, dass möglichst alle davon profitieren. Doch wie schwierig das ist und warum Teilen nicht immer automatisch sozial ist, darauf kommen wir im nächsten Kapitel zu sprechen.

Kapitel 3

TEILEN VERBINDET

Das oBike-Desaster

Im Sommer 2017 begann in München das oBike-Desaster. Es gab bereits Leihräderangebote in München, die von Tausenden Menschen genutzt wurden. Dann kam das frisch gegründete Unternehmen oBike aus Singapur. Es startete zunächst mit 350 typischen knallgelben Rädern und stockte dann recht schnell auf 7000 Leihräder im Münchner Stadtgebiet auf. Die Räder ließen sich per App mieten und an jeder beliebigen Stelle in der Stadt wieder abstellen. Die Erwartungen an die Räder wurden allerdings nicht erfüllt: Keine Gangschaltung, ein schwerer massiver Rahmen und damit ein großer Widerstand beim Treten machten das Fahrradfahren zur Qual – selbst für geübte Radfahrer:innen. Nach europäischen Standards bestand aufgrund der schlechten Qualität der Bikes ein hohes Unfallrisiko, weil die Bremskraft nicht ausreichend war. Die städtischen Behörden rieten von der Nutzung ab. Es folgten diverse Rückrufaktionen des Anbieters.

Doch was passiert mit 7000 ungeliebten und ungenutzten Fahrrädern, deren Buchungs-App schon lange nicht mehr funktioniert? Die gelben Räder verrosteten am Wegesrand oder in Hecken, hingen in Bäumen, standen auf dem Kopf oder wurden in der Isar versenkt. Im Englischen Garten waren so viele Räder abgestellt worden, dass Gärtner:innen sie erst einmal am Wegrand stapeln mussten, bevor sie mit der eigentlichen Grünpflege beginnen konnten.

Das Unternehmen meldete im Sommer 2018 Insolvenz an. Der juristische Streit zwischen oBike und der Stadt München darum, ob oBike verpflichtet werden konnte, all die Fahrräder wieder einzusammeln, zog sich über Monate. Die Räder waren nicht Eigentum der Stadt, aber auch nicht herrenlos, deshalb durften sie nicht einfach entfernt werden. Und oBike reagierte monatelang nicht auf die Kontaktversuche der Stadt. Erst zwei

Jahre später waren die Räder größtenteils aus dem Stadtbild verschwunden, teils über private Firmen, die die Fahrräder einfach eigenständig beseitigten, aber auch ein von oBike beauftragtes Unternehmen schaffte endlich Ordnung. Die gezahlte Kaution, die automatisch bei der Leihe eines Rads erhoben wurde, dürften die wenigsten Kund:innen zurückerhalten haben.

So gehört oBike zu den unrühmlichsten Beispielen eines neuen Mobilitätsangebots. Aber es steht nicht allein. Überall gibt es Geschichten insolventer Bikesharing-Anbieter. Auch aus China erreichen uns Bilder von riesigen Fahrradfriedhöfen mit Zehntausenden brandneuen, ungenutzten Rädern.

Diese Geschichten sind Ausdruck von Geschäftsideen, die auf das Teilen vorhandener Ressourcen setzen. Sie stehen zunehmend im Fokus von Investor:innen auf der Suche nach dem »Next Big Thing«. Städte werden oft schnell von neuen, mit viel Risikokapital ausgestatteten Mobilitätsanbietern überflutet, die nicht auf die lokalen Bedürfnisse achten. Ein bedarfsorientiertes Wachstum, langsam und nachhaltig, ist oftmals von den Unternehmen, die in den Markt einsteigen, nicht vorgesehen.

Dabei wäre es wichtig, bei der Entwicklung und Einführung dieser Dienste achtsam zu sein. Das gilt auch für andere Mobilitäts-Sharing-Dienste. So schnell, wie sich neue Sharing-Anbieter gründen lassen, so schnell können sie auch abgewickelt werden, wenn sich der Profit nicht wie erwartet einstellt. Aus Marseille kennen wir Bilder von zahlreichen E-Scootern, die aus dem Meer gezogen werden, nachdem Jugendliche sie dort versenkt haben. Wir hören immer wieder von Carsharing-Angeboten, die nach einigen Jahren wieder beendet werden.

Das ist bedauerlich, denn die Fachexpert:innen sind sich einig, dass diese Formen von geteilter Mobilität – »Shared Mobility« – eine gute Ergänzung im Mobilitätsangebot sein können. Sie haben das Potenzial, ein wichtiger Bestandteil unseres Mobilitätsverhaltens zu werden.

Vom Besitzen zum Benutzen

Bis vor Kurzem waren die vorherrschenden Verkehrsmittel in unseren Städten die öffentlichen Verkehrsmittel, Taxen und private Autos. Doch mittlerweile finden wir gerade in den Großstädten zahlreiche neue Mobilitätsanbieter mit vielseitigen Dienstleistungen zum Mieten und Teilen: den elektrischen Scooter, den wir schnell per App entsperren und für ein paar Hundert Meter fahren; das Leihfahrrad, mit dem wir vorbei am Stau der innerstädtischen Ampelkreuzungen einmal quer durch die Stadt fahren; das Carsharing-Auto, das wir spontan für Einkäufe nutzen können, ohne uns mit Inspektionen, Versicherungen und dem Winterreifenwechsel beschäftigen zu müssen. Wenn wir nicht selbst fahren möchten, nutzen wir vielleicht ein Ridepooling-Angebot, indem uns ein Algorithmus mit anderen Nutzer:innen zusammenbringt, deren Ziele in einer ähnlichen Richtung liegen, sodass es sich für alle lohnt, sich einen Kleinbus für die sich überlappenden Streckenabschnitte zu teilen. Es ist unübersehbar: Mobilität wird zunehmend zu einer Dienstleistung, zu »Mobility as a Service«, weit über die bislang bekannten Taxi- und Nahverkehrsdienstleistungen hinaus.

Die neuen Geschäftsmodelle versprechen einfache Nutzungsmöglichkeiten, abgerechnet nach der tatsächlich gefahrenen Strecke oder der Zeit. Mietangebote garantieren Individualität und Selbstbestimmung – ohne dass es dazu notwendig ist, dass uns ein Fahrzeug gehört. Wir wählen das passende Mobilitätsmodell einfach nach unserem Bedarf auf Grundlage der Funktion, des Komforts und der Schnelligkeit in der jeweiligen Situation aus. Und auch wenn viele eine besondere Bindung zum eigenen Auto haben, gibt es doch auch immer mehr Menschen, die gern auf verpflichtendes Eigentum verzichten möchten, um stattdessen nur für die wirklich benötigte Nutzung zu zahlen und dabei flexibel zu sein.

Auch gewinnen Auto-Abomodelle im Vergleich zum klassischen Kauf zunehmend an Beliebtheit. Denn hier wird die Flexibilität rund um das Auto noch weiter ausgebaut als in den bisherigen eher starren Leasing- und Kaufverträgen. Das passende Auto wird ausgewählt, je nach Lebenssituation und aktuellen Anforderungen. Für den Familienurlaub kann das kleine Elektroauto gegen einen geräumigen Kombi getauscht werden. Für das Wochenende zu zweit steht der schnittige Sportwagen bereit und für den großen Ausflug mit Freunden eignet sich am besten der Kleinbus mit Übernachtungsmöglichkeit. Das Leben ist nicht starr, warum sollten es die Verkehrsmittel sein?

Bei heutigen Angeboten müssen wir uns nicht mehr festlegen, das neue Fahrzeug wird immer häufiger bequem nach Hause geliefert. Und wenn wir eine Weile lang kein Auto benötigen, weil wir in der Stadt gut mit dem Nahverkehr, dem Rad und den geteilten Fahrzeugen zurechtkommen, kann das Abo in vielen Fällen pausieren. Versicherungen, Kilometer und alle anderen Leistungen werden in Paketen und Pauschalen direkt abgerechnet.

Noch weiter geht das Angebot einer Mobilitäts-Flatrate in Helsinki. Ein Abo für 499 Euro monatlich umfasst nicht nur alle Fahrten im öffentlichen Nahverkehr, sondern auch alle Fahrten mit E-Scootern, Leihrädern, Mietautos und Taxen. Ein Rundum-sorglos-Paket der Mobilität – und wer das nicht möchte, kann auch pro Fahrt zahlen.[1]

Diese neuen Mobilitätsangebote setzen alle auf das Teilen. Sie können unser Mobilitätsverhalten tiefgreifend verändern. Einige Studien weisen sogar darauf hin, dass bereits im Jahr 2025 mehr Kilometer über solche Angebote zurückgelegt werden könnten als mit dem Privatauto.[2] Wir können heute davon ausgehen, dass die Auslastung von Autos, die momentan durchschnittlich 1,46 Personen beträgt, dadurch um ein Vielfaches erhöht werden würde. Das Ergebnis: Vorhandene Ressourcen werden wesentlich effizienter genutzt. Doch wie groß ist der tatsächliche gesellschaftliche Mehrwert dieser neuen geteilten Mobilitätsangebote?

Was ist vom ursprünglichen Sharing-Ansatz geblieben?

Weniger Eigentum – mehr Teilen: Die Sharing-Kultur, also etwas zu teilen und damit anderen einen Nutzen zu verschaffen, wird an vielen Stellen als eine der größten sozialen Veränderungen unserer Zeit gefeiert. Es heißt, Teilen könnte im Alltag einen Beitrag für eine bessere Gesellschaft leisten, Ressourcen einsparen, diese neu verwenden, sozialen Zusammenhalt fördern und Stück für Stück egoistische Motive durch altruistische ersetzen. Beschrieben werden diese Aspekte auch unter dem Schlagwort der »Ökonomie des Teilens« bzw. »Sharing Economy«.

Im Bereich der Mobilität eröffnet diese Ökonomie des Teilens gleichzeitig flexible und individuelle Möglichkeiten der Fortbewegung unter bestmöglicher Nutzung der vorhandenen Ressourcen. Wir sind mobil, auch ohne Eigentum. Wir können unser bisheriges Mobilitätsportfolio individuell nach unseren Vorlieben erweitern. Wir können Fahrrad fahren, ohne ein eigenes Fahrrad pflegen und warten zu müssen, Scooter fahren, ohne uns Sorgen um ein geschütztes Abstellen zu machen, und ein Auto nur dann nutzen, wenn wir gerade eines brauchen, ohne Geld für einen Parkplatz auszugeben. Die neue Welt der geteilten Mobilität bietet uns gefühlt für jeden Bedarf eine Option.

Eine schöne neue Welt des Teilens? Die Zahl der kritischen Stimmen steigt. Von der ursprünglichen Vision einer Sharing Economy, die als Vorbild für eine neue Art von sozialem Wirtschaften und als Kooperationskultur begann, ist nur wenig geblieben.

Die ganz und gar auf Gewinn ausgelegten Geschäftsmodelle und die enorme Machtansammlung einiger Plattformen unter dem Deckmantel der Sharing Economy werden zunehmend infrage gestellt. Einer der bekanntesten Kritiker ist Professor Trebor Scholz, den ich in einem kleinen, gemütlichen Café im Stadtteil Brooklyn in

New York treffe. Es ist sein Lieblingsort, wenn er nicht gerade Vorlesungen an der New School in Manhattan hält.

Trebor betont, dass die Sharing Economy so in dieser Form nie gedacht war: »Ursprünglich ging es darum, nicht benötigte Besitztümer zu vermieten, Teilhabemöglichkeiten zu schaffen, Ressourcen besser zu nutzen und in unserer Freizeit damit Geld zu verdienen.«

Er erinnert sich noch gut an die Anfänge der Sharing Economy und erzählt mir, wie Plattformen tatsächlich mit einem altruistischen Gedanken des Teilens starteten. Couchsurfing begann Anfang der 2000er-Jahre als Vermittlung von kostenlosen Übernachtungsmöglichkeiten weltweit, im Austausch dafür, dass man selbst auch Übernachtungsmöglichkeiten anbot. Gespräche und nette Bekanntschaften mit den Gastgeber:innen und Einblicke in die Kultur des jeweiligen Landes inklusive – so wie die Übernachtung bei einer guten Freundin auf dem Sofa. Daraus entstand eine der größten Plattformen für alternative Übernachtungsmöglichkeiten: Airbnb. Doch von der sozialen Interaktion und den kostenlosen Übernachtungen sei wenig geblieben, so Trebor. Das Modell des Teilens wurde mithilfe von Risikokapitalgebern skaliert. Aus dem Couchsurfing-Konzept entstand eine kommerzielle Plattform, ein weltweit agierender Konzern.

Eine ähnliche Entwicklung durchlebte auch BlaBlaCar, das 2006 als Community gegründet wurde. Auch hier bestand die ursprüngliche Idee darin, Alleinreisende zu finden, die das gleiche Reiseziel hatten, und mit ihnen Benzinkosten im Austausch gegen einen freien Sitzplatz im Auto zu teilen. Was als soziale Initiative begann, verwandelte sich schrittweise in ein wirtschaftliches Unternehmen. Heute vermittelt BlaBlaCar kommerzielle Fahrten in 22 Ländern an über 65 Millionen Menschen.

Ich frage Trebor, was von der idealistischen Vorstellung geblieben ist. Und seine Antwort ist sehr deutlich: »Das Teilen steht in dieser neuen Form des Wirtschaftens nicht mehr im Fokus. Stattdessen geht es um eine Auf-Knopfdruck-Dienstleistungswirtschaft, die die Ökonomisierung weiterer Lebensbereiche vorantreibt – getarnt mit beachtlichem Komfort und fast magischen Nutzererlebnissen, aber ohne die Ziele von Gemeinschaft, Daseinsvorsorge, sozialer Gerechtigkeit und nachhaltigen Fortschritte.«

Auch die Historikerin Luise Tremel von der Stiftung Zukunftsfähigkeit bringt ihre Bedenken gegen diese neue Form der Sharing Economy auf den Punkt: Sankt Martin habe seinen Mantel wirklich geteilt und »nicht seinen Mantel, als er ihn nicht brauchte, stundenweise vermietet«.[3]

Der renommierte Nachhaltigkeitsforscher und ehemalige Bundespolitiker Reinhard Loske reiht sich ebenfalls ein in die Riege derjenigen, die die kommerzialisierte Form der Sharing Economy kritisch sehen. Er sagt, das Marketing der agierenden Unternehmen stelle zwar die Ideale von Menschenfreundlichkeit, Demokratisierung des Konsums und Freiheit für alle in den Vordergrund, verfolge dabei aber vor allem ökonomische Interessen wie Umsatz- und Renditemaximierung. Für ihn leidet unsere Gesellschaft an einer »kognitiven Dissonanz«, sobald es um Kostenoptimierung geht: Denn als Arbeitnehmer:innen bevorzugten wir sichere Arbeitsplätze und gute Bezahlung, als Unternehmer:innen gute Gewinnaussichten und Planungssicherheit und als Bürger:innen funktionierende öffentliche Güter und Sicherheit. Als Konsument:innen allerdings seien wir zum Großteil Schnäppchenjäger:innen und Pfennigfuchser:innen, ohne uns allzu viele Gedanken um die Herstellbedingungen der Güter und Dienstleistungen zu machen. Und auch wenn Reinhard Loske dieses Verhalten als höchst menschlich erachtet und daher nicht moralisch verurteilt, plädiert er dafür, dass wir die Zusammenhänge besser verstehen sollten. Dass wir im Blick behalten sollten, dass die Schnäppchen der einen mit den niedrigen Einkommen der anderen in Verbindung stehen. Dass die hohen Gewinnaussichten der Plattformbetreiber oftmals mit Kostenreduzierungsstrategien auf der Arbeitnehmerebene einhergehen sowie mit Solidaritätsverlusten in unserer Gesellschaft. Er kommt klar zu dem Schluss: Den Preis für kommerzielles Sharing zahlt die Gesellschaft.[4]

Hier entstehen für mich zwei Fragen. Erstens: Können die profitorientierten Sharing-Angebote im Bereich der Mobilität trotzdem einen gesellschaftlichen Beitrag leisten? Und zweitens: Gibt es überhaupt noch idealistisch motivierte Gemeinschaften des Teilens in der Mobilität? Etwas später werden wir sehen, dass es diese Gegenentwürfe zum kommerziellen Teilen von Fahrzeugen durchaus gibt, mehr dazu am Ende dieses Kapitels. Doch bleiben wir zunächst einmal bei den kommerziellen Angeboten.

Das Teilen soll einfachen Zugang bieten und die Nutzung einer Dienstleistung für mehr Menschen günstiger machen. Könnten dadurch nicht auch Mobilitätsangebote für mehr Menschen bezahlbar werden, die sie sich ohne Sharing möglicherweise gar nicht leisten können? Ist das kommerzielle Teilen dadurch demokratisch, weil der Preis für alle sinkt? Die Marketing-Strategen suggerieren genau das. Außerdem – wäre es nicht auch wünschenswert, dass wir Fahrzeuge deutlich besser auslasten, indem wir eine höhere Nutzung durch mehr Personen ermöglichen?

Werfen wir doch einmal einen genauen Blick auf ein solches Angebot – das Ridepooling – und seine gesellschaftlichen Auswirkungen.

Ridepooling für soziale Teilhabe

Auch wenn es noch nicht viel Forschung zu den gesellschaftlichen Effekten von Mobilitätsangeboten gibt, einige Vordenker:innen sind bereits auf dem Weg. Erste Studien beobachten und bewerten, welchen gesellschaftlichen Mehrwert das Angebot des Ridepoolings liefern kann. Ridepooling meint die Bündelung von Fahrten mehrerer Menschen mit Zielen in ähnliche Richtungen. Das bedeutet also, dass die Shuttlebusse einen etwas längeren Weg in Kauf nehmen, der es ermöglicht, mehrere Fahrziele von Reisenden zu kombinieren. Dadurch wird die jeweilige Fahrt für die Einzelnen günstiger und ein Transport annähernd von Tür zu Tür möglich.

Eine Studie der Technischen Universität Hamburg nimmt Ridepooling-Angebote in Hamburg genauer unter die Lupe, um zu analysieren, ob und wie Ridepooling zu einer stärkeren sozialen Inklusion und gesellschaftlichen Teilhabe beitragen kann. Dabei ist insbesondere ein Angebot der Deutschen Bahn namens ioki spannend, das im Rahmen der Smart-City-Partnerschaft mit der Stadt Hamburg entwickelt wurde und damit Teil der öffentlichen Verkehrsmittel im Hamburger Verkehrsverbund ist. Es bedient ein kleines Gebiet am Stadtrand von Hamburg, das weiter weg von der Innenstadt liegt. In diesem Wohngebiet leben etwa 12 Prozent der Menschen von Hartz IV.[5]

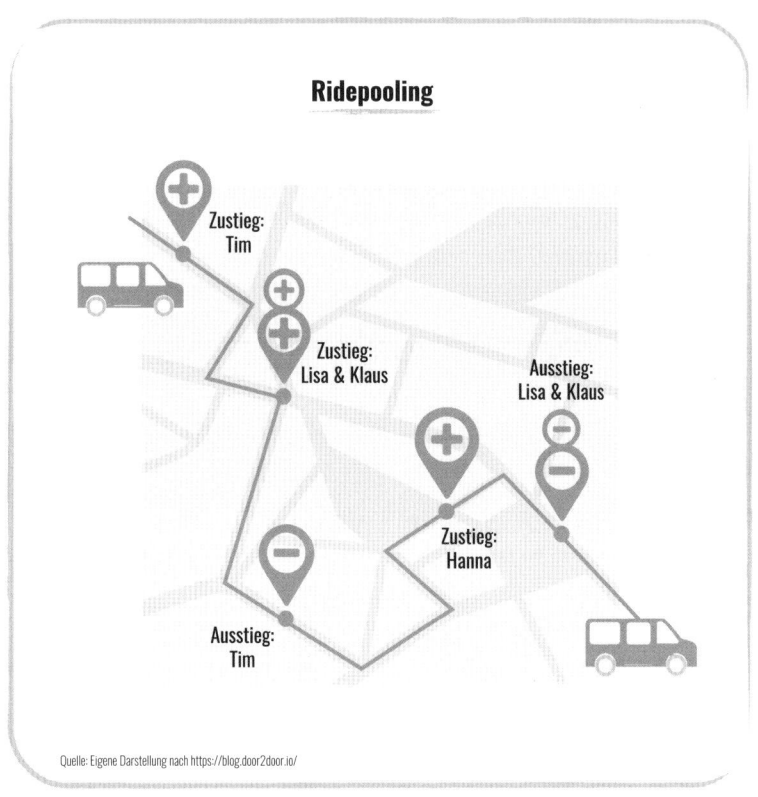

Ridepooling

Zustieg:
Tim

Zustieg:
Lisa & Klaus

Ausstieg:
Lisa & Klaus

Zustieg:
Hanna

Ausstieg:
Tim

Quelle: Eigene Darstellung nach https://blog.door2door.io/

Erwähnenswert an dem Angebot ist: Für Fahrgäste mit Abokarten des Hamburger Verkehrsverbunds war ioki ursprünglich einmal kostenfrei. Doch hier kam es zu einem Problem. Viele Fahrgäste erschienen nach der Buchung nicht zu ihrer Fahrt und nahmen damit denjenigen einen Fahrplatz, die ihn benötigten. Daraufhin wurde eine Servicegebühr von einem Euro pro Fahrt als Aufpreis zum Nahverkehrs-Tarifsystem eingeführt. Seitdem wird das Angebot gut angenommen, die Erwartungen wurden sogar übertroffen.[6]

Dieses Phänomen kennen wir ja bereits aus den Erfahrungen mit kostenlosem Nahverkehr (Kapitel 1). Auch hier scheint also kostenlose Mobilität nicht der richtige Ansatz zu sein. Aber es zeigt sich ein interessantes Zusammenspiel: Die Hälfte der Fahrgäste fährt mit ioki zu größeren

Haltestellen des Nahverkehrs und überbrückt so die Lücken im Nahverkehrsnetz. Damit hat ioki ein Geschäftsmodell entwickelt, das einen guten Anschluss an die bestehenden Systeme zulässt und eine Art Zubringerfunktion erfüllt.[7]

Das Beispiel zeigt daher sehr gut: Dort, wo der Nahverkehr bislang nicht flächendeckend ausgebaut ist, ist das Ridepooling-Angebot eine echte Bereicherung, denn es schließt die Lücken im bestehenden ÖPNV sinnvoll. Es steigert damit auch die Attraktivität des Nahverkehrs und leistet einen echten gesellschaftlichen Beitrag, weil das Angebot auch für Menschen mit geringem Einkommen bezahlbar ist. Ridepooling kann also mit günstigen Fahrpreisen an Orten mit Mobilitätsarmut gesellschaftliche Teilhabe ermöglichen und dabei sogar den Nahverkehr stärken.

Weitere gesellschaftliche Effekte von Ridepooling

Doch wie ist Ridepooling zu bewerten, wenn es keine Zubringerfunktion für den öffentlichen Nahverkehr erfüllt? Offensichtlich ist, dass sich die neuen Mobilitätsangebote, gerade das Ridepooling, stärker an den Bedürfnissen der Nutzer:innen orientieren und damit einen deutlichen Komfortgewinn bieten. Zeitliche wie auch räumliche Flexibilität können besser berücksichtigt werden, da die Abhängigkeit von Fahrplänen und bestehenden Haltestellen entfällt.[8]

Damit wird Ridepooling, wie es beispielsweise von MOIA, einem Unternehmen des Volkswagen Konzerns, ebenfalls in Hamburg, angeboten wird, zu einem weiteren wichtigen und ergänzenden Bestandteil des multimodalen Mobilitätsangebots. Bei MOIA handelt es sich um großflächiges Ridepooling in einem großen Teil des Hamburger Stadtgebiets. Die Preise liegen zwischen denen des öffentlichen Nahverkehrs und einer Taxifahrt. Damit zielt das Angebot eher auf all diejenigen ab, die bislang vielleicht noch auf das private Auto gesetzt haben, ganz besonders, wenn sie den Nahverkehr als nicht attraktiv genug wahrnehmen und das Auto bisher aus Komfort- oder Bequemlichkeitsgründen ungern stehen gelassen haben. Für diese Menschen ist Ridepooling eine komfortable Alternative, die sie zu einem Mobilitätsumstieg anregt. Das kann zu einer Verkehrsentlastung beitragen. Hierzu braucht es große Flotten, um großflächig verfügbar zu sein. So wird Ridepooling ein weiteres wichtiges Puzzlestück auf dem Weg zu einer Mobilitätswende.

Es gibt aber noch eine weitere wichtige Zielgruppe, für die das Angebot von Ridepooling wichtig sein könnte: Ridepooling bietet Mobilität für diejenigen, für die der Nahverkehr keine Option ist. Denn das neue Mobilitätsangebot erlaubt deutlich mehr Barrierefreiheit und Zugangserleichterung als der bisherige Nahverkehr. Allein im Raum Hamburg haben Menschen, die auf einen Rollstuhl angewiesen sind, bereits 20 000 Fahrten bei ioki gebucht.[9] Aber auch das Angebot von MOIA erleichtert die barrierefreie Mobilität.[10] Für Menschen mit Hörbehinderungen und gehörlose Menschen wird auf dem Bildschirm im Fahrzeug der nächste Ausstiegshaltepunkt nicht nur angezeigt, sondern auch mit den persönlichen Initialen versehen. Die App-Menüpunkte sind dynamisch anpassbar für Menschen mit Sehbehinderungen. Zudem lässt sich die App auch über Sprachsteuerung und Gestensteuerung bedienen, selbst Feedback und Trinkgeld können über die Sprachsteuerung eingestellt werden. Menschen mit Gehhilfen und Rollstuhlfahrer:innen werden beim Ein- und Ausstieg von den Fahrer:innen unterstützt. Viele dieser Punkte sind wichtige Schritte, um die neuen digitalbasierten Mobilitätsangebote für alle inklusiv nutzbar zu machen.

Das Dilemma von neuen geteilten Mobilitätsangeboten

Viele neue geteilte Mobilitätsangebote tragen zu einer Mobilitätswende in unserer Gesellschaft bei. Sie können es Menschen erleichtern, mobil zu sein, und Angebote für Zielgruppen mit Einschränkungen schaffen, also mehr Teilhabe ermöglichen. Sie können außerdem die Anzahl der Einzelfahrten, bei denen die Fahrzeuge nicht ausgelastet sind, reduzieren und den Verkehr deutlich entlasten. Und sie bergen die große Chance, Mobilität gerade an die Orte zu bringen, wo die Anbindung an den Nahverkehr fehlt. Denn eine Mobilitätssimulation einer repräsentativ ausgewählten deutschen Kleinstadt mit etwa 30 000 Einwohnern zeigt: Knapp 30 Prozent der Bevölkerung kann kein Angebot des öffentlichen Nahverkehrs gemacht werden, weil die Haltestellendichte zu gering ist.[11] Genau dort können geteilte Mobilitätsangebote über eine bewusste Steuerung einen echten gesellschaftlichen Mehrwert und mehr Teilhabe liefern. Für den Nahverkehr kann das einen Gewinn bedeuten im Rahmen einer Partnerschaft, um eigene Lücken zu schließen.

Doch einige Sharing-Konzepte stehen vor einem großen Dilemma: Müssen sie sich wirtschaftlich selbst tragen und im besten Falle sogar Profit abwerfen, werden sie vorrangig in den Innenstädten angeboten, wo Einkommen und Nachfrage in der Regel am höchsten sind. Und damit kommt es zu dem Phänomen, dass neue Mobilitätsdienstleistungen in vielen sich sehr ähnelnden Varianten in den immer gleichen rentablen Innenstadtgebieten zu finden sind, wo es bereits ein großes Mobilitätsangebot gibt. Sehr deutlich wird das insbesondere beim kommerziellen Carsharing und den vielen E-Scooter-Anbietern. Die Randgebiete werden oftmals außer Acht gelassen.

Damit werden die neuen Angebote häufig zu einer Alternative zum bestehenden und oft sehr gut ausgebauten Nahverkehr in der Innenstadt, anstatt Mobilität für die Gegenden zu bieten, die weniger gut an die Innenstädte angeschlossen sind.[12] Sie stehen dann in Konkurrenz zum Nahverkehr, der eigentlich die Funktion einer Daseinsvorsorge übernimmt.

Darin liegt eine gewisse Ironie: Mobilitätsangebote sind für viele ein wichtiger Grund, um vom Land näher an die Städte zu ziehen. Doch die wesentliche Verkehrsinfrastruktur ist im Randgebiet der Städte oft nur in geringerem Umfang vorhanden. Das Ergebnis: Soziale Ungleichheit wird gefördert. Menschen, die sich eine Wohnung in der Innenstadt nicht leisten können, werden durch den Verkehr systematisch benachteiligt.[13] Dadurch schließen diese Angebote viele einkommensschwächere Personengruppen wieder von Mobilität aus.

Ich teile gern.

Carsharing für das Gemeinwohl

Ich möchte gern erfahren, ob es vielleicht doch Sharing-Angebote gibt, die den ursprünglichen Gedanken des Teilens in den Vordergrund stellen. Und ich treffe auf Michael Creutzer, einen der beiden Geschäftsführer des Carsharing-Angebots teilAuto, das in den Gebieten Sachsen, Sachsen-Anhalt und Thüringen unterwegs ist. Das Unternehmen bietet ein stationsbasiertes Carsharing an, bei dem das Auto an einer Station abgeholt und auch wieder dorthin zurückgebracht wird – im Gegensatz zum free-floating Carsharing, bei dem das Auto dort steht, wo es die letzte Person abgestellt hat, und per App gefunden werden kann.

Eigentlich ist teilAuto eines von vielen Carsharing-Unternehmen in Deutschland. Doch es beschreibt sich selbst als ein »seltsames Unternehmen«. Michael erklärt das so: »Wir ticken wie ein Wirtschaftsunternehmen und denken zugleich wie eine Stiftung. Gewinne sind Mittel zum Zweck, um unsere Firma auf der Straße zu halten und ein Carsharing-Angebot für die Gesellschaft sicherzustellen. Natürlich müssen wir uns auch in dem gegebenen Wirtschaftssystem wiederfinden. Und auch wir brauchen am Jahresende ein gutes Ergebnis. Wir sind nicht mehr nur Wohltäter, sondern müssen Geld verdienen. Trotzdem ist der Ansatz noch ein anderer. Wir verstehen uns als Teil eines Gesellschaftsverbundes. Und wenn damit Geld verdient werden kann, dann ist das toll.«

Damit steht teilAuto nicht allein. Dass es sich bei dem Konzept um mehr als eine Werbestrategie handelt, stellt das Unternehmen mit der kürzlich erlangten Zertifizierung nach den Vorgaben der Gemeinwohlökonomie unter Beweis. Das Unternehmen möchte damit zeigen, dass hinter der Carsharing-Idee weit mehr steckt als einfach nur die Möglichkeit, Fahrzeuge zu mieten. Michael und seine Mitstreiter:innen haben das erste gemeinwohlzertifizierte Unternehmen in Mitteldeutschland aufgebaut und bieten ihre Carsharing-Fahrzeuge an vielen Stationen in Mitteldeutschland zur Buchung an.

Doch wie unterscheidet sich das Angebot vom herkömmlichen Carsharing? Ich erfahre, dass die Entwicklungen dazu schon vor über 20 Jahren begannen. Damals startete teilAuto als gemeinsame Initiative mit dem Ziel des gutnachbarschaftlichen Teilens des eigenen Autos. Die Community wurde immer größer, sodass das Teilen besser organisiert werden musste und ein Verein gegründet wurde. Nach vielen Jahren als gemeinnütziger Verein musste die Vereinsstruktur jedoch aufgegeben werden – der Umsatz war zu hoch. Die Rechtsform musste innerhalb weniger Wochen geändert werden.

Michael erinnert sich: »So wurde aus unserem Verein eine GmbH. Aber die Idee dahinter, weniger Autos auf den Straßen zu haben und besondere Güter, die man nicht ständig braucht, zu teilen, das ist immer noch Teil unseres Geschäftskerns. Daher war es naheliegend, diesen Gedanken auch stärker nach außen zu tragen.«

Die Geschäftsführer sahen sich nach Wegen um, die genau das ermöglichten, und sie fanden die Gemeinwohlzertifizierung. Diese fordert eine Ausrichtung am Gemeinwohl. Das bedeutet, dass sich ein Unternehmen anstatt am Gewinn vor allem an Kriterien wie Menschenwürde, Solidarität, Gerechtigkeit, Transparenz, Mitentscheidung und ökologischer Nachhaltigkeit orientieren muss, um die entsprechende Zertifizierung zu erhalten.

Ich frage Michael, ob die Kund:innen überhaupt merken, dass teilAuto gemeinwohlzertifiziert ist. Er lacht. »Unsere Kund:innen sind eh gewohnt, dass wir ein bisschen anders sind als normale Dienstleister, die haben sich über die Zertifizierung gefreut. Und wir versuchen, die Gemeinwohlorientierung sichtbar zu machen.«

Das erfolge auf unterschiedlichen Wegen. Eine wesentliche Ausprägung der Gemeinwohlorientierung von teilAuto seien die beständigen Preise, auf die Michael besonders stolz ist, denn teilAuto bietet seit 17 Jahren Preisstabilität. Ich weiß gar nicht, ob es überhaupt andere Mobilitätsdienstleister gibt, bei denen es ähnlich ist.

Eine zweite Ausprägung zeige sich im organischen und solidarischen Wachstum, wie Michael es beschreibt: »Wir gehen schon auch in Stadt-

Gemeinwohlökonomie

Gemeinwohl-Zertifizierung

Wert Berührungsgruppe	♥ Menschenwürde	⚖ Solidarität & Gerechtigkeit	💧 Ökologische Nachhaltigkeit	💬 Transparenz & Mitentscheidung
🚚 Lieferant:innen	A1 Menschenwürde in der Zulieferkette	A2 Solidarität & Gerechtigkeit in der Zulieferkette	A3 Ökologische Nachhaltigkeit in der Zulieferkette	A4 Transparenz & Mitentscheidung in der Zulieferkette
🤝 Eigentümer:innen & Finanzpartner:innen	B1 Ethische Haltung im Umgang mit Geldmitteln	B2 Soziale Haltung im Umgang mit Geldmitteln	B3 Sozial-ökologische Investitionen & Mittelverwendung	B4 Eigentum & Mitentscheidung
👤 Mitarbeitende	C1 Menschenwürde am Arbeitsplatz	C2 Ausgestaltung der Arbeitsverträge	C3 Förderung des ökologischen Verhaltens der Mitarbeitenden	C4 Innerbetriebliche Mitentscheidung & Transparenz
🛒 Kund:innen & Mitunternehmen	D1 Ethische Kundenbeziehungen	D2 Kooperation & Solidarität mit Mitunternehmen	D3 Ökologische Auswirkung durch Nutzung & Entsorgung von Produkten & Dienstleistungen	D4 Mitwirkung von Kund:innen & Produkttransparenz
👥 Gesellschaftliches Umfeld	E1 Sinn & gesellschaftl. Wirkung der Produkte & Dienstleistungen	E2 Beitrag zum Gemeinwesen	E3 Reduktion ökologischer Auswirkungen	E4 Transparenz & gesellschaftliche Mitentscheidung

Quelle: Eigene Darstellung nach https://web.ecogood.org/de/unsere-arbeit/gemeinwohl-bilanz/gemeinwohl-matrix/

ecken und Stadtrandlagen, also an Orte, an denen man aus wirtschaftlichen Gesichtspunkten eigentlich kein Carsharing aufbauen würde.« Denn gerade die Autos außerhalb des Zentrums würden kaum die Selbstkosten des Fahrzeugs wieder einspielen. »Hier erwarten wir gar keine Deckungsbeiträge. Es sind die innerstädtischen Autos an den Hauptbahnhöfen oder im Zentrum, die die Kosten hier erwirtschaften«, erklärt er. Organisches Wachstum bedeutet für Michael und teilAuto, dass sie zwar wirtschaftlich arbeiten, aber nicht gewinnmaximierend orientiert sind. Das funktioniert, weil es keine Renditevorgaben gibt.

Gemeinwohlökonomie bedeutet für Michael aber auch, dass Carsharing für die Kund:innen zur Mitmachdienstleistung wird: »Für unsere Kund:innen ist Carsharing zu einem Teil ihres Lebensablaufes und Alltags geworden. Es sind diejenigen, die sehr bewusst auf ihr zweites Auto verzichten. Vielleicht gar kein eigenes Auto mehr haben.«

Michael zählt teilAuto zu einer Gruppe von Pionieren im Carsharing, die mit einem ähnlichen Wirtschafts- und Wertesystem unterwegs sind und die mit dem Teilen von Fahrzeugen begannen, lange bevor die vielen kommerziellen Carsharing-Anbieter auf den Markt kamen. Dazu gehören die Stadtmobil-Gruppe, ebenso die Cambio-Gruppe oder eben teilAuto mit 1500 Fahrzeugen in 21 Städten für 55 000 Kund:innen.

Die Zahl der Carsharing-Autos von teilAuto ist natürlich deutlich kleiner als beim kommerziellen Carsharing. Das sei aber durchaus gewollt. »Wenn wir die Zahlen auf alle Carsharing-Autos in Deutschland runterbrechen, wissen wir, dass wir nur einen Bruchteil stellen. Und auch innerhalb der Branche wissen wir das gut abzuwägen gegenüber unseren großen Mitbewerbern. Aber trotzdem sind wir selbstbewusst, können das gut gewichten und sind stolz auf das, was wir erreicht haben – auch wenn das vielleicht nicht immer die ganz großen Zahlen sind.«

Die Kund:innen sind übrigens »Überzeugungstäter:innen«: Es gibt keinen aktiven Vertrieb. Michael geht davon aus, dass das Angebot schon gefunden wird, und behält bislang damit recht. Viele der Kund:innen übernehmen zudem als Miteigentümer:innen eine deutliche Verantwortung für die geteilten Güter, wie er erzählt. »Bei teilAuto ist es schon so, dass die Masse der Kund:innen vorlebt, dass es auch ihre Autos sind. Und dass die Autos nur so gut sind, wie sie sie selber abstellen und wie sie sie selber behandeln. Wir sind insgesamt nur so gut wie die Leute, die mitmachen.«

Das bedeutet aber eben auch, dass die Antwort von teilAuto, wenn sich jemand über den Zustand eines Fahrzeugs beschwert, sehr klar ausfällt: Natürlich werde das Fahrzeug alle paar Tage überprüft und auch gereinigt. Aber zuallererst sieht teilAuto seine Nutzer:innen als Community in der Verantwortung. Wenn der oder die Vorgänger:in das Auto in einem schlechten Zustand verlässt, wird versucht, eine Entschädigung geltend zu machen, wie bei anderen Carsharing-Angeboten auch. Wenn das nicht klappt, muss die nächste Person, die das Fahrzeug nutzt, den Zustand akzeptieren. Das gehöre dazu, schließlich sind alle Teil der Community.

Doch Michael erzählt mir auch von den anderen Kund:innen: Da gibt es diejenigen, die schon länger Teil von teilAuto sind. Die nach dem Urlaub zu Michael kommen, eine Abrechnung ihrer Urlaubsfahrt nach Norwegen vorlegen und dabei voller Stolz berichten, dass sie mit dem Auto nur 4,2 Liter pro 100 Kilometer verbraucht hätten. »Da habe ich Gänsehaut«, sagt Michael, »wenn ich mir denke, eigentlich ist der Kraftstoff ja inkludiert. Sie hätten also ordentlich auf das Gaspedal treten können. Und trotzdem fahren sie sparsam, weil sie verinnerlicht haben, dass es quasi ihr eigenes Auto ist.«

Mir wird klar, dass es sich hier wirklich um ganz besondere Kund:innen handeln muss. Wie schön es ist, zu sehen, dass der Zustand der gemeinschaftlich genutzten Fahrzeuge nicht allen Nutzer:innen egal zu sein scheint. Dass der Gedanke des Teilens bei einigen Menschen durchaus noch im Vordergrund steht. Und dass daran gearbeitet wird, gemeinschaftlichen Besitz sowie demokratische und genossenschaftliche Organisationsstrukturen auch im Mobilitätssegment zu leben.

Michaels Begeisterung für diese Form von geteilten Fahrzeugen ist ansteckend. Er erzählt mir, dass er jeden Tag breit grinsend zur Arbeit gehe, dass auch all seine Kolleg:innen mit viel Enthusiasmus und Freude für die Ziele von teilAuto arbeiten. Ich wünsche daher Michael und all seinen Mitstreiter:innen weiterhin so viel Freude, Begeisterung, aber vor allem auch Erfolg bei ihrer Arbeit und bin gespannt, wie sich die Carsharing-Szene in Deutschland entwickeln wird.

Kapitel 4

OFFENE DATEN: VON HACKERN UND FREIWILLIGEN

Wie Bikesharing aus Versehen gehackt wurde

Auf dieses Gespräch habe ich mich besonders lange gefreut. Ich bin ein wenig aufgeregt, als ich die beiden jungen Hacker, bekannt unter ihren Social-Media-Accounts @robbi5 und @ubahnverleih, zum Videogespräch treffe. Im Hintergrund von robbi5 sehe ich ein großes Logo vom Verschwörhaus in Ulm, dem Ort, von dem aus die beiden viele ihrer Aktivitäten steuern.

Die beiden Programmierer haben seit vielen Jahren eine große Leidenschaft für Mobilität, ganz besonders für Fahrräder und den Nahverkehr. Mit ihren Aktionen und Hacks wollen sie als Open-Data-Aktivisten zeigen, was sich alles bewirken ließe, wenn Mobilitätsdaten allen zur Verfügung stünden. Sie erzählen mir, wie es dazu kam, dass sie Bikesharing gehackt haben – denn so richtig war das eigentlich nie geplant.

Beide haben auch die im vorherigen Kapitel beschriebene oBike-Einführung in München genau beobachtet. Dabei interessierte sie vor allem der Sicherheitsaspekt an den Fahrrädern. Sie wollten sich gern die Fahrradschlösser einmal genauer ansehen. Doch oBike gab es nur in München und nicht in Ulm. »Niemand von uns hat sich so wirklich getraut, in München einfach mal so ein Schloss abzuschrauben. Und ein oBike aus München in einen ICE zu stopfen, wäre vielleicht doch aufgefallen«, erzählt robbi5 mit einem Lachen.

Dann erhielten sie von jemandem aus ihrem Netzwerk den Tipp, dass es auf Alibaba, einer chinesischen Großhandelsplattform, diese Schlösser zu kaufen gebe. Doch die beiden sind keine Geschäftskunden. »Deswegen haben wir einfach eine Fake-Company aufgemacht, damit die Anbieter überhaupt mit uns reden«, sagt ubahnverleih. »Denn wir wollten ja die Schlösser und die Dokumentationen haben. Also war der logische Schluss, dass wir uns als hippes Bikesharing-Start-up ausgeben, um irgendwie glaubwürdig zu sein und um Schlösser zu bestellen. Wir haben uns viel mehr Arbeit gemacht, als nötig gewesen wäre. Sogar eine eigene Webseite designt mit einem eigenen Logo – das hätten wir alles gar nicht gebraucht.«

Als sie die Schlösser erhielten, bauten sie eine kleine App, um die Schlösser zu öffnen, und diskutierten lange darüber, wie sich das Schlosssystem verbessern ließe. Dann verloren sie das Thema für ein Jahr aus den Augen – bis zur Gulaschprogrammiernacht in Karlsruhe, einer viertägigen Konferenz für über 1000 Hacker:innen, Technikbegeisterte und Interessierte. Dort, vor den Gebäuden der Konferenz, stand die neue Generation der Räder eines größeren Leipziger Bikesharing-Unternehmens. Die Schlösser dieser Fahrräder kamen den beiden verdächtig bekannt vor. Sie erinnerten sich an die App, die sie vor einem Jahr gebaut hatten, und probierten aus, ob die zufälligerweise funktionieren würde. Und tatsächlich: Die Schlösser klickten. Wie war das möglich?

Es stellte sich heraus, dass die Standard-Keys, also die voreingestellten Zahlenkombinationen für die Verschlüsselung und für das Öffnen der Schlösser, die in jeder Anleitung standen, nie geändert worden waren, und auch die offene Bluetooth-Schnittstelle war nie geschlossen worden. War das ein Flüchtigkeitsfehler der Betreiber? Unkenntnis? Zeitmangel?

Beide sprachen mit Mitarbeiter:innen des Bikesharing-Anbieters. Es stellte sich heraus, dass die Problematik der Bluetooth-Schnittstelle durchaus bekannt war. Doch im Zuge der Unternehmensexpansion und da die aus Kundensicht wichtigsten Features Vorrang hatten, wurde den Sicherheitsaspekten wohl einfach nicht genug Beachtung geschenkt. Mittlerweile ist diese Sicherheitslücke geschlossen worden.

Das Interesse der beiden Hacker am Thema Bikesharing war nun jedoch geweckt. Sie fragten sich: Lässt sich Bikesharing auch einfach selbst machen? Vielleicht sogar an Orten, an denen es kein Angebot gibt, weil sich das für Bikesharing-Anbieter aus kommerzieller Sicht gar nicht lohnen würde?

Der Open-Source-Gedanke in der Mobilität

Die Hacker ubahnverleih und robbi5 begannen, über ein Bikesharing-Angebot mit einer quelloffenen Software (»Open Source«) nachzudenken. Doch was bedeutet das genau? Grundsätzlich geht es bei Open Source um Software, die für alle Menschen – je nach zugrunde liegender Lizenz – frei zugänglich ist, also von allen verwendet, verbessert und verbreitet werden darf. Für viele sind offene Daten und offene Software nicht nur eine Lösung für zahlreiche Probleme, sondern geradezu eine Frage der Haltung und des Umgangs miteinander in der heutigen Zeit.

Doch anders, als einige vielleicht denken, widerspricht es gar nicht dem Gedanken von Open Source, wenn eine offene Software Grundlage für ein kommerziell genutztes System ist. Ein Open-Source-Mobilitätsangebot kann also kommerziell betrieben werden, solange eben die Software und möglichst auch die Mobilitätsdaten an sich frei zugänglich bleiben. Eine wirtschaftliche Herangehensweise kann dann sinnvoll sein, denn natürlich müssen weitere Anpassungen und Serviceleistungen rund um das Open-Source-Angebot auch finanziert werden.

»Im besten Fall wird das Angebot dann auch gemeinsam weiterentwickelt. Und steht dann, mit all dem, was die Leute sich ausdenken, wiederum allen anderen zur Verfügung«, erklärt robbi5. Genau das macht den Charme von Open Source aus: Oftmals bestehen bereits Lösungen, auf die zugegriffen werden kann, und es braucht keine komplett neue Programmierung. Doch wer eine solche Lösung verwendet, sollte mit dieser Weiterentwicklung wieder einen Beitrag in Richtung Open Source leisten.

Hier zeigt sich die Haltung von Open-Source-Verfechtern: Wenn ein

Code genutzt und vielleicht sogar verbessert wird, wenn auf eine bereits existierende Lösung aufgebaut wird, sollte die neue Lösung wiederum allen auf den bekannten Open-Source-Plattformen bereitgestellt werden.

Es gibt bereits viele Unternehmen in der Mobilitätsbranche, die besonders auf Open-Source-Software setzen, die auch für Dritte, sogar für Wettbewerber, verfügbar ist. Tesla geht damit besonders offen um und hat schon 2014 in seinem »Patent Pledge« verkündet, dass es seine Patente offenlegen und damit die Open-Source-Philosophie leben möchte. Für die Modelle S und X veröffentlichte Tesla einen Teil seines Linux-Quellcodes. Einen Teil deswegen, weil einige Zulieferungen von Partnern erfolgen, die ihre Codes nicht freigeben wollen. Doch was hat Tesla davon?

Der Code lässt sich durch die große Open-Source-Community deutlich schneller und besser weiterentwickeln, als es über die eigenen Mitarbeiter:innen möglich wäre. Auch Fehler lassen sich somit schneller finden. Wenn jemand ein Problem entdeckt und meldet, gibt es sogar Prämien. Denn die Gefahr, dass die Fahrzeuge böswillig gehackt werden könnten, ist einer der größten Sorgenpunkte. Gleichzeitig bedeutet die Veröffentlichung der eigenen Software für ein Unternehmen immer häufiger einen Reputationsgewinn, gerade in einer Community mit vielen talentierten Softwareentwickler:innen in Zeiten, in denen diese besonders umworben werden.

Doch nicht alle teilen die Einschätzung von Tesla. Viele Unternehmen befürchten bei Open Source, dass durch die Offenlegung der Quellcodes und Produktlösungen Sicherheitslücken bekannt werden, die dann sehr schnell ausgenutzt werden, noch bevor die Lücke geschlossen werden kann.

Auch bei der Veröffentlichung von Mobilitätsdaten machen sich viele Mobilitätsunternehmen Sorgen um die Sicherheit der Daten. So besteht beispielsweise das Risiko einer Deanonymisierung, das heißt, die ursprünglich anonymisierten Daten lassen sich eventuell doch wieder konkreten Menschen zuordnen, sodass persönliche Daten öffentlich werden oder in die falschen Hände gelangen. Diese Sorge sei nicht unberechtigt, räumt ubahnverleih ein. »Es gibt tatsächlich eine relativ große Diskussion darüber, ab wann die Daten eindeutig zuzuordnen sind und wie sie zu aggregieren sind, damit sie anonym bleiben und niemanden persönlich identifizieren.«

Natürlich gilt es, ein solches Risiko gut abzuwägen. Auch wenn offene Daten und Open Source vielleicht nicht in jeder Situation eine sinnvolle Lösung sind, gibt es doch Situationen, in denen sie einen großen Mehrwert leisten können.

Welchen weitreichenden Effekt Open Source gerade in Verbindung mit einem sozialen Anliegen haben kann, zeigt ein Erfolgsbeispiel: der Dreipunktsicherheitsgurt. Volvo stellte ihn im Jahr 1959 erstmals vor und stieß damit zunächst nicht gerade auf Begeisterung. Längst hat sich dieser Gurt jedoch durchgesetzt. Nicht nur Expert:innen schätzen, dass er bislang mehr als einer Million Menschen das Leben gerettet hat. Zu diesem Erfolg hat sicher auch beigetragen, dass Volvo die Nutzung des Patents auch anderen Fahrzeugherstellern erlaubte. Das Unternehmen stellte den gesellschaftlichen Nutzen des Dreipunktgurts über seinen finanziellen Gewinn, um Mobilität für alle sicherer zu machen.

Aus einer vergleichbaren Perspektive lassen sich auch offene Daten und deren Potenzial in der Mobilität betrachten. Wie können diese zum Wohle aller eingesetzt werden?

Offene Mobilitätsangebote dort, wo sie sich nicht rentieren

Gerade die neuen Sharing-Angebote sind auf Wirtschaftlichkeit angewiesen. Das funktioniert jedoch nicht in allen Regionen. Deswegen beobachten wir seit einiger Zeit, dass einige Bikesharing-, Carsharing- und Ridesharing-Dienste in kleineren Städten aufgrund des geringen Profits nach einigen Jahren wieder eingestellt werden oder es gar nicht erst so weit schaffen. Wenn aber ganze Plattformen offen wären und Schnittstellen für alle anbieten würden, dann könnten viele unterschiedliche Nutzer:innen gemeinsam die Systeme weiterentwickeln.

Damit kamen robbi5 und ubahnverleih auf ihren ursprünglichen Ansatz zurück, nämlich Mobilität selber zu machen, als Gegenentwurf zu bereits bestehenden kommerziellen Mobilitätsangeboten. Ihr Ziel war es, Mobilität genau dort verfügbar zu machen, wo es bislang kein Angebot gab. Und sie gleichzeitig besser zu machen als das, was sie bislang kannten.

Dazu suchten sie sich ein möglichst günstiges Verkehrsmittel – das Fahrrad – und dachten darüber nach, wie sich dieser Plan in ihrer Heimatstadt Ulm umsetzen ließe. »Denn es ist einfach so, dass sich Bikesharing-Anbieter nicht so sehr für Ulm interessieren«, erzählt ubahnverleih. »Ulm hat viele Berge. Und Fahrräder haben die unglückliche Angewohnheit, dass sie zwar gerne den Berg herunterfahren, aber nicht so gerne hoch – das macht die Situation für Bikesharing-Anbieter einfach nicht attraktiv. Daher haben wir gesagt, wir wollen das selber machen.«

Die beiden erzählten also Leuten davon, dass sie ein Bikesharing-Angebot für die Stadt Ulm bauen wollen. Auch die Stadt Ulm wurde auf diese Aktivitäten aufmerksam und ließ sich schnell von dem Open-Source-Ansatz überzeugen. Sie bot sogar an, die beiden einzustellen und damit gleichzeitig das Open-Source-Projekt zu unterstützen. Eine sehr glückliche Fügung, wie robbi5 und ubahnverleih betonen, denn sonst könnten sie nicht in der Geschwindigkeit an ihrem Projekt weiterarbeiten.

Der offene Charakter des Projekts ändere sich dadurch nicht, sagt ubahnverleih: »Unser Bikesharing-Projekt ist aus öffentlichen Mitteln von der Stadt finanziert. Damit war für uns klar, dass es Open Source sein muss. Denn normalerweise ist es ja immer so: Wenn eine Stadt Geld bekommt, bekommen alle anderen, die sich auf die Förderung beworben haben, kein Geld und gehen leer aus. Aber das ist bei Open Source nicht so. Jede andere Stadt kann auch auf dieses System aufsetzen und hat dann auch ein Bikesharing-Angebot.«

Wie bereits beschrieben besteht der große Vorteil von Open Source darin, dass sich auf bereits bestehende Software aufsetzen lässt, die andere zur Verfügung stellen. Somit wird keine kostenintensive Entwicklung einer eigenen Plattform und einer digitalen Infrastruktur notwendig. Wenn es schon etwas gibt, das bereits zum Großteil die Anforderungen erfüllt, bietet das eine enorme Erleichterung für eine Markteinführung – auch wenn die Software oftmals noch an den jeweiligen Bedarf angepasst werden muss. Hierdurch ergeben sich viele neue Mobilitätschancen in kleineren Städten wie Ulm, die für andere Mobilitätsanbieter wirtschaftlich nicht attraktiv genug sind.

Für robbi5 ist Open Source aber auch ein Lernumfeld zum Experimentieren: »Open Source gibt mehr Menschen überhaupt einmal die Möglichkeit, Mobilität auszuprobieren. Ohne sich darüber den Kopf zerbrechen zu müssen, wie eine Finanzierung erworben werden kann, wie eine Ausschreibung durchzuführen und ein Anbieter auszuwählen ist. Auf dem herkömmlichen Weg dauert es nach dem Aufsetzen üblicherweise viele Monate, bis ein Anbieter die neuen Mobilitätsangebote physisch vor Ort hat. Mit Open Source und dem entsprechenden Know-how kann man im Zweifel das System einmal an einem Wochenende aufsetzen, ausprobieren und Erfahrung sammeln – ohne mit Verträgen hantieren zu müssen und zu hohe Kosten zu haben.«

Doch ganz ohne Kosten und Personal könne ein Bikesharing-Angebot nicht aufgebaut werden, ergänzt er. Denn natürlich braucht es Personal, damit ein solches System langfristig funktioniert. Wenn die Software einmal aufgesetzt ist, müssen die Fahrräder gewartet werden: E-Bikes müssen geladen werden, Schlösser ausgetauscht, Reifendruck, Licht und Bremsen regelmäßig überprüft werden. Die Fahrräder müssen zudem eingesammelt werden. Außerdem ist auch die Abrechnung ein wichtiger Bestandteil des Angebots.

Beide sehen daher noch viele Herausforderungen rund um den langfristigen Betrieb eines offenen Bikesharing-Angebots, die es zu bewältigen gilt. Doch für beide ist auch klar: Alles, was sie dabei lernen, wird so vollständig wie möglich aufgeschrieben und geteilt, um auch andere an ihrem Wissen und an ihren Daten teilhaben zu lassen und vor ihren Fehlern zu bewahren.[1]

Offene Daten für innovative und soziale Ansätze

Neben Open-Source-Software gibt es ein anderes hoch spannendes Feld in der Mobilität: die Nutzung von offenen Daten. Der Grundgedanke ist stets, mithilfe von offenen, für alle zugänglichen anonymisierten Daten Mobilität für die Gesellschaft zu verbessern. Von was für Daten sprechen wir dabei?

Im Grunde genommen geht es um alle erdenklichen Mobilitätsdaten, also um Informationen über zurückgelegte Wege und verwendete Fahrzeuge, aber ebenso auch um Daten zur Infrastruktur, zu Karten, Fahrplänen, Tarifen genauso wie zu aktuellen Fahrtzeiten, zum Wetter, zu Staus und Unfällen.

In einer Studie, die neun Städte auf der ganzen Welt einbezog, wurde gezeigt, dass offene Daten maßgeblich zu mehr Innovationen und verbesserter, nachhaltiger Mobilität beitragen können.[2] Besonders häufig betreffen die Innovationen in diesen Städten Parklösungen, die günstiger sind und durch die die Autofahrer:innen Zeit und Geld sparen. Es finden sich aber auch Beispiele für Verkehrsmanagementsysteme, die zu einer höheren Sicherheit und geringerem Verkehr führen, und neue Mobilitäts-Apps, die gerade die Nutzung des öffentlichen Nahverkehrs erheblich verbessern, sowie viele weitere innovative Ansätze für eine bessere Mobilität.

Wenn Mobilitätsdaten für andere zur weiteren Bearbeitung zur Verfügung stehen, können Freiwillige und Interessierte Verbesserungen in Bereichen erarbeiten, in denen sich eine kommerzielle Weiterentwicklung trotz Nachfrage wirtschaftlich kaum lohnen würde. Diese Freiwilligen können durchaus Einzelne sein, die bestimmte Nutzungsszenarien umsetzen wollen, die ihnen bislang fehlen. Sie schreiben dann selbst Anwendungen, für sich oder auch, um ihren Freund:innen zu helfen, mit dem Ziel, Mobilität besser nutzbar zu machen. Damit können gerade die Dienstleistungen deutlich verbessert werden, die einen großen Mehrwert für eine bestimmte, aber marktwirtschaftlich wenig reizvolle Zielgruppe liefern.

Ein Beispiel hierfür ist die App HaSe des Programmierers Philipp Maier aus Karlsruhe.[3] Die Abkürzung HaSe steht für »Hilfeleistung als Ser-

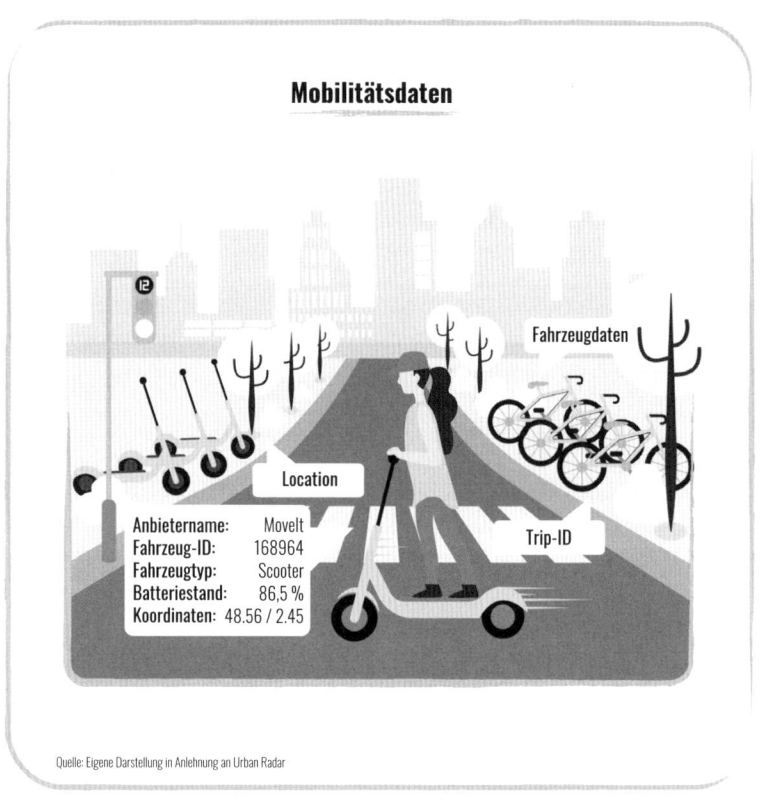

Mobilitätsdaten

Fahrzeugdaten

Location

Anbietername:	Movelt
Fahrzeug-ID:	168964
Fahrzeugtyp:	Scooter
Batteriestand:	86,5 %
Koordinaten:	48.56 / 2.45

Trip-ID

Quelle: Eigene Darstellung in Anlehnung an Urban Radar

vice« und die App hat passenderweise einen freundlichen blauen Hasen als
Logo. Das Angebot richtet sich an alle Menschen mit Mobilitätseinschrän-
kungen, die mit dem Zug reisen möchten, also an Reisende mit Rollstuhl,
Rollator, Kinderwagen oder mit viel Gepäck. Denn diese Menschen können in viele Züge aufgrund von Stufen nur mit Hilfe einsteigen. Rollstuhl-
und Rollatornutzende ohne Begleitung müssen daher jede einzelne Bahn-
fahrt bei der Deutschen Bahn anmelden, um Hilfe beim Ein- und Ausstieg
zu erhalten. Das funktioniert nur mit zeitlichem Vorlauf und viel Geduld
bei der Buchung: Für eine Hin- und Rückreise mit je einem Umstieg pro
Fahrt ist jeweils ein Online-Formular mit 79 Formularfeldern auszufül-
len.[4] Dies wird vielleicht für eine einzelne, lang geplante Fahrt in Kauf genommen. Doch bei häufigen Fahrten?

Das Angebot von HaSe schafft mit wenigen Klicks durch das Anlegen eines Benutzerprofils einen Komfort, der eine Buchung von Zusatzleistungen enorm vereinfacht und Zeit spart. Eine freundliche Nutzerführung, die Speicherung regelmäßiger Fahrten und die Sortierung der Fahrten nach Reisedatum sind alles Features, die bei der originären Buchung von Bahnfahrten für Menschen mit Behinderung nicht verfügbar sind.

Möglich ist der Service von HaSe, weil die Deutsche Bahn einen Teil ihres Datenbestands rund um Infrastruktur und Mobilität auf ihrem Open-Data-Portal zur Verfügung stellt. Die Daten, die dort veröffentlicht werden, stehen zur freien Verwendung und Weiterverwertung unter einer offenen Lizenz. Bislang finden sich dort einige ausgewählte Daten des DB-Konzerns, die kontinuierlich angereichert werden sollen.

Die HaSe-App ist ein gelungenes Beispiel dafür, wie gut sich Schwachstellen von bisherigen Plattformen durch individuelles Engagement ausgleichen lassen – wenn man es möchte und die entsprechenden Fähigkeiten mitbringt. Es bleibt allerdings zu hoffen, dass es in der Zukunft gar keinen derartigen Workaround mehr geben muss, sondern von vornherein alle Zielgruppen mit ihren jeweiligen Anforderungen eingeplant werden.

Das ist übrigens auch das erklärte Ziel des Entwicklers Philipp. Denn, so verrät er mir auf Nachfrage, er wünscht sich, dass Verkehrsunternehmen von sich aus einen ähnlichen Service von vornherein zur Verfügung stellen. Sein Ziel ist und war von Anfang an, den HaSen einzustellen, sobald die offiziell bereitgestellten Lösungen alle relevanten Features für alle Personen anbieten.

Das wäre eine großartige Chance – gerade für die Anbieter von Mobilität. Für den Hacker robbi5 ist daher klar: »Ich glaube nicht daran, dass eine App alle Probleme lösen wird. Aber ich würde schon behaupten: Wenn größere Mobilitätsanbieter ihre Daten teilen, können vielfältigere Sichtweisen das Angebot durchaus verbessern. So könnten gerade auch Personen, die ein bestimmtes Mobilitätsproblem haben, Features erarbeiten, die sonst vielleicht nicht eingebaut werden würden. So lässt sich auch feststellen, dass die App für bestimmte Zielgruppen nicht gut funktioniert. Es würden also viele Ideen entstehen, wie die App noch besser und handhabbarer werden könnte.«

Eine Forderung nach mehr offenen Mobilitätsdaten

Mit offenen Daten könnten also durchaus mehr Mobilitätsangebote entstehen – marktwirtschaftlich orientierte und gemeinschaftlich weiterentwickelte Dienste. Damit würde Mobilität deutlich mehr und auch diverser genutzt werden.

Doch dafür braucht es zunächst einmal Daten, die zur Verfügung gestellt werden, und das ist für viele ein wunder Punkt. Denn die Frage ist, wem Mobilitätsdaten eigentlich gehören oder wer zumindest ein Anrecht auf die Mobilitätsdaten von allen haben könnte. Zunehmend wird die Forderung laut: Wer Mobilität im öffentlichen Raum anbietet, solle auch die entsprechenden Daten bereitstellen. Die Daten, die wir als Gesellschaft durch unsere Mobilität generieren, würden damit allen zugutekommen. Denn wenn Mobilitätsanbieter von der Nutzung des öffentlichen Straßenraums profitieren, erscheint es gerecht, die dabei gewonnenen Daten auch der jeweiligen Stadt zur Verfügung zu stellen, um eine effizientere Planung und Verwaltung des Stadtraums zu ermöglichen.[5]

Die Initiative »Public Money – Public Code«[6] fordert schon länger, dass Angebote und insbesondere Software, die durch öffentliche Gelder und von öffentlichen Organisationen ermöglicht werden, an eine Veröffentlichung von Daten gekoppelt werden sollen. Nur indem das entstandene Wissen und der Code auch anderen zur Verfügung gestellt werden, könne sichergestellt werden, dass auch andere von der Lösung profitieren können. Offene und geteilte Daten erlauben eine Weiterverwendung überall dort, wo es sinnvoll ist. Mobilitätsdaten werden zu einem wertvollen Allgemeingut, das für die Gesellschaft nutzbar wird. Damit werden Daten Teil der Grundinfrastruktur von Städten und unserer Gesellschaft.

So außergewöhnlich sei dieser Gedanke gar nicht, so ubahnverleih, denn in Finnland sei das Teilen von Mobilitätsdaten bereits gesetzlich vorgeschrieben. Das finnische Ministerium für Transport und Kommunikation erließ den »Act on Transport Services« im Jahr 2018. Seitdem müssen alle Transportunternehmen in Finnland ihre statistischen und Echtzeitdaten offenlegen – der öffentliche Nahverkehr genauso wie sämtliche privaten Anbieter von Mobilität, vom Carsharing bis hin zum klassischen Taxiunternehmen. Doch nicht nur das, auch öffentlich zugängliche Programmierschnittstellen werden vorgegeben, damit weitere Angebote auf diesen offenen Daten aufsetzen können.

Mittlerweile gibt es auch auf Ebene der Europäischen Union den Vorstoß, nationale Zugangspunkte für Mobilitätsdaten einzurichten. Dieser sieht aber im ersten Schritt vor allem die Bereitstellung statistischer Daten vor, zu Fahrplänen oder Ladestellen, zu Sharing-Stationen oder zur Barrierefreiheit in Fahrzeugen und an Stationen. Doch ob neben statistischen Daten auch Echtzeitdaten veröffentlicht werden sollen, entscheiden nach wie vor die Nationalstaaten. Dabei wäre dies die große Chance, Mobilität deutlich zu verbessern – nicht nur aus sozialer, sondern auch aus ökonomischer Sicht, wie wir gleich feststellen werden.

Die Open-Data-Strategie einiger Städte

Es wird geschätzt, dass allein durch die zur Verfügungstellung von offenen Echtzeitdaten innerhalb der Europäischen Union jährlich Kosten in Höhe von 1,7 Milliarden Euro im öffentlichen Nahverkehr eingespart werden könnten.[7] Und die Schätzungen zeigen sogar noch weitere Vorteile auf. In der EU könnten 7000 Leben allein dadurch gerettet werden, dass durch geteilte Daten eine schnellere Reaktion möglich wäre. Pro Jahr ließen sich so auch etwa 630 Millionen Stunden Stau in der EU vermeiden, mit volkswirtschaftlichen Einsparungen von rund 30 Milliarden Euro. All dies sind doch mehr als genug gute Gründe, um sich mehr mit offenen Echtzeitdaten zu beschäftigen.

Diese bergen gerade für Städte und Kommunen eine enorme Chance. Denn Städte und Kommunen werden intelligenter, je besser sie die unterschiedlichen vorhandenen Daten digital kombinieren. Je mehr Informationen in Echtzeit gesammelt werden, desto besser lassen sie sich mit vielen weiteren vorhandenen anonymisierten Datensätzen zur Bevölkerung verknüpfen. Diese Daten werden zusammengeführt, gespeichert und gesamthaft nutzbar gemacht. Auf einmal haben Städte und Kommunen ein enormes Wissen über die Mobilität auf ihren Straßen, das vorher nicht da war. Diese gigantische Datensammlung kann zunächst einmal aktuelle Stände und Informationslagen wiedergeben und legt damit eine völlig neue Datenebene über die Mobilitätsstrukturen:[8]

Mit dieser neuen Datenebene können wir auf einmal viel besser verstehen, welche Routen und Wege viel oder auch wenig genutzt werden, von wo nach wo die Menschen tatsächlich fahren, oder auch, wo die meisten Scooter und Roller abgestellt werden. Auf Basis dieser Informationen lässt sich dann zum Beispiel entscheiden, ob Sharing-Stationen nicht nur in der Innenstadt, sondern auch in Randgebieten gebaut werden sollen, wo sich bereits über kleinere Maßnahmen die Mobilitätssituation verbessern ließe. Abgestellte Räder und Roller ließen sich außerdem schnell finden, wenn bestimmte Stadtviertel beispielsweise kurzfristig freigeräumt werden müssen. Zusammen mit den bestehenden Bevölkerungsdaten kann genau ausgerechnet werden, wie viel Prozent der Bevölkerung das derzeitige Mobilitätsangebot erreicht, in welchen Wohngebieten Busse fehlen und ab wann ein Bus vielleicht gar nicht mehr benötigt wird. Es wird auch ersichtlich, wie schnell es sich im Hinblick auf eine verbesserte Abdeckung finanziell rentieren könnte, eine Haltestelle zu verlegen, und wie viel mehr Bevölkerung sich damit abdecken ließe.

Im nächsten Schritt lassen sich diese erfassten Daten automatisch analysieren, sodass je nach Datenlage automatisierte Handlungen als Maßnahmen ausgelöst werden. Damit erreichen wir eine neue Stufe der Mobilität. So lassen sich beispielsweise Verkehrsflüsse intelligent lenken. Verkehrsrouten lassen sich an aktuelle Gegebenheiten anpassen und werden nach Bedarf steuerbar. Je nach Situation könnten einzelne Straßen geöffnet oder auch wieder geschlossen werden. An Tagen mit besonders hoher Luftverschmutzung ließen sich auch Fahrverbote einblenden. All diese Echtzeit-Mobilitätssteuerungen durch offene Daten könnten den Verkehr in einer Stadt deutlich schneller, reibungsloser und auch nachhaltiger machen. Und es ließen sich sicher noch viele weitere innovative Ansätze finden, die derzeit getestet und verstärkt ausgebaut werden.

Mehr und mehr Städte sehen die Vorteile von Strategien, die auf offenen Daten basieren, und beginnen, Anforderungen an Unternehmen der Mobilitätsbranche zu stellen, die dort ihre Dienste anbieten möchten. Vilnius, die Hauptstadt von Litauen, vernetzt beispielsweise unter der Strategie »Open Data for all« konsequent alle öffentlichen Verkehrsmittel miteinander und zeigt auch die Verfügbarkeiten, die Preise und die Verkehrslage in Echtzeit an.[9] Allen öffentlich zugänglich sind allgemeine Daten rund um die Mobilität – aber keine personenbezogenen Daten.

Auch die Stadt London hat bereits seit mehreren Jahren eine Open-Data-Strategie, in der sie systematisch ihre Fahrpläne, Servicestände und Informationen über Verspätungen im öffentlichen Nahverkehr kostenlos und offen für alle zur Verfügung stellt. Dies hat sich offensichtlich ausgezahlt, denn es wurde berechnet, dass allein durch dieses Teilen von Echtzeitdaten etwa 150 Millionen Euro jährlich eingespart werden.[10] Dazu trägt bei, dass Fahrtrouten effizienter gestaltet werden und dass die Nutzer:innen des Nahverkehrs Zeit sparen. Außerdem entstehen Innovationen und neue Jobs.

Noch eindrucksvoller ist die Open-Data-Strategie von Los Angeles, wie robbi5 erzählt. Die Stadt hatte mit der Einführung Tausender Scooter zu kämpfen, und man stand dort vor der Frage, wie es gelingen könnte, das Scooter-Chaos in den Griff zu bekommen. Dazu wählten die Verantwortlichen einen ungewöhnlichen Weg. Sie setzten einen technischen Standard auf, nämlich die »Mobility Data Specification«-Strategie. Damit erlaubt Los Angeles nur die Mobilitätsanbieter in der Stadt, die ihre Daten, natürlich anonymisiert, allen zugänglich machen. Der technische Standard gibt genau vor, welche Daten in welchem Format zur Verfügung gestellt werden müssen. Zusätzlich hat die Stadt alle Unternehmen verpflichtet, jedes ihrer Fahrzeuge über die digitale Infrastruktur bei der Stadt zu registrieren. Das bedeutet also beispielsweise für die Scooter-Anbieter, dass sie jeden Scooter einzeln digital registrieren müssen und auch hinterlegen müssen, wenn die Scooter repariert oder entfernt werden.

Diese Strategie ist deswegen so spannend, weil sie die digitalen Informationen rund um die Fahrzeuge für die Nutzer:innen zusammenbringt und damit als Vorbild für viele weitere Städte weltweit dient. Durch diese Fahrzeugregistrierungen hat die Stadt in Echtzeit Kenntnis über Standort und Zustand jedes einzelnen Fahrzeugs. Sie kann die Daten nutzen, um Auslastung und das Mobilitätsverhalten der Nutzer:innen nachzuvollziehen und verbessernd zu steuern. Die Stadt hat aber auch die Möglichkeit, in die Verteilung der Verkehrsmittel einzugreifen, indem sie Zonen definiert. Sie kann also dafür sorgen, dass beispielsweise Scooter eher in den Stadtgebieten zur Verfügung gestellt werden, die weniger gut an den bestehenden Nahverkehr angeschlossen sind, also dort, wo ein echter Bedarf besteht.

Gleichzeitig erlässt Los Angeles aber auch Regeln, beispielsweise definiert die Stadt anhand der Daten bestimmte Bereiche, in denen Scooter bevorzugt oder auch zeitweise nicht abzustellen sind, etwa vor größeren Events.[11] Diese maschinenlesbaren Geodaten können ebenfalls wieder automatisiert weiterverarbeitet werden. Damit wird auch auf die wichtige Prämisse von Open Source eingegangen: Wer Daten fordert, sollte auch selbst bereit sein, Daten bereitzustellen.

Gerade das Beispiel von Los Angeles zeigt wunderbar, wie Städte eng mit neuen Mobilitätsanbietern zusammenarbeiten können. Es zeigt aber auch, dass es eine ganzheitliche Strategie braucht, um die einzelnen Mobilitätsangebote zu steuern, zu verteilen, aber auch gemeinsam inter- und multimodal nutzbar zu machen.

Von den Erfahrungen anderer lernen

Doch robbi5 und ubahnverleih reichte es nicht, die Open-Data-Strategie von Los Angeles aus der Ferne zu beobachten. »Wir haben uns gedacht, das ist alles ziemlich großartig«, erinnert sich robbi5. »Da regulieren Leute technisch die E-Scooter, ohne dass sie klassisch Menschen mit Papier und Formular auf die Straßen schicken. Wie können wir das auch auf deutsche Städte übertragen? Denn die Software dazu ist ja offen und frei verfügbar.« Nach etwas Recherche stellten sie fest, dass der Ansatz im deutschsprachigen Raum offenbar noch nicht diskutiert wurde. Also schrieben sie einige Blogbeiträge für die Stadtverwaltungen und Behörden. »Der Zeitpunkt war

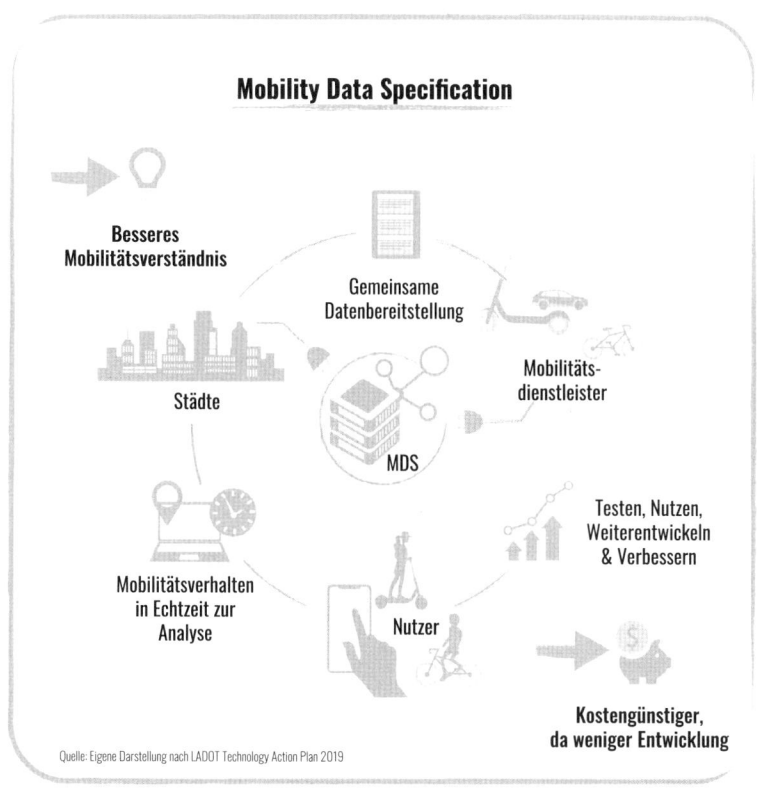

Mobility Data Specification

Besseres
Mobilitätsverständnis

Gemeinsame
Datenbereitstellung

Städte

Mobilitäts-
dienstleister

MDS

Mobilitätsverhalten
in Echtzeit zur
Analyse

Testen, Nutzen,
Weiterentwickeln
& Verbessern

Nutzer

Kostengünstiger,
da weniger Entwicklung

Quelle: Eigene Darstellung nach LADOT Technology Action Plan 2019

ganz gut«, ergänzt ubahnverleih, »weil die Städte die Bilder von dem verunglückten oBike-Start im Kopf hatten. Aber gleichzeitig waren zu dem Zeitpunkt die E-Scooter in Deutschland noch nicht legal, auch wenn sich abzeichnete, dass die Legalisierung bevorstand. Die Städte waren daher interessiert, mehr zum Thema Regulierung zu erfahren. Doch wir wussten gar nicht, bei welchen Städten das Thema Scooter-Einführung überhaupt anstand. Welche Städte sprechen wir denn jetzt an? Denn dass unsere Blogartikel von den richtigen Personen gefunden werden, war ja doch sehr unwahrscheinlich.«

Dann fiel robbi5 ein, dass die Scooter-Anbieter vermutlich schon anfangen würden, die ersten Mitarbeiter:innen zu rekrutieren. Also recherchierten die beiden Jobangebote in einschlägigen Stellenportalen und bauten eine Kartenübersicht, die zeigt, in welchen Städten welche Anbieter wohl starten würden. »Und dann haben wir uns genau diese Städte vorgenommen«, sagt ubahnverleih lachend. »Wir haben den Stadtverwaltungen Mails geschrieben mit: ›Hallo, wie sieht es denn aus? Habt ihr das mit den Scootern auf dem Schirm? Was ist euer Plan, um das zu regulieren? Kennt ihr schon die Mobility Data Specification? Möglicherweise ja nicht, wir haben da einen Blogartikel vorbereitet.‹«

Sie erhielten dazu mehr als nur positives Feedback. Letztendlich führte ihr Engagement dazu, dass mittlerweile die Stadt Hamburg und die Stadt Ulm, aber auch mehrere Städte in Nordrhein-Westfalen die Mobility Data Specification anwenden und die entsprechenden Daten von den Mobilitätsanbietern einfordern.

Eine größere Open-Data-Community

Damit offene Lösungen und offene Daten auch im Mobilitätsumfeld bestmöglich funktionieren, braucht es viele weitere Mobilitätshacker wie die beiden Programmierer ubahnverleih und robbi5. Es braucht eine Community aus ähnlich denkenden und engagierten Freiwilligen mit dem notwendigen Know-how, die helfen, Daten zu digitalisieren und zusammenzutragen oder neue Lösungen zu entwickeln oder auch bestehende Lösungen zu prüfen und zu verbessern.

Doch auch wenn die Open-Source- und Open-Data-Szene wächst und mit ihren Aktivitäten einen wichtigen gesellschaftlichen Mehrwert leistet, gehört dazu eine große Portion Idealismus, da es eine Tätigkeit ist, die außer in Ausnahmefällen, wie bei robbi5 und ubahnverleih, erst einmal keine finanzielle Kompensation bietet. Das Wissen um den Wert des eigenen Beitrags sowie die Wertschätzung innerhalb der Community sind oftmals die Währungen, die zählen. Um diese Communitys jedoch zu vergrößern mit dem Ziel, dass die Aktivitäten nicht nur ein Hobbyprojekt neben der Haupttätigkeit bleiben, braucht es Ansätze in unserer Gesellschaft, damit Open-Data-Aktivist:innen von ihrer Arbeit leben können. Zumindest aber sollte die sehr wertvolle Arbeit der Community als eine neue Form des sozialen Engagements erkannt werden und entsprechend mehr Anerkennung und Wertschätzung in unserer Gesellschaft erfahren.

Die Aktivisten robbi5 und ubahnverleih sind sich sehr bewusst, dass ihre Anstellung bei der Stadt Ulm und die Förderung ihrer Open-Data-Aktivitäten eine große Ausnahme sind. »In der ganzen Open-Data-Entwicklung passiert sehr, sehr viel. Viele Leute machen das nach Feierabend in ihrer freien Zeit. Gerade bei Start-ups ist dieses zusätzliche freiwillige Engagement mittlerweile etwas mehr verbreitet als in großen, klassischen Unternehmen. Für uns ist es ein großer Glücksfall, dass wir die Anstellung bei der Stadt haben, klar. Sonst könnten wir das, was wir tun, so in der Form nicht tun.«

Wird also die Mobilitätswelt um ein Vielfaches besser, wenn alles offen ist? Ich persönlich bin mittlerweile davon überzeugt, dass offene Daten unsere Mobilität ein großes Stück verbessern werden. Doch natürlich sind offene Daten und Angebote nicht die Lösung für alle bestehenden Mobilitätsprobleme. Über einen Satz von robbi5 musste ich besonders schmunzeln: »Du kannst eine wunderschöne App haben, du kannst wunderschöne offene Daten haben. Wenn dein Bus trotzdem nur einmal am Tag kommt, dann ist das alles komplett irrelevant.«

Für die beiden sind offene Software und offene Daten daher ein Baustein in dem großen und komplexen Mobilitätsgebilde. Doch einer, der noch viele weitere engagierte Aktivist:innen braucht. Daher gefällt mir der Appell von robbi5 und ubahnverleih so gut, den sie zum Schluss eines Vortrags auf dem Treffen der internationalen Hackerszene des Chaos Computer Clubs ans Publikum richteten. Mit diesem Auszug ihres Vortrags möchte ich mich für das Gespräch mit den beiden bedanken:

»Vielleicht wird es Zeit, einzusehen, dass die Menschen in genau diesem Saal, in dieser Szene, in dem Stream Expertise haben. Und vielleicht sollten diese Menschen ihre Expertise den Kommunen anbieten. Ich glaube, es ist extrem wichtig, dass wir nicht immer nur vor uns hin basteln. Wir müssen dafür sorgen, dass unser Gemeinwohl, unsere Allmende draußen auch auf den Stand des digitalen Zeitalters gebracht wird.

Fangt an, Open-Source-Projekte aufzusetzen. Und sprecht einfach darüber. Wenn ihr die Daten braucht, dann fragt sie an. Zeigt, was ihr gebaut habt. Sprecht mit den richtigen Leuten drüber. Geht zu den Kommunen hin, zu den Städten, hin zu den Behörden. Und möglicherweise wollt ihr auch einfach mal anfangen, nicht nur mit den Kommunen zu reden, sie zu beraten, sondern vielleicht sogar dort zu arbeiten.

Ich würde es einfach noch einmal gerne unterstreichen: Wir sollten die Kompetenz auch dahin tragen, wo sie ganz dringend benötigt wird. Hackt die Verwaltung von innen – hackt die Verkehrswende.«

Kapitel 5

NEUE IDEEN IM LÄNDLICHEN RAUM

Warum Mobilität auf dem Land ein Thema für sich ist

Viele Diskussionen um die Mobilität von heute und für morgen werden aus einer städtischen Perspektive geführt. Sie beziehen sich auf die Mobilitätssituation in ohnehin bereits gut angebundenen Innenstädten. Doch übersehen wir dabei nicht einen wichtigen Teil unserer Bevölkerung?

Wenn wir einen Blick auf die Einwohnersituation in Deutschland werfen, erhalten wir ein klares Bild: In den 79 deutschen Großstädten, also den Städten mit mehr als 100 000 Einwohner:innen, wohnen gerade einmal 31 Prozent der Bevölkerung.[1] Etwa 22 Millionen Menschen, 27 Prozent, leben in mittelgroßen Städten mit 20 000 bis 100 000 Einwohner:innen. Das bedeutet, dass 42 Prozent unserer Bevölkerung im ländlichen Raum in Kleinstädten, Gemeinden und Dörfern mit jeweils weniger als 20 000 Einwohner:innen leben. Und wegen ebendieser 34 Millionen Menschen sollte jede Diskussion um Mobilität auch die Situation, die Anforderungen und die Bedürfnisse in ländlichen Regionen berücksichtigen.

Denn gerade in den ländlichen Gebieten ist es notwendig, mobil zu sein, um am gesellschaftlichen Leben teilnehmen zu können. Der höhere Altersdurchschnitt auf dem Land und der allgemeine Rückgang wohnortnaher Versorgungseinrichtungen führen dazu, dass in ländlichen Regionen immer weniger Einrichtungen des täglichen Bedarfs wie Einzelhandel, Ärzt:innen, Banken, Kirchen und Gastronomie zu finden sind. Und die Wege zu denen, die vorhanden sind, werden weiter.

Deswegen ist der Zugang zu und der Erhalt von Mobilität in ländlichen Gebieten ein so entscheidender Faktor. Die Verfügbarkeit von bedarfsgerechter Mobilität hilft dabei, Lebensqualität zu sichern und ländliche Regionen auch zukünftig als attraktive Wohn-, Lebens- und Erholungsräume zu erhalten.

Die Bundesregierung möchte gleichwertige Lebensverhältnisse in den unterschiedlichsten Regionen von Deutschland schaffen. Und zur Daseinsvorsorge im ländlichen Raum gehört als zentrale politische Aufgabe auch die Sicherung der Mobilität und der Zugang zu Angeboten der Grundversorgung.

Doch haben wir überhaupt ein Mobilitätsproblem auf dem Land? Immerhin ist es auf dem Land nach wie vor üblich, dass nahezu jede und jeder ein Auto besitzt. Liegt die hohe Nutzung des Autos dort schlicht an der Liebe zum Auto, sodass der öffentliche Nahverkehr gar keine Chance hat? Oder wird das Auto hauptsächlich genutzt, weil der Nahverkehr nicht gut genug ausgebaut ist? Braucht es überhaupt eine Verbesserung des Nahverkehrs, und wenn ja, wie könnte diese aussehen?

Mit diesen Fragen nähern wir uns dem Thema Mobilität im ländlichen Raum, wo Chancen und Risiken so nahe beieinanderliegen. Wir werden erfahren, warum es keine einfachen Lösungen für die Mobilität in ländlichen Regionen geben kann, aber auch, wie Nahverkehr zukünftig auf dem Land aussehen könnte. Ich freue mich auf Gespräche, die uns zeigen, wie Mobilität in ländlichen Regionen zukünftig deutlich vielfältiger und flexibler werden könnte und warum neue Angebote vielleicht auch einfach etwas mehr Zeit brauchen, bis sie im Alltag fest integriert sind. Und ganz besonders freue ich mich auf ein paar der spannendsten und innovativsten Mobilitätsprojekte, die sich ausgerechnet in den tiefsten ländlichen Regionen Deutschlands finden.

Warum der Linienbus keine Chance mehr hat

Es scheint ausweglos: Die Busse im ländlichen Raum fahren selten und eigentlich nie, wenn wir sie wirklich brauchen. Weil sie so selten fahren, nutzen wir sie nicht. Zumal der Bus ohnehin keine direkte Verbindung zum gewünschten Zielort bieten würde oder dafür unzumutbar lang bräuchte. Seien wir ehrlich: Wer ist gern bereit, mehrere Stunden Fahrt für kurze Erledigungen zu investieren?

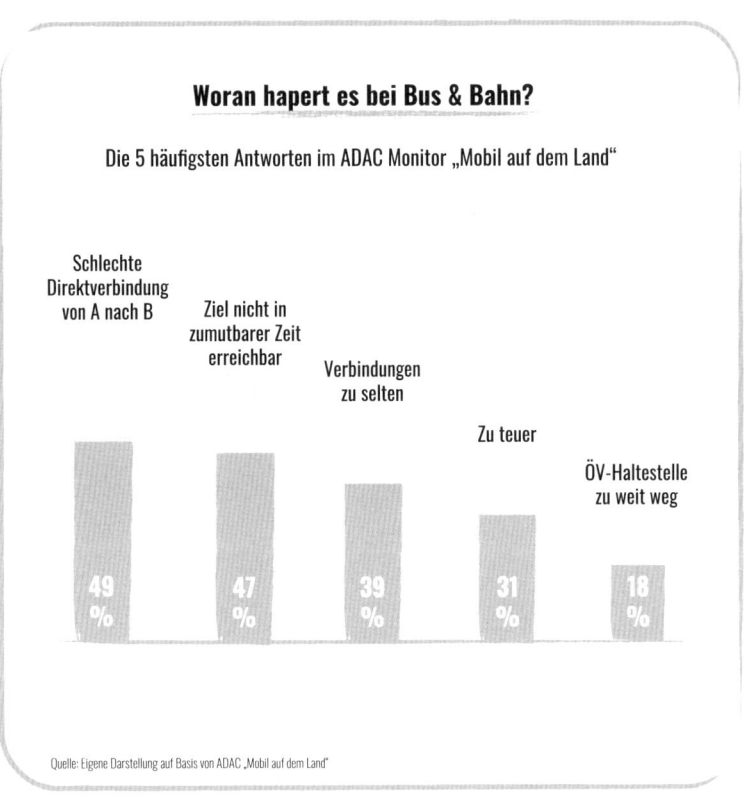

Woran hapert es bei Bus & Bahn?

Die 5 häufigsten Antworten im ADAC Monitor „Mobil auf dem Land"

Schlechte
Direktverbindung
von A nach B

Ziel nicht in
zumutbarer Zeit
erreichbar

Verbindungen
zu selten

Zu teuer

ÖV-Haltestelle
zu weit weg

49 % 47 % 39 % 31 % 18 %

Quelle: Eigene Darstellung auf Basis von ADAC „Mobil auf dem Land"

Das Ticketsystem ist außerdem oftmals kaum verständlich. Das liegt an der strukturellen Kleinteiligkeit des öffentlichen Nahverkehrs mit über 100 Tarif- und Verkehrsverbünden. Dadurch wird die Fahrt mit dem öffentlichen Nahverkehr im ländlichen Deutschland sehr kompliziert. Welche Linien müssen genutzt werden? Wo und wie ist umzusteigen? Welches ist das richtige Fahrzeug, um an mein Ziel zu kommen? Wenn das Ziel in einem anderen Verkehrsverbund liegt, müssen gegebenenfalls sogar mehrere Tickets für eine Fahrt erworben werden. Gerade Ältere und Menschen, die Schwierigkeiten mit der deutschen Sprache haben, stellen sich zu Recht die Frage: Traue ich mir das überhaupt (noch) zu? Wie komme ich an eine solche Fahrt heran? Gibt es Lotsen, die mich beim Umsteigen unterstützen?

Der öffentliche Nahverkehr ist ein Zuschussgeschäft, ganz besonders in den gering besiedelten Regionen. Das wird wohl auch so bleiben, solange die Nachfrage gering bleibt, die Fahrten nicht ausgelastet sind und zu große Lücken in der Abdeckung und Taktung bestehen. Ein annähernd wirtschaftlich erfolgreicher Nahverkehr ist überhaupt nur bei sehr hoher Nachfrage denkbar – und bei sinkender Nachfrage kaum lauffähig zu halten. Daher wird das Mobilitätsangebot immer häufiger eingeschränkt, was wieder zu sinkender Nachfrage führt. Eine Abwärtsspirale.

Ein attraktives öffentliches Mobilitätsangebot in ländlichen Regionen aufrechtzuerhalten, ist vor allem aufgrund der verteilten Siedlungsstrukturen herausfordernd. Gleichzeitig ist der Nahverkehr unerlässlich für all jene, die keinen Zugang zu individueller Mobilität haben. Das betrifft die Jüngsten und die Ältesten genauso wie die einkommensschwache Bevölkerung oder Menschen aus schwierigen Lebensverhältnissen, die wirtschaftlich neu anfangen möchten. Gerade diese Gruppen trifft eine Reduzierung oder ein Entfall des Nahverkehrs besonders hart. Gleiches gilt für all diejenigen, die nicht mehr auf das Auto angewiesen sein möchten.

Ich bin auf der Suche nach besseren Lösungen. Vielleicht gibt es ja neue Ansätze gegen diese Entwicklung, die eine zunehmende Mobilitätsarmut in ländlichen Regionen verhindern. Neue Wege, die geeignet sind, mehr Menschen als bislang an Mobilität teilhaben zu lassen, und die das politische Ziel gleichwertiger Lebensverhältnisse in städtischen und ländlichen Räumen erfüllen können. Können neue Mobilitätsangebote, vor allem rund um den Nahverkehr, nicht auch eine echte Chance sein, um ländliche Mobilität besser zu machen, als sie heute ist – wenn sie intelligent und bedarfsorientiert an die jeweiligen lokalen Umstände angepasst werden?

Wenn Nahverkehr immer mehr »on demand« fährt

Besuchen wir die Gemeinde Freyung am östlichsten Rand von Bayern. Etwas mehr als 7000 Menschen wohnen in der einzigartigen Naturlandschaft des Bayerischen Walds. Die Kleinstadt liegt weitläufig und auf Hügeln verstreut um die Ortsmitte herum. Es gibt zwar ein paar Linienbusse, doch sie werden nicht allzu oft genutzt. Und genau hier gibt es seit einer Weile ein ganz besonderes Angebot: Seit Mitte 2018 hat Freyung bundesweit den ersten On-Demand-Ridepooling-Service im ländlichen Raum.[2]

FreYfahrt, so der Name des Mobilitätsangebots, ist eine Mischung aus Rufbus, Ridesharing und Linienverkehr. Zwei Kleinbusse fahren 230 virtuelle Haltestellen im Gebiet an und ermöglichen den Einwohner:innen nahezu eine Tür-zu-Tür-Beförderung im Rahmen des öffentlichen Nahverkehrs, und das unabhängig von starren Fahrplänen oder festen Routen, rein nach persönlichem Bedarf. Dazu kooperiert die Kleinstadt mit dem Berliner Start-up door2door. Das Ziel des Start-ups: einen digitalisierten Nahverkehr etablieren, der sich den Menschen anpasst – und nicht andersherum.

Um das Angebot von freYfahrt auch für Menschen ohne Smartphone zugänglich zu machen, kann die Fahrt nicht nur am Smartphone, sondern auch per Telefon gebucht werden. Wenn die Zahlung nicht über die App erfolgt, wird im Bus bezahlt. Sobald es mehr als einen Fahrgast gibt, wird die Fahrt mit anderen Freyunger:innen geteilt, die in eine ähnliche Richtung fahren. Das zugrunde liegende intelligente System berechnet die optimale Route für alle Fahrgäste. Doch obwohl das Angebot nur zu auslastungsstarken Zeiten besteht, ein Fahrpreis von 2,90 Euro pro Fahrt zu zahlen ist und das Programm durch das Land Bayern gefördert wird, erreicht freYfahrt bislang noch keine schwarze Null.[3]

Natürlich wäre es wünschenswert, innovative Mobilitätskonzepte zu schaffen, die sich rentieren, auch wenn die Nutzerzahlen nicht sehr hoch sind. Aber vielleicht muss der Nahverkehr bis dahin aus einer neuen Perspektive betrachtet werden. So zeigt das Projekt freYfahrt auf, wohin sich der Nahverkehr im ländlichen Raum entwickeln könnte: Mobilität könnte zunehmend an die tatsächlichen Bedürfnisse der Bewohner:innen angepasst werden. Bisherige Mobilitätslücken würden sich besser schließen lassen. Denn mit dem bedarfsorientierteren Nahverkehrsangebot ließe sich Mobilität dorthin bringen, wo sie tatsächlich benötigt wird.

Das hieße im Umkehrschluss aber auch, ineffiziente Verkehrswege und Leerfahrten von Linienbussen nicht mehr anzubieten und weniger genutzte Angebote zu ersetzen, sobald es bessere Lösungen gibt. Es gäbe dann keine festen Fahrpläne und Haltestellen mehr, stattdessen werden die Nachfragen gebündelt. Und dieser Kompromiss wäre auch notwendig, um eine Finanzierung sicherstellen zu können.

Damit lassen sich die Konturen eines veränderten Nahverkehrs auf dem Land erkennen: Die wichtigsten Strecken zu den größeren Städten werden so ausgebaut, dass sie von Knotenpunkten über Expressrouten häufig angefahren werden. Die zweistelligen Wachstumszahlen von Fahrgästen nach Einführung solcher ersten sogenannten PlusBusse in mehreren deutschen Regionen bestätigen diese Überlegung.[4] Die schnellen Routen schaffen eine echte Alternative zum eigenen Auto. Erst recht dann, wenn sich die Busse gar nicht mehr wie die bekannten Linienbusse anfühlen, sondern wie moderne Fernreisebusse, also Busse mit kostenlosem WLAN, großen Displays, komfortablen Sitzen und vollständiger Barrierefreiheit.

Die Anbindung zu diesen Knotenpunkten der Expressrouten könnte über flexible kleinere Busse und Shuttles als Zubringer auf Abruf – »on demand« – erfolgen, so wie es freYfahrt schon heute vormacht. Damit werden ineffiziente und nicht benötigte Linienfahrten von Bussen vermieden, die ohnehin nicht rentabel sind. Stattdessen werden Fahrten zunehmend in Echtzeit verfolgbar und je nach Bedarf kurzfristig buchbar für die individuell benötigte Strecke. Darin unterscheiden sich derartige neue Angebote von bestehenden Ruftaxis oder Anrufbussen, die nur feste Strecken abfahren und im Vorfeld zu buchen sind. Der Nahverkehr würde also deutlich flexibler und bedarfsorientierter werden als heute.

Allerdings funktioniert die nahtlose Anbindung nur, wenn die benötigten Strecken über intelligente Algorithmen zusammengeführt und permanent über Echtzeitdaten und neue Fahrgastanfragen optimiert werden. Im besten Falle ließen sich unterschiedliche Mobilitätsformen nahtlos und je nach Bedarf buchen – alle über ein System, mit nur einem Ticket und in nur einem Vorgang, auch über die verschiedenen Gemeinden und Verkehrsverbünde hinweg. Ein digitalisiertes Angebot könnte dabei helfen, das Mobilitätsverhalten mithilfe der gesammelten Daten besser zu analysieren. Je mehr Daten über die Nutzung zusammenkämen, desto eher könnte auch ein zukünftiges Mobilitätsverhalten prognostiziert und die Mobilität daraufhin gestaltet werden. Und das Ganze idealerweise integrativer, bedarfsorientierter und lückenloser als heute.

Doch lassen wir mit diesen zunehmend digitalen Angeboten die Bedürfnisse und Anforderungen von technisch weniger affinen Zielgruppen außer Acht, also insbesondere der älteren Generation auf dem Land? Wie ist es möglich, auch sie für digitale Angebote zu begeistern?

Digitale Mobilitätsangebote für eine nicht digitale Zielgruppe

Ich bin auf dem Weg zu Katharina Hefenbrock, die beim Deutschen Roten Kreuz als Projektleiterin seit mehreren Jahren an einem ganz besonderen Mobilitätsangebot für ältere Menschen in ländlichen Regionen arbeitet. Auch sie wohnt, passenderweise, auf dem Land. Genau genommen in einem kleinen Ortsteil von Salzgitter, mit 420 Einwohner:innen am Rande des Harzes, direkt gegenüber der Dorfkirche in der Mitte des Orts. Katharina ist eine Frohnatur und bezeichnet sich selbst als Dorfkind. Sie hat zwar ein Auto, erzählt mir aber mit leuchtenden Augen, dass sie sich kürzlich ein E-Bike angeschafft hat, das sie gerne bei Wind und Wetter fährt, auch zu ihrer Arbeitsstelle.

Dort arbeitet sie für den Fahrdienst Sozio-Med-Mobil, einem digitalisierten und kostenlosen Gemeinschaftsfahrdienst für bedürftige Menschen in strukturschwachen Regionen. Das Angebot umfasst Fahrten zu Fachärzt:innen in den nächstgelegenen Städten und stellt somit eine Anbindung an das Gesundheitssystem sicher. Es richtet sich an all diejenigen, die zum Arzt müssen, aber nicht mehr eigenständig mobil sind, weil in ihrer Region kein Bus fährt, eine Taxifahrt zu teuer wäre und Fahrradfahren nicht mehr möglich ist. Diese Menschen wären auf die Hilfe von Bekannten und Verwandten angewiesen. Sonst würden sie den Arzttermin schlicht nicht mehr wahrnehmen.

Das Interessante dabei: Das Angebot setzt auf eine digitale Plattform für die Buchungen. Damit werden die Routen über einen Algorithmus intelligent ermittelt. Dieses plattformbasierte Buchungssystem macht das Angebot skalierbar und auch für viele weitere Kommunen nutzbar.

Wie bringt man aber ein digital zu buchendes Angebot an eine wenig digitale Zielgruppe, die größtenteils über 80 Jahre alt ist? Da mir die Zugänglichkeit neuer Mobilitätsangebote ganz besonders am Herzen liegt, ist dies eine der ersten Fragen, die ich Katharina stelle.

»Die Buchungen sind digital, die Zielgruppe ist nicht digital. Das heißt, es war klar, wir müssen irgendwie eine Brücke hinkriegen«, erzählt Katharina. Und wie genau haben sie das geschafft? »Wir haben von Anfang an darauf gesetzt, dass wir in die Ortschaften gehen und uns vor Ort wirklich sehr bemühen. Mit dem Ortsbürgermeister sprechen, mit den Vereinen, die in Ortschaften sind. Wir haben in jedem Dorf eine Infoveranstaltung gemacht, wir haben die Vereinsvorsitzenden gesprochen, den Pastor und wir sind in jedem Ort in den Seniorenkreis gegangen. Um etwas Neues auf dem Land zu etablieren, braucht man auch immer ein Gesicht vor Ort, und das Neue müssen die Menschen kennenlernen. Wir zeigen, dass hinter dem Sozio-Med-Mobil Personen stehen, die ich anrufen kann und die mir zuhören.«

Mit dieser Antwort hätte ich in der Tat nicht gerechnet. Vielleicht hatte ich mir die Einführung eines neuen Mobilitätsangebots zu einfach vorgestellt. Ich möchte daher mehr erfahren. Was war rückblickend aus Katharinas Sicht der größte Erfolgsfaktor?

»Ich glaube, das Entscheidendste war, dass wir die Rolle eines Küm-
merers eingeführt haben, eine Art neues Ehrenamt. Und es sind diese
Kümmerer, die die gewünschten Buchungen für unsere Zielgruppe digital durchführen. Zunächst hatten wir eigentlich an die direkten Angehö-
rige gedacht. Vielleicht kann man einmal keinen Urlaubstag nehmen, um
die Mutter selbst zum Arzt zu fahren, und bucht daher die Fahrt online
über uns. Doch es hat sich ein wenig anders entwickelt: Der geringste Teil
wird eigentlich von Angehörigen gebucht. Hauptsächlich sind es wirklich
Mitbewohner:innen und die Nachbarschaft auf dem Dorf. Und ich glaube,
der entscheidende Punkt für die Akzeptanz des Angebots war, dass wir es
geschafft haben, in 96 Prozent der 33 Ortschaften Kümmerer zu haben.
Kümmerer, die wir persönlich angesprochen haben, vor allem private,
aber auch einige öffentliche Kümmerer aus der Verwaltung, die wir persönlich motivieren konnten und die hinter dem Projekt stehen.«

Ältere Menschen auf dem Land können tatsächlich über ein digital zu
buchendes System zum Facharzt ihres Vertrauens gefahren werden. Doch
wie sieht Katharina die Zukunft eines solchen Angebots? Gerade auch im
Zuge von neuen technischen Möglichkeiten?

»Derzeit müssen wir vorrangig die Zielgruppen versorgen, die nicht
mehr eigenständig mobil sein können. Die jetzige ältere Generation will
noch zu ihrem vertrauten Arzt, ihrer vertrauten Ärztin. Sie wollen nicht
so gerne wechselnde Ärzt:innen. Glaube ich, dass wir bei der medizinischen Versorgung mit dem Sozio-Med-Mobil für die nächsten Jahre wirklich die gleiche Akzeptanz haben werden? Vermutlich eher nicht. Mobilität
ist schnelllebig, die Generationen wechseln, die Gewohnheiten ändern
sich. Und ich glaube, wenn wir eine Mischung aus den unterschiedlichen
Systemen hinkriegen, aus Fahrdiensten wie dem Sozio-Med-Mobil, aus
Telemedizin vor Ort und autonomem Fahren, dann können wir ländliche
Regionen in den kommenden Jahren gut versorgen.«

Wie schnelllebig und innovativ Mobilität auf dem Land sein kann, zeigen uns die nächsten Beispiele.

Ein autonom fahrender Shuttle auf dem Land

Im tiefsten Niederbayern findet sich der Ort Bad Birnbach mit etwa 6000 Einwohner:innen. Seit 2017 gibt es einen ganz besonderen zusätzlichen Einwohner namens EZ10. Dabei handelt es sich um einen Minibus mit sechs Sitz- und sechs Stehplätzen. Das Besondere: Er fährt fahrerlos täglich die zwei Kilometer zwischen Marktplatz und Bahnhof hin und her.

Der autonome Kleinbus in Bad Birnbach war der erste selbstfahrende Elektrobus, der auf öffentlichen Straßen in Deutschland unterwegs war. Das Pilotprojekt wird von der Deutschen Bahn bewusst im ländlichen Raum in Ergänzung zum öffentlichen Personennahverkehr getestet.

Ich treffe den Projektmanager Chris Büttner, der seit mehreren Jahren für das bereits in Kapitel 3 erwähnte DB-Tochterunternehmen ioki arbeitet, zu einem Mittagessen, um mehr über die Hintergründe, aber auch seine Erfahrung mit diesem besonderen Mobilitätsdienst zu erfahren. Ich merke direkt: Mobilität, vor allem auch im ländlichen Raum, ist für Chris regelrecht eine Herzensangelegenheit, in die er viel Energie, Gedanken und gute Ideen steckt. Und von Herausforderungen auf dem Weg lässt er sich nicht so schnell abschrecken.

Genau deswegen möchte ich natürlich direkt als Erstes wissen, wieso ioki sich von allen Orten und Städten in Deutschland ausgerechnet für das kleine Örtchen Bad Birnbach entschieden hat, um einen selbstfahrenden Shuttle zu testen.

Chris erzählt, dass es zwei Gründe dafür gab: »Wir haben einerseits Orte gesucht, wo wir im Mischverkehr unterwegs sein können. Keine Großstadt mit sehr komplexen Verkehrsszenarien, sondern ein Ort mit beherrschbaren, weniger komplexen Verkehrssituationen. Andererseits brauchte es einen Ort mit lokaler politischer Unterstützung. Denn die

Zulassungsverfahren für selbstfahrende Fahrzeuge sind derzeit noch sehr herausfordernd und gerade ohne Unterstützung nicht einfach zu bewältigen. Und da hat sich Bad Birnbach als Glücksgriff herausgestellt.«

Das klingt einleuchtend. Und wie autonom fährt das Fahrzeug bereits? »Das Fahrzeug fährt noch nicht komplett autonom, sondern hochautomatisiert. Man kann es sich wie eine virtuelle Straßenbahn vorstellen: Es wird eine Route einprogrammiert und dieser gelernten Route folgt das Fahrzeug immer. Und wenn man in Bad Birnbach ganz genau auf die Straße schaut, sieht man bereits leichte Reifenabriebspuren, die über die Jahre entstanden sind, da das Fahrzeug ja immer millimetergenau auf derselben Fahrspur fährt. Hochautomatisiert bedeutet aber auch, dass es einen Sicherheitssteward braucht, der an Bord sein muss – um im Notfall auch eingreifen zu können. Wenn sich beispielsweise eine Katze auf die Fahrbahn setzt, wird sie vom Fahrzeug erkannt und es stoppt. Das System ist so defensiv ausgelegt, dass es bereits das kleinste Objekt zum Stehenbleiben bringt. Und der Sicherheitssteward müsste dann manuell an der Katze vorbeisteuern.«

Bislang hat der Minibus bereits mehr als 50 000 Fahrgäste befördert und ist schon über 25 000 Kilometer selbst gefahren. Dabei sind die Fahrten kostenlos und das Tempo des Shuttles ist auf 15 km/h begrenzt, auch wenn eine Maximalgeschwindigkeit von 40 km/h möglich wäre. Vielleicht sind das genau die richtigen Voraussetzungen, um die Gesellschaft langsam an das autonome Fahren heranzuführen. Ich frage mich, ob das der Weg in die Zukunft der ländlichen Mobilität ist. Was sind Chris' Erfahrungswerte nach den letzten Jahren in Bad Birnbach?

»In Bad Birnbach wollten wir den Ortskern mit dem rund zwei Kilometer entfernten Bahnhof verbinden – als Ergänzung des bestehenden Nahverkehrs. Bei der Einführung solcher neuen Mobilitätslösungen ist es auch aus verkehrsplanerischer Sicht entscheidend, dass alle Fachgebiete eng zusammenarbeiten. Denn es reicht eben nicht, nur autonomes Fahren anzubieten. Man muss sich Gedanken über das gesamte Nahverkehrssystem machen. Wo ist der Nahverkehr gut ausgebaut? Wo fehlen Verbindungen? Und dann können autonome Shuttles gerade für die Strecken zu Verkehrsknotenpunkten eine wirklich sinnvolle Ergänzung sein, anstatt sich gegenseitig die Fahrgäste zu nehmen, denn damit werden Mobilitätsangebote ineffizient.«

Doch wird eine solch aufwendige Lösung jemals finanzierbar sein können – gerade im Kontext eines ohnehin schon herausfordernden öffentlichen Nahverkehrs in ländlichen Regionen?

Hier bin ich natürlich besonders neugierig auf Chris' Einschätzung. Und er antwortet sehr ehrlich: »Beim öffentlichen Nahverkehr diskutieren wir ja über die Daseinsvorsorge, über Mobilität für jedermann. Ich bin überzeugt davon, dass autonomes Fahren da irgendwann einen sehr wichtigen Beitrag leisten kann. Wir sprechen heute viel über kostenlosen Nahverkehr und Mobilität im ländlichen Raum. Und wir alle wollen nicht, dass der öffentliche Nahverkehr auf Dauer ein Zuschussgeschäft bleibt. Das heißt, wir müssen die Kosten so gering wie möglich halten. Welche Hebel gibt es dafür? Da ist zum einen Effizienz. Wie gestalte ich die Systematik so, dass möglichst wenig Fahrten entstehen, wir aber den Bedarf der Bürger maximal decken können? Und wie halte ich meine operativen Kosten möglichst gering? Wir wollten mit dem Pilotprojekt zeigen, dass ein dauerhafter Betrieb eines autonomen Linienverkehrs im ländlichen Raum schon heute möglich ist. Und dass ein Angebot für die erste und letzte Meile aufgebaut und sinnvoll in den bestehenden öffentlichen Nahverkehr integriert werden kann.«

Zum Abschluss frage ich ihn daher nach seinem Bild für die Zukunft der ländlichen Mobilität. Wie könnte er sich die Zukunft der Mobilität im ländlichen Raum vorstellen? »Ein Zukunftsbild für den ländlichen Raum könnte sein: mehr Angebote nach Bedarf und auf Abruf, die autonom fahren und die mit zunehmender Flexibilisierung auf die wahren Bedürfnisse der Bürger eingehen. Also weg von den großen Buslinien außerhalb der Rushhour hin zu kleineren Fahrzeugen, die einfach flexibler agieren können und gut an den ÖPNV angebunden sind. Dabei wird gerade autonomes Fahren eine wichtige Lösung für das Mobilitätsbedürfnis auf dem Land sein.«

Vielleicht könnte somit tatsächlich eine finanzierbare und attraktive Erweiterung des öffentlichen Nahverkehrs geschaffen werden. Vielleicht würden ländliche Regionen auch nicht mehr als so abgelegen wahrgenommen werden, wenn die Fahrtzeit produktiver genutzt werden könnte.

Der Erfolg des Projekts gibt dem Team von ioki in jedem Falle recht, dass fast vollständig autonome Shuttles gerade im ländlichen Raum gut funktionieren können. Das Projekt zeigt eindrucksvoll, wie grundlegend sich das Mobilitätsverhalten auch in ländlichen Regionen zukünftig verändern könnte. Ich drücke dem ganzen Team die Daumen, dass sie weiterhin die Mobilität auf dem Land revolutionieren werden.

Warum Carsharing auf dem Land noch Zeit braucht

Es gibt also schon einige bemerkenswerte Ansätze für Mobilität auf dem Land, und ich bin immer mehr davon überzeugt, dass Mobilität auf dem Land vielseitiger werden wird. Doch je mehr ich mich damit beschäftige, desto mehr merke ich, wie facettenreich, aber auch komplex das Thema Mobilität auf dem Land ist. Es ist völlig klar: So wenig, wie es den einen ländlichen Raum gibt, so wenig gibt es auch die eine Mobilitätslösung für alle ländlichen Gegenden. Zu unterschiedlich sind die lokalen Strukturen, die Herausforderungen und Bedürfnisse. Umso wichtiger ist es daher, die jeweiligen lokalen Anforderungen in den Regionen genau zu verstehen und mit Testprojekten erste Erfahrungen zu sammeln.

Dabei spielen die Kommunen eine besonders große Rolle bei der Einführung neuer Mobilitätsangebote. Nur sie können steuern, welche Angebote in ihren Regionen getestet werden, um die Lebensbedingungen zu verbessern. Dazu sind aber neben Investitionen und Förderungen vor allem eine umfangreiche Beratung und auch Erfahrungen rund um neue Mobilitätsangebote entscheidend.[5] Nur dann können Kommunen eigene Visionen entwickeln, Ziele und Maßnahmen definieren und sich so für die zu den Bedürfnissen in ihrer Region passenden Lösungen entscheiden. Im besten Falle bauen sie diese mit den angrenzenden Kommunen gemeinsam weiter aus, damit kein neuer Angebots- und Tarifdschungel entsteht.

Viele Kommunen haben diese Verantwortung bereits erkannt. Sie arbeiten an Testprojekten, stoßen Innovationen an, setzen auf dem auf, was bereits in anderen Regionen erfolgreich getestet worden ist, und stärken die kommunenübergreifende Zusammenarbeit, vor allem um Preise und Tarife zu vereinheitlichen und damit den Menschen den Einstieg und die Nutzung so einfach wie möglich zu machen.[6]

Ein besonders beliebtes Testfeld ist das Konzept des Carsharings. Denn hätte es nicht besonders viel Potenzial in Regionen, in denen das Auto ja ohnehin einen besonders hohen Stellenwert hat – an Orten, wo genug Platz und Raum für Autos vorhanden ist und das Auto gerade deswegen oft genutzt wird? Ließe sich hierüber nicht der Sharing-Gedanke im ländlichen Raum etablieren und gleichzeitig die Anzahl der privat genutzten Fahrzeuge verringern?

Carsharing scheint sich gerade in ländlichen Regionen immer größerer Beliebtheit zu erfreuen. Wer hätte es gedacht: Fast die Hälfte aller Kleinstädte in Deutschland hat mittlerweile ein Carsharing-Angebot, und auch an Orten mit weniger als 20 000 Einwohner:innen steigt die Zahl der Carsharing-Angebote kontinuierlich – mittlerweile gibt es sie in 445 Orten in Deutschland.[7]

Vielleicht ist Carsharing also eine echte Alternative für Menschen auf dem Land. Das möchte ich gern von jemandem wissen, der versucht hat, Carsharing in einer ländlichen Region zu etablieren: von Wolf Warncke. Wolf ist Geschäftsführer im Autohaus Warncke, das schon seit mehreren Generationen von seiner Familie geführt wird. Es hat rund 50 Mitarbeiter:innen und liegt im ländlichen Tarmstedt, einem kleinen Ort zwischen Bremen und Hamburg. Die Wünsche der Kund:innen aus der Region finden bei Wolf immer ein offenes Ohr. Doch seine große Leidenschaft gehört der Mobilität als Ganzes. Er fährt gern Bus, ist fasziniert von Carsharing und Elektromobilität und träumt davon, dass Menschen irgendwann keine eigenen Autos mehr besitzen. Dass dies für einen Autohändler ein eher ungewöhnlicher Wunsch ist, ist ihm durchaus bewusst. Doch er hat einen Plan: Er möchte seinen Kund:innen dann bedarfsgerecht Mobilitätspakete zusammenstellen, von Bus- und Zugtickets über vielfältige Mietautos bis hin zu Mobilitätsabonnements.

Vor sechs Jahren begann er testweise mit Carsharing in seinem Ort, einem ersten »Verleihmobil«. Doch Wolf wollte ein größeres Carsharing-Angebot aufbauen und fand schnell Mitstreiter:innen aus dem eigenen Ort und der Umgebung. Die Idee zu einem gemeinsam Carsharing-Projekt in Tarmstedt war geboren.

»Wir sind damals sicherlich ein wenig blauäugig rangegangen und starteten mit einem sehr händischen Carsharing-System, mit einer Telefonnummer an der Tür«, sagt Wolf lachend, als er mir davon erzählt. »Viele hatten Zweifel. Denn es hieß immer, es hat sowieso keinen Zweck, Carsharing auf dem Land aufzubauen. Alle haben uns für verrückt erklärt: ›Carsharing im ländlichen Raum ist schon schwierig und ihr wollt das auch noch mit Elektroautos machen – das klappt nie im Leben.‹ Aber wir wollten das Gegenteil beweisen.«

Natürlich hat das Auto in ländlichen Regionen einen hohen ideellen Stellenwert. Es ist gerade hier häufig ein Symbol von Freiheit und Unabhängigkeit. Viele Haushalte haben mindestens ein Auto, manche sogar zwei oder drei. Oftmals steht das Auto praktischerweise direkt vor der Tür und wird gern für die kürzesten Wege genutzt. Laut Wolf macht genau dieses Umfeld die Akzeptanz von Carsharing so schwer: »Viele in der Umgebung haben irrsinnig viele Autos. Ich kenne Landwirte mit sieben Autos auf dem Hof. So viele Familien haben Zweit- und Drittautos, darüber staune auch ich immer wieder. Und dieser Umstand erschwert natürlich die Akzeptanz von Carsharing.«

Nach kurzer Zeit wurde das Carsharing-Projekt in Tarmstedt professionalisiert mit einer Online-Plattform für Buchungen. Doch Wolf gibt offen zu: »Wir hätten uns schon ein wenig mehr Resonanz auf die Buchungsplattform erhofft. Aber da kommen auch weitere Faktoren hinzu, mit denen wir vorher nicht gerechnet hatten. Die Registrierung für das Carsharing war nicht einfach – man braucht eine Liveschaltung, um den Führerschein mit der Vorder- und Rückseite online von Menschen prüfen zu lassen. Und viele sagten, dass es ihnen nicht leichtgefallen sei, sich für die Carsharing-Buchungsplattform zu registrieren. Daran ist natürlich gerade die ältere Nutzergruppe gescheitert, die wenig fährt und unsere Zielgruppe wäre.«

Ein Effekt, den wir schon beim Sozio-Med-Mobil gesehen haben. Eine digitale Plattform einer nicht digitalen Zielgruppe näherzubringen, ist einfach eines der größten Probleme und nur unter großem Aufwand zu lösen. Doch selbst wenn sich dieses Problem lösen ließe – gibt es vielleicht noch andere Gründe, warum das Carsharing-Angebot so wenig genutzt wurde?

»Mir wurde einmal gesagt, dass 70 Prozent der Mobilität reine Gewohnheit seien. Dass es stark von Gewohnheiten abhängig ist, wie sich Leute ihre Mobilität einrichten«, erklärt Wolf. »Deshalb glaube ich auch, dass im ländlichen Bereich, wo wir es einfach nicht kennen, mit öffentlichen Verkehrsmitteln oder Carsharing zu fahren, eine große Umgewöhnungszeit eingeplant werden muss.«

Diese Aussage passt gut zu den Ergebnissen einer größeren Umfrage zu Mobilität auf dem Land.[8] In der sind sich 96 Prozent der Befragten in ländlichen Gebieten Deutschlands einig: Das Auto ist das wichtigste Fortbewegungsmittel auf dem Land. Und alle, die dort regelmäßig Auto fahren, sind mit ihrer persönlichen Mobilität überwiegend zufrieden. Doch sobald wir beim Thema ländliche Mobilität über das eigene Auto hinausblicken, wird die Situation schwieriger: Mehr als die Hälfte der Befragten in derselben Studie gibt an, dass der öffentliche Nahverkehr überhaupt keine Rolle für sie spiele. Und 60 Prozent unterstreichen, dass sie sich im Hinblick auf die Mobilität ausgebremst und abgehängt fühlen. Gleichzeitig sagen mehr als zwei Drittel, dass sie sich mehr erreichbare Fahrdienst- und Mobilitätsangebote wünschen.

»Viele wollten auch Carsharing während des Projekts unbedingt ausprobieren, sind dann aber nicht dazu gekommen. Unser Bürgermeister hat einmal gesagt, dass die Leute hier im ländlichen Raum mit ihrem eigenen Auto eine Lösung für ihr Mobilitätsproblem gefunden haben. Für mich ist daher klar: Das zu ändern, ist bei 70 Prozent Gewohnheit in der Mobilität einfach schwierig, das kostet Zeit. Es ist noch nicht in unseren

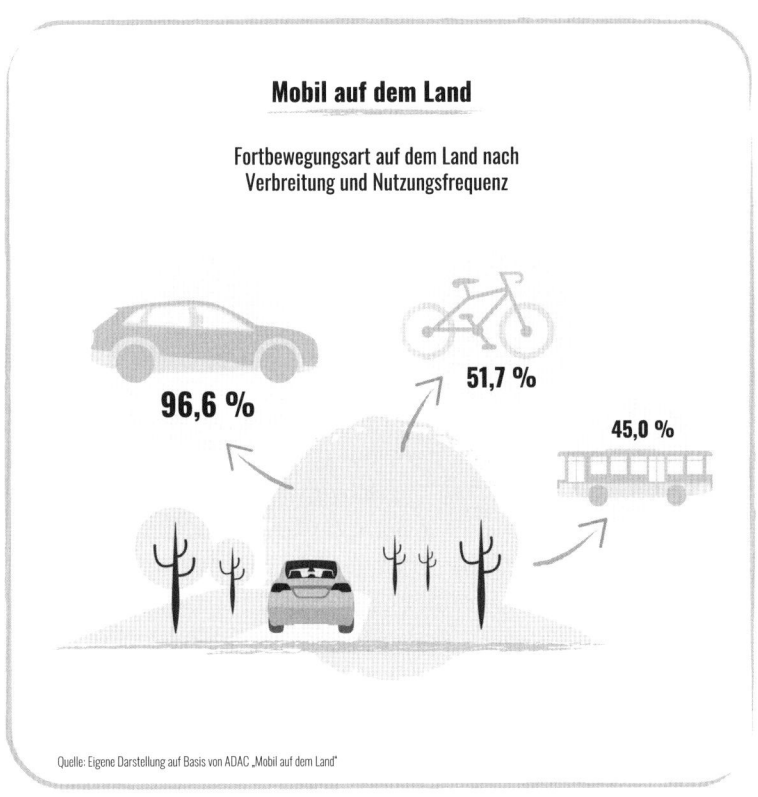

Mobil auf dem Land

Fortbewegungsart auf dem Land nach
Verbreitung und Nutzungsfrequenz

96,6 %

51,7 %

45,0 %

Quelle: Eigene Darstellung auf Basis von ADAC „Mobil auf dem Land"

Köpfen drin, dass wir auch im ländlichen Bereich unsere Mobilität verändern können. Wir müssen irgendwann einfach einsehen, dass es nicht nur das Auto gibt, sondern auch viele Alternativen.«

Wolf gehört zu denjenigen, die Carsharing im ländlichen Raum pragmatisch etablieren möchten. Ihm ist bewusst, dass es nicht möglich sein wird, die Mobilität von heute auf morgen komplett zu verändern. Carsharing muss gerade in ländlichen Regionen erst einmal auf diejenigen abzielen, die einen Zweit- und Drittwagen haben, um die Angst davor zu nehmen, einmal ganz ohne Mobilität dazustehen. Ganz nebenbei versucht Wolf, die Menschen von Elektromobilität zu begeistern.

Dass das Projekt nach einigen Jahren eingestellt wird, war von vornherein so geplant. Es war ein Projekt auf Zeit. So lautet auch das Resümee von ihm und seinen Mitstreiter:innen: »Wir würden nicht sagen, dass unser Carsharing nicht erfolgreich war. Es ist nur noch nicht so wirtschaftlich zu betreiben, dass es Gewinn abwirft. Die Menschen, die Carsharing ausprobiert haben, wissen es schon zu schätzen. Das Problem ist lediglich, dass noch nicht genug Personen Carsharing genutzt haben. Vielleicht war die Zeit nicht ausreichend oder die ländliche Bevölkerung ist einfach zu wohlhabend.«

Das Beispiel in Tarmstedt ist nicht das einzige eines Carsharing-Projekts, das nach einigen Jahren wieder eingestellt wurde. Bislang konnte sich Carsharing in vielen ländlichen Gebieten noch nicht als sich selbst tragendes Geschäftsmodell etablieren.

Doch, so verrät mir Wolf, ganz weg aus Tarmstedt ist das Thema Carsharing noch nicht. Ein letztes Auto wird im Ort noch immer geteilt, über eine private WhatsApp-Gruppe mit einem Kreis, der nach wie vor von Carsharing auf dem Land überzeugt ist. »Nutzen statt besitzen, das kommt auch langsam im ländlichen Raum an – ein wenig zeitversetzt, aber es wird sich durchsetzen«, ist sich Wolf sicher. Vielleicht braucht es einfach einen längeren Atem und etwas mehr Ausdauer, um mehr erfolgreiche Carsharing-Projekte in ländlichen Regionen zu sehen.

Wenn Fahrten geteilt werden

Die privat organisierte WhatsApp-Gruppe rund um ein geteiltes Fahrzeug zeigt übrigens eine Mobilitätslösung, die schon seit langer Zeit sehr gut in ländlichen Räumen zu funktionieren scheint. Es geht um Angebote von Vereinen, sozialen Institutionen und Genossenschaften, bei denen oftmals bereits ein gegenseitiges Vertrauensverhältnis besteht. Oder auch um Angebote von Privatleuten in geografisch abgegrenzten Gebieten, in denen sich im besten Falle viele Anwohner:innen ohnehin untereinander kennen.

Was passiert, wenn sich Bürger:innen entscheiden, den bestehenden öffentlichen Nahverkehr einfach selbst auszubauen und Mobilität neu zu denken? Der Gedanke eines sogenannten Bürgerbusses stammt ursprünglich aus Großbritannien und den Niederlanden und wurde in Deutschland schon in den 1980er-Jahren von Genossenschaften aufgegriffen. Mittlerweile feiert diese Idee eine Art Revival.

Die Bürgerbusse sind im Grunde normale Linienbusse mit festen Fahrplänen und Haltestellen. Doch gefahren werden sie von ehrenamtlichen Fahrer:innen, die sich in Bürgerbusvereinen genossenschaftlich zusammentun. »Genossenschaftlich« bedeutet in diesem Falle, dass sich interessierte Unternehmen, aber auch Privatpersonen zusammenschließen, um kooperativ den Fahrdienst selbst zu organisieren.[9] Die Verbesserung des öffentlichen Nahverkehrs wird somit zu einer Gemeinschaftsaufgabe der Menschen vor Ort, aber natürlich auch der zuständigen Verkehrsunternehmen. Da die Fahrer:innen ehrenamtlich fahren, fallen keine Personalkosten an, die stets einen großen Teil der Nahverkehrskosten ausmachen. Somit können die Tickets für einen Platz in den Kleinbussen günstig angeboten werden. Die Busse haben maximal acht Sitze, denn nur Busse bis zu dieser Größe können noch mit der üblichen Führerscheinklasse 3 und dem Fahrgastbeförderungsschein gefahren werden.

In Nordrhein-Westfalen fahren etwa 2000 ehrenamtliche Fahrer:innen für ihre Mitbürger:innen.[10] Oftmals möchten sie sich in ihrer Heimat mit einer sinnvollen Aufgabe engagieren und anderen helfen. Das Angebot ist für viele unterschiedliche Zielgruppen denkbar: für ältere Menschen, die vielleicht zum Facharzt in die Stadt müssen, aber auch Schulkinder oder Menschen, die einmal aufs Auto verzichten wollen – und manchmal ist der Bürgerbus sogar so gut ausgelastet, dass nicht alle mitgenommen werden können und die Fahrer:innen diejenigen mit dem größten Mobilitätsbedarf auswählen.[11]

Kommen die Produkte zum Menschen?

Doch neben der Frage, wie man Menschen mobil machen kann, lassen sich natürlich auch Mittel und Wege finden, um die benötigten Angebote und Dienstleistungen zu den Menschen zu bringen. Vielleicht sogar gerade dorthin, wo die vorhandene Infrastruktur erweitert werden muss. Damit sprechen wir von neuen Ideen, Angeboten, Produkten, Dienstleistungen oder sogar Geschäftsmodellen zur Lösung sozialer Herausforderungen. Das, was früher vielleicht die mobile Bücherei war, die von Dorf zu Dorf fuhr, lässt sich heute weiterdenken. Digital buchbare Supermarkt-Lieferdienste können beschwerliche Einkäufe und deren Transporte übernehmen – gerade wenn ein eigenes Auto nicht zur Verfügung steht oder nicht mehr gefahren werden kann. Mobile Duschbusse bieten Duschmöglichkeiten in umgebauten Bussen für Menschen ohne regelmäßigen Zugang zu Sanitäranlagen. Sicherlich sind noch viele weitere Ideen denkbar, wie Mobilität einen Beitrag zu sozialen Herausforderungen leisten kann – und wie Dienstleistungen durch neue Mobilitätsformen leichter zu den Menschen kommen können.

Wie spannend es sein kann, wenn mobile Lösungen auf echten sozialen Bedarf stoßen, zeigt das Beispiel von Medibus. Die Medibusse der Deutschen Bahn sind mobile Arztpraxen in einem umgebauten Bus, die mit dem Ziel eingerichtet wurden, die medizinische Versorgung in ländlichen Regionen zu verbessern.[12] Die Medibusse sind in drei Bereiche aufgeteilt: Es gibt ein Wartezimmer, einen Behandlungsraum sowie ein kleines Labor. Auf dem Dach befinden sich Solarzellen für die Stromversorgung. Für besondere Fälle können die Ärzt:innen über integrierte Videokonferenzanlagen auch Fachärzt:innen zuschalten, um Ferndiagnosen sowie Zweitmeinungen einzuholen. Besonders raffiniert ist eine Videodolmetsch-Software, die eine unkomplizierte Kommunikation mit Patient:innen mit geringen oder keinen Deutschkenntnissen erlaubt.

Das Angebot des Medibus kann somit in Gebieten mit geringer ärztlicher Versorgung ein echter Mehrwert sein und die ärztliche Versorgung dorthin bringen, wo sie am nötigsten ist. Zu den hausärztlichen Grundversorgungen gehören Erstdiagnosen, Impfungen und viele weitere Angebote. Den Betreibern des Projekts, der Deutschen Bahn und der Kassenärztlichen Vereinigung, ist es allerdings wichtig, dass eine solche mobile Praxis kein Ersatz für Hausarztpraxen ist, sondern diese ergänzt und unterstützt.[13] Zukünftig könnten Patient:innen ohne Auto sogar einen Shuttleservice zum Medibus buchen.

Der Medibus soll als Projekt weiter ausgerollt werden und wird sicherlich noch viele Nachfolger finden. Weitere Varianten in Form von mobilen Zahnarztpraxen sind bereits in Planung. Das Beispiel zeigt also gut, welche vielseitigen mobilen Lösungen zukünftig zu erwarten sein können – und das ganz besonders in unseren ländlichen Regionen.

Kapitel 6

EINE FAIRE ELEKTROMOBILITÄT

Ein Umdenken in unserer Gesellschaft

Noch vor einigen Jahren gehörten Fahrer:innen von Autos mit alternativen Antrieben abseits der herkömmlichen Verbrennungsmotoren zu einer kleinen gesellschaftlichen Randgruppe. Sie wurden oft belächelt für ihr ökologisches Bewusstsein und den Wunsch, durch individuelle Mobilität die Umwelt nicht mehr als nötig zu belasten. Pragmatismus wog für sie mehr als Design, Fahrleistung, Ausstattung und Image.

Mittlerweile hat sich das Blatt gewendet. Nicht nur die Fridays-for-Future-Generation zeigt kritisch auf die Emissionswerte von herkömmlichen Fahrzeugen. Größere Autos verlieren ihren Stellenwert als Statussymbol, der Dienstwagen wird immer häufiger infrage gestellt, geländetaugliche Sportwagen werden in Städten mehr und mehr zur Last. Die Automobilkonzerne verändern ihre Strategie hin zur Elektromobilität. Die Nachfrage nach Elektroautos steigt rasant[1] und zeigt: Elektroautos werden heute zum Symbol des Umdenkens und Ausdruck einer neuen Haltung.

Welche Konsequenzen hat die Umstellung auf Elektromobilität aus einer gesamtgesellschaftlichen Perspektive? Genau hier möchte ich einsteigen: Ob es sich um das Carsharing-Fahrzeug handelt, um das Auto im Abo, um das Transportfahrzeug auf Zeit oder den Nahverkehrsbus – der etablierte Automarkt wird derzeit vollständig auf den Kopf gestellt. Die Elektromobilität zieht zunehmend und merklich in unseren Alltag ein, in Form von eigenen oder geteilten Elektroautos, aber auch von E-Bikes, E-Scootern, E-Rollern und E-Shuttles. Mit dem neuen Antrieb entsteht ein Ökosystem rund um Elektromobilität, bestehend aus Ladestationen, ausgewiesenen Parkplätzen und Fahrstreifen für E-Fahrzeuge genauso wie neuen Dienstleistungen und Apps.

Doch für mich stellt sich dadurch auch eine Vielzahl an neuen Fragen, die ich gerne gemeinsam mit Ihnen erkunden möchte. Welche soziale Verantwortung entsteht im Zuge der Wende zur Elektromobilität? Wieso ist die Herstellung einer Batterie so schwierig und wie passt das zusammen mit einem menschenorientierten Zukunftsbild der Elektromobilität? Und was genau hat Blockchain mit Menschenrechten zu tun?

Wann ist Elektromobilität wirklich nachhaltig?

Mir ist bewusst, dass die Nachhaltigkeit von Elektromobilität und vor allem die Herkunft der Bestandteile einer Batterie schwierige und sehr komplexe Themenfelder sind. Endgültige Antworten auf die damit verbundenen Fragen zu finden, wird im Rahmen dieses Buchprojekts kaum möglich sein. Dennoch ist es wichtig, sich diese Fragen immer wieder zu stellen und – bei allen offensichtlichen Vorteilen der emissionsfreien Antriebe – auch die gesamtgesellschaftlichen Herausforderungen der E-Mobilität zu bedenken.

Ich spreche dazu mit der Vorständin des Volkswagen Konzerns Hiltrud Dorothea Werner. Sie verantwortet bei Volkswagen die Themen Integrität und Recht für die über 670 000 Mitarbeiter:innen an 125 Standorten weltweit. In ihren Verantwortungs- und Aufgabenbereich fällt auch das Thema Menschenrechte – und das nicht nur in der Umsetzung in den Prozessen des Konzerns, sondern auch in der Zusammenarbeit mit Zigtausenden Geschäftspartner:innen. In vielen Situationen und Gesprächen habe ich erlebt, wie Hiltrud Werner auch die gesellschaftlichen Aspekte des Wirtschaftens achtet.

Auf meine Frage, ob und wann wir Elektrofahrzeuge wirklich guten Gewissens als nachhaltig bezeichnen können, antwortet sie: »Bei Nachhaltigkeit geht es nicht nur um die Stromerzeugung, damit beschäftigt sich die Gesellschaft im Moment intensiv. Gleichzeitig muss es aber auch um die Zweit- und Drittverwendung der Batterien und auch um das Recycling von Batterien gehen. Bislang sind wir aber noch nicht in der Sättigungsphase der Elektromobilität. Und das bedeutet, dass wir diese gesamten Werkstoffkreisläufe noch gar nicht sehen. Aber da werden wir hinkommen.«

Für Hiltrud Werner ist also klar: Wenn man die Umweltfreundlichkeit eines Elektroautos beurteilen möchte, muss man alle Aspekte des Fahrzeugs betrachten, seine Nutzung wie auch seine Herstellung. Wenn wir also sagen, dass das Elektroauto nachhaltig ist, wenn es mit nachhaltigem Strom geladen wird, wäre das nur die halbe Wahrheit. Auch die Produktion des Fahrzeugs und insbesondere die Herstellung der Batterie müssen mitbetrachtet werden.

Die Produktion von Batterien ist energieintensiv. Auch deshalb erzeugt die Produktion eines Elektrofahrzeugs in vielen Fällen deutlich mehr CO_2 als die eines vergleichbaren Autos mit konventionellem Antrieb. Man könnte also sagen, dass ein Elektrofahrzeug gegenüber herkömmlichen Autos schon vor dem ersten Kilometer mit einer schlechteren CO_2-Bilanz startet, dem sogenannten Klimarucksack. Neuere Studien zeigen allerdings, dass dieser Rucksack deutlich leichter ist, als in früheren Schätzungen angenommen.[2]

Im Gesamtpaket ist das Elektrofahrzeug also dann nachhaltig, wenn schon bei der Herstellung der Batteriezelle alternative Energien eingesetzt werden und im zweiten Schritt das Elektroauto konsequent mit regenerativ erzeugtem Strom geladen wird. Einfache Faustregel: Je emissionsfreier der Strom zum Laden ist, desto umweltfreundlicher wird auch das Elektroauto während seiner Laufzeit. Denn wenn der Strom für das Laden der Batterie nicht aus umweltfreundlichen Quellen bezogen wird, werden Emissionen lediglich verlagert und nicht reduziert.

Wenn also auf diese beiden Aspekte geachtet wird, dann kann die Klimabilanz eines Elektrofahrzeugs im Vergleich zu einem Auto mit Verbrennungsmotor deutlich besser sein. Das sieht auch Hiltrud Werner: »Wir werden zukünftig den gesamten Werkstoffkreislauf vollständig betrachten. Ich bin hundertprozentig davon überzeugt, dass die nachfolgenden Generationen verstanden haben werden, dass sie das technisch

Mögliche auch praktisch umsetzen müssen, um sich ihre Lebenswelt zu erhalten. Da bin ich sehr optimistisch.«

Dieser Werkstoffkreislauf und die Verantwortung für die Gesellschaft interessieren mich besonders. Doch bevor wir uns näher mit den Auswirkungen dieses Kreislaufs und möglichen Lösungen befassen, sollten wir uns mit dem Herzstück der Elektromobilität auseinandersetzen, um die Effekte besser verstehen zu können.

Die Batterie und ihre Rohstoffe

Werfen wir einen Blick auf das Herz der Elektromobilität: die wiederaufladbare Batterie von Elektrofahrzeugen. Von Generation zu Generation verbessert sich diese Batterie in hoher Geschwindigkeit, bezogen auf Reichweite, Gewicht, Effizienz und Wirkungsgrad.

Hiltrud Werner erklärt, dass es bei der heutigen Variante der Batterie nicht bleiben wird: »Ich bin vollständig davon überzeugt, dass sich die chemische Zusammensetzung der Batterie weiter verändern wird. Es gibt da viele gute Ansätze. Auch Volkswagen beteiligt sich an Start-ups, die in diese Richtung forschen. Und ich denke schon, dass wir in den nächsten fünf bis zehn Jahren in vielerlei Richtung noch revolutionäre Ansätze sehen werden.« Die Hoffnung ruht auf dem sogenannten Festkörperakku, der in Zukunft noch deutlich mehr Reichweite und schnelleres Laden als heutige Akkus ermöglichen soll.

Doch ohne seltene Rohstoffe kommen die Batterien bisher noch nicht aus. Für eine rund 400 kg schwere Batterie braucht es heutzutage etwa 100 kg Grafit, 32 kg Nickel, 11 kg Kobalt, 10 kg Mangan und 6 kg Lithium.[3] Die immer höhere Nachfrage nach Elektroautos führt zu einer immer höheren Nachfrage nach diesen – zum Teil doch sehr seltenen – Rohstoffen weltweit.

Diesen Rohstoffbedarf möchte ich auch aus sozialer Perspektive betrachten: Die Rohstoffe sind knapp, und es ist nicht absehbar, wie viel es von ihnen mittelfristig geben wird. In dem internationalen Wettbewerb um diese Rohstoffe geht es neben dem steigenden Preis auch um Förderbedingungen und um Fragen nach globaler Verantwortung und Gerechtigkeit. Auch diese Punkte müssen bei einer ganzheitlichen Betrachtung von Elektromobilität eine zentrale Rolle einnehmen.

Einige der für die Batterieherstellung besonders wertvollen Rohstoffe, wie Kobalt oder Nickel, werden in erster Linie in Regionen abgebaut, die große soziale und politische Defizite und Ungleichheiten aufweisen, in denen Korruption vorherrscht und Menschenrechte teils massiv verletzt und missachtet werden. In den Minen werden die Rohstoffe oftmals unter Bedingungen gewonnen, die der Gesundheit der Menschen und unserer Umwelt kaum Rechnung tragen. Viele der Minen stehen direkt oder indirekt unter der Kontrolle von lokalen Warlords. Die Erträge kommen leider nur selten bei der lokalen Bevölkerung an.

Schauen wir uns einige der Schlüsselrohstoffe für die Batterie in Elektroautos und deren Herkunft genauer an.

Da wäre zunächst einmal Lithium, oft auch als »weißes Gold« bezeichnet. Der Großteil der weltweiten Vorkommen liegt in Chile, Argentinien und Bolivien – passenderweise auch das Lithiumdreieck genannt – sowie in Australien. Während in Australien und einigen weiteren Ländern Lithium überwiegend aus dem Erzbergbau stammt, wird es in Südamerika vor allem aus Salzseen gewonnen: Lithiumhaltiges Salzwasser wird aus unterirdischen Seen an die Oberfläche gepumpt und verdunstet über mehrere Monate in großen Auffangbecken. Übrig bleibt eine Salzlösung, in der das Lithium enthalten ist. Auch wenn dieser Prozess sehr langwierig ist, ist die Produktion insgesamt profitabler als die Gewinnung aus dem Erzbergbau.

Der Abbau der Lithiumreserven über Salzseen wird aber zunehmend kritisiert. Der Grund dafür ist der extrem hohe Wasserverbrauch – für eine Tonne Lithium werden fast 2 Millionen Liter Süßwasser aus der Erde benötigt.[4] Damit kann dieses Verfahren den Grundwasserspiegel in der ohnehin heißen und trockenen Region gefährden. Lokale Gemeinden beklagen einen zunehmenden Wassermangel, der Landwirtschaft und Viehzucht erschwert. Die genauen Effekte der Lithiumgewinnung auf das Ökosystem und die Lebensgrundlagen der indigenen Gemeinden sind umstritten.[5] Einige Studien prognostizieren für die entsprechenden Regionen Wasserknappheit, eine Versalzung der Böden, eine mögliche Austrocknung und warnen vor sozialen Konflikten.[6] Die derzeitigen Abbaumethoden stehen sicherlich nicht in Einklang mit dem Konzept »Vivir bien«, des »guten Lebens«, das zum Verfassungsprinzip beispielsweise in Bolivien erhoben wurde, um den Schutz der Natur über industrielles Wachstum zu stellen.[7]

Auch Kobalt zählt zu den Schlüsselrohstoffen für jegliche Art von Batterien. Mehr als die Hälfte der weltweit bekannten Kobaltreserven liegt in der Demokratischen Republik Kongo. Das macht diese zu dem weltweit wichtigsten Abbaugebiet. Die Förderung erfolgt überwiegend durch den industriellen Großbergbau, also durch große Unternehmen, die grundsätzlich internationalen Standards unterworfen sind.

Tausende Arbeitsplätze und die Lebensgrundlage vieler Familien hängen jedoch am Kleinbergbau, wo häufig unter katastrophalen Bedingungen, ohne Helme, Schutzbekleidung, Atemmasken oder Sicherung der Arbeitsplätze, gearbeitet wird.[8]

Trotz dieser schlechten Bedingungen und dem Risiko von Unfällen in den ungesicherten Minen: Die Arbeit im Kleinbergbau bleibt für viele aus finanziellen Gründen hoch attraktiv und trägt damit zur lokalen Einkommensentwicklung bei. Sie reduziert die Armut in einem Land, das nach wie vor zu den ärmsten der Welt gehört.[9]

Neben den riskanten Arbeitsbedingungen ist ein weiteres großes Problem in diesem Zusammenhang die Kinderarbeit. Immer wieder machen Berichterstattungen darauf aufmerksam, dass Kinder unter zwölf Jahren in den gefährlichen Minen arbeiten, um zum Lebensunterhalt der Familien beizutragen. Auch deshalb steht der Kobaltabbau zunehmend im Fokus öffentlicher Diskussion.[10]

Arbeitsbedingungen können strukturell nur verbessert werden, wenn Unternehmen in die Mitverantwortung und in die Pflicht genommen werden. Die Hersteller von Batterien bemühen sich, den Einsatz der kritischen Rohstoffe zukünftig nach Möglichkeit zu reduzieren. Es wird an Ersatzmaterialien und alternativen Rohstoffen geforscht, die vergleichbar gute Eigenschaften aufweisen wie die bisher verwendeten Rohstoffe, um diese zukünftig ersetzen zu können. Denkbar sind beispielsweise kobaltfreie Batterietechnologien, die deutlich umweltschonender und gleichzeitig günstiger sein könnten – so wie es beispielsweise Tesla[11], aber auch Volkswagen[12] bereits ankündigten.

Bis dahin sind auch die verarbeitenden Elektronik- und Autounternehmen in der Pflicht. Sie müssen bei der Kontrolle der Lieferketten zur Beschaffung von Kobalt auch die sozialen Bedingungen sorgfältig prüfen. Doch wie kann das funktionieren, wenn die Lieferketten weltweit aus zahlreichen kleinen und großen Unternehmen bestehen? Lässt sich die Globalisierung solidarisch und fairer gestalten?

Von verantwortungsvollem und fairem Rohstoffbezug

Die Vereinten Nationen haben in den »Leitprinzipien für Wirtschaft und Menschenrechte« festgehalten, welche Verantwortung Länder bezogen auf die globalen Lieferketten zu übernehmen haben.[13] Demzufolge haben Regierungen die Pflicht, die Menschenrechte ihrer Bevölkerung zu achten, zu schützen und zu gewährleisten, die sogenannte »Pflichtentrias«.

Bei der Vergabe von Lizenzen für den Rohstoffabbau balancieren Regierungen zwischen wirtschaftlichen Interessen und den Interessen der lokalen Bevölkerung. Oftmals gibt es durchaus Gesetze, Vorschriften und Verhaltenskodizes zu Sicherheit, Arbeits- und Umweltschutz sowie ein Verbot von Kinderarbeit. Doch oft werden sie von staatlicher Seite nicht konsequent umgesetzt und nachverfolgt, teilweise sogar ignoriert. Dabei könnte der Rohstoffreichtum gerade in einem Land mit einer so armen Bevölkerung wie in der Demokratischen Republik Kongo dabei helfen, die Lebensumstände der Menschen signifikant zu verbessern. Hohe Umwelt- und Sozialstandards in den jeweiligen Abbauregionen sind daher nicht nur einzufordern, sondern auch auf staatlicher Ebene sicherzustellen.[14]

Die Vereinten Nationen nehmen in ihren Leitprinzipien dabei explizit die rohstoffverarbeitenden Unternehmen in die Pflicht. Demnach haben multinationale Konzerne Menschenrechte in ihren Geschäftsbeziehungen zu achten und menschenrechtliche Risiken und Auswirkungen zu untersuchen, zu berichten sowie Maßnahmen zur Abwendung der Risiken zu ergreifen.[15] Es liegt also eine große Verantwortung für einen einwandfreien Abbau und Transport der betreffenden Rohstoffe insbesondere bei den importierenden und verarbeitenden Unternehmen. Diese müssen dafür sorgen, dass der Schutz der Menschenrechte über die weltweiten Lieferketten sichergestellt wird.

Deutschland hat dies nun in einem Gesetz verankert, denn die bisherige freiwillige Selbstverpflichtung wurde nur von einem Teil der Unternehmen umgesetzt. Das neue Lieferkettengesetz verpflichtet Unternehmen in Deutschland in den kommenden Jahren stärker zur Wahrung von Umweltstandards und insbesondere von Menschenrechten bei ihren Lieferanten im Ausland, andernfalls drohen Bußgelder.[16] Die deutsche Industrie steht beim Verbrauch metallischer Rohstoffe weltweit an fünfter Stelle. Dabei ist sie fast ausschließlich auf Importe aus dem Globalen Süden angewiesen und trägt damit sicherlich eine Mitverantwortung für die Situation in den Abbaugebieten.[17] Dieses neue Lieferkettengesetz ist ein wichtiger Schritt, um den globalen Schutz der Menschenrechte zu stärken. Denn damit werden Unternehmen zukünftig mehr Verantwortung für das übernehmen, was in anderen Teilen der Welt für deutsche Unternehmen und damit für uns als Konsument:innen erarbeitet wird. Gleichzeitig wären solche Gesetzesinitiativen auf europäischer Ebene noch wünschenswerter, damit alle Unternehmen im Wirtschaftsraum Europa gleiche Wettbewerbsbedingungen vorfinden. Dadurch wäre es möglich, noch wirksamer globale Verantwortung zu übernehmen.

Viele Hersteller von Elektroautos formulieren ihre Erwartungen an das ethische und unternehmerische Handeln der eigenen Geschäftspartner in Richtlinien oder Codes of Conduct. Doch lässt sich über zahlreiche Rohstoffzulieferer aus der ganzen Welt der Schutz der Menschenrechte und damit eine nachhaltige, aber auch soziale Rohstoffbeschaffung sicherstellen? Auch diese Frage stelle ich Hiltrud Werner.

»Wir bewerten Lieferanten neben vielen anderen Faktoren auch danach, wie diese bei der Achtung der Menschenrechte aufgestellt sind, und knüpfen daran unsere Vergabeentscheidungen: Bei dem sogenannten S-Rating werden die ökologische und soziale Nachhaltigkeit inklusive der Menschenrechte und die Integrität von direkten Lieferanten bewertet. Doch wir als Hersteller können noch mehr tun. Beispielsweise durch Einsatz der Blockchain-Technologie, um die Herkunft von Rohstoffen zweifelsfrei bis zum Erzeuger nachverfolgen zu können«, erzählt Hiltrud Werner. »Denn für Unternehmen ist es oft herausfordernd, konkrete, ungefärbte Informationen zu erhalten, die eine echte, umfassende Einschätzung menschenrechtsrelevanter Situationen ermöglichen.«

Das möchte ich gern besser verstehen: Lassen sich über Blockchain die Wege der Rohstoffe tatsächlich nachverfolgen? Vielleicht haben wir ja sogar eine moralische Pflicht, nach Ansätzen zu suchen, mit deren Hilfe sich der Bezug der Rohstoffe verantwortungsvoller, solidarischer und fairer gestalten und eine Umverteilung der Gewinne erwirken lässt, damit unter menschenwürdigen Arbeitsbedingungen gearbeitet werden kann und auch die lokale Bevölkerung profitiert. Kann die Blockchain-Technologie ein solcher Ansatz sein?

Ein Hoffnungsschimmer namens Blockchain

Der Handel von Mineralien und Metallen ist mit einem Handelsvolumen von über 500 Milliarden Euro ein riesiges Geschäftsfeld.[18] Doch neben den großen, zertifizierten Minen, die nach internationalen Standards arbeiten, finden sich immer wieder unregulierte (Kleinst-)Minen, die ihre Rohstoffe deutlich billiger anbieten. Sie nehmen dafür prekäre Arbeitsbedingungen in Kauf. Der Weltmarkt bietet aufgrund der Konkurrenz um den niedrigsten Preis einen Anreiz, diese Rohstoffe vorbei an allen Regularien zu erwerben. Alle Rohstoffe – sowohl aus Industrieminen als auch aus dem illegalen Kleinbergbau – landen in den gleichen Raffinerien. Die tatsächliche Herkunft in den verschachtelten globalen Lieferketten ist so nicht mehr nachvollziehbar. Am Ende lässt sich kaum noch nachweisen, dass nur ethisch produzierte Rohstoffe verwendet wurden, selbst wenn es so sein sollte. In dieser Komplexität kann die Blockchain-Technologie eine Lösung sein. Wie genau funktioniert das?

Ich lerne Volker Krümpel kennen, einen der Gründer der Minespider AG, die als Start-up auch mit einem Team in Berlin aktiv ist. Mit seinen beiden Gründungs-partner:innen ist er angetreten mit dem Ziel, den Mineralienabbau welt-weit per Blockchain verantwortungs-voller und transparenter zu gestalten.[19] Blockchain ist eine digitale Technologie, die Daten untrennbar miteinander verkettet und verschlüsselt. Ein Datensatz – egal über wie viele Stufen und Wege er geht – kann dadurch bis zu seinem Ursprung zurückverfolgt werden. Eventuelle Manipulationen der so übermittelten Daten können entlang dieser Kette jederzeit identifiziert werden.

Mit Blick auf Rohstoffe bedeutet das also, dass diese Technologie eine Rückverfolgung bis zu deren Ursprüngen ermöglichen kann. Das klingt sehr spannend und vor allem vielversprechend. Denn das heißt ja, dass auf diese Weise eine Lieferkette von der Förderung des Rohstoffs über den Transport und die Verarbeitung bis hin zum Einsatz der Rohstoffe trans-parenter und sicherer werden kann, und eine transparente Lieferkette ist schließlich die Grundlage, um Missstände aufdecken und wenn nötig ge-gensteuern zu können.

Volker erklärt, dass für erfolgreiche Transaktionen von Rohstoffen vor allem zwei Arten von Dokumenten wichtig sind: Zum einen können Kauf- und Lieferbelege dem Nachweis dienen, wer die Lieferanten sind, woher die Mineralien stammen und welche Mengen eingekauft und geliefert wurden. Zum anderen können Belege zur Einhaltung von sozialen und ökologischen Standards, wie beispielsweise über Audits und Zertifikate von externen Gutachter:innen, dazu dienen, die Nachhaltigkeit entlang der Lieferkette zu bewerten. Sie können also Auskunft geben über die Ar-beitsbedingungen in den offiziellen Minen genauso wie über die Einhal-tung von Sozial-, Sicherheits-, Antikorruptions- und Umweltstandards. So lässt sich gegebenenfalls bezeugen, dass die Rohstoffe zum Zeitpunkt der Begutachtung ohne Kinderarbeit gefördert wurden, und es ist zudem

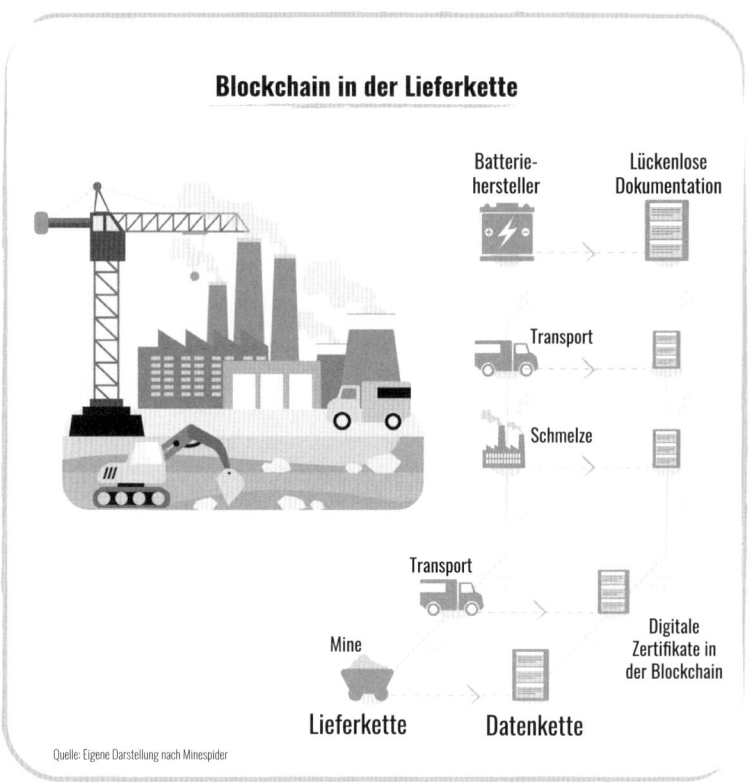

Blockchain in der Lieferkette

Batteriehersteller
Lückenlose Dokumentation
Transport
Schmelze
Transport
Mine
Digitale Zertifikate in der Blockchain

Lieferkette   Datenkette

Quelle: Eigene Darstellung nach Minespider

möglich, auf viele weitere soziale und ökologische Anforderungen einzugehen. Beide Arten von Dokumenten sind wichtig, um zu überprüfen, ob die Förderbedingungen rechtlich und ethisch korrekt sind, und diesbezügliche Risiken zu bewerten.

Leider lassen sich elektronische Dokumente und Kopien davon bislang sehr leicht fälschen, sie sind damit nicht immer verlässlich. Werden beispielsweise Dokumente im PDF-Format entlang der Lieferkette einfach per E-Mail weitergereicht, können Empfänger:innen dieser Datei kaum ansehen, ob sie zwischenzeitlich manipuliert wurde.

»Woher weiß ich denn, dass niemand die Dokumente manipuliert hat, die im Zweifelsfall um die ganze Welt gehen? Das ist eine zentrale Frage beim weltweiten Handel von Mineralien und seltenen Rohstoffen«, sagt

Volker. »Stimmt das Datum? Ist die beschriebene Menge am Ende der Kette noch plausibel oder passt die Summe der entlang der Lieferkette dokumentierten Mengen nicht zu den Kapazitäten der betreffenden Minen und weiterer Verarbeiter? Sind die sonstigen Angaben in den Zertifikaten und weiteren Dokumenten plausibel oder wurden die ursprünglichen Daten beispielsweise zur Herkunft, zum Gutachter und zum Zeitraum der Begutachtung später noch mal geändert?«

Er fährt fort: »Die Blockchain-Technologie kann es ermöglichen, Daten zu den Transaktionen in der weltweiten Lieferkette zu verschlüsseln und sie entlang der Lieferkette dezentral und unveränderbar zu speichern und weiterzugeben, sodass die relevanten Daten beispielsweise von der Herkunft der Rohstoffe bis hin zu der Übereinstimmung mit den einschlägigen sozialen und ökologischen Standards zurückverfolgt und bewertet werden können. Und damit lässt sich zum ersten Mal ein System in den weltweiten Lieferketten aufbauen, das nicht von Einzelnen manipuliert werden kann.«

Vereinfacht ausgedrückt liegt also ein digitaler Mechanismus dahinter, der es unmöglich macht, ein Dokument unbemerkt zu manipulieren. Technisch gesprochen stimmen dann die Verschlüsselungsergebnisse des entsprechenden Logarithmus nicht mehr überein.

Die große Chance der neuen Technologie in der Lieferkette liegt also darin, die Echtheit der Dokumente und ihre Herkunft nachzuweisen, sodass sichergestellt werden kann, dass die Informationen über die Rohstoffe und ihre Lieferanten korrekt sind, und das über ein globales Netz an Unternehmen mit Weiterverkäufern, Zwischenhändlern und Lieferanten über Ländergrenzen in der ganzen Welt hinweg.

Das hat mehrere Vorteile: Zunächst wird eine Fälschung eines Zertifikats, eines Siegels oder eines Gutachtens damit nachweisbar und nachverfolgbar. Damit wird der Anreiz, ein Gutachten oder Zertifikat zu fälschen, geringer. Gleichzeitig stärkt die Transparenz genau die Unternehmen, die bereits nachhaltig und regelkonform arbeiten.

Volker ist es besonders wichtig, dies zu betonen: »Es gibt jede Menge Zulieferer, die sehr genau und ehrenwert arbeiten. Aber kaum jemand bekommt das mit, da sich diesbezügliche Informationen über die vielen

Transaktionen hinweg verlieren und untergehen. Und plötzlich erhält Transparenz in der Lieferkette über die Technologie von Blockchain einen echten Wert. Der ganze Aufwand, den diese Unternehmen betreiben, der viel Zeit und Geld kostet, kann für alle Beteiligten der betreffenden Lieferkette sichtbar werden und von ihnen anerkannt und honoriert werden. Denn bislang ist es häufig so, dass eine ordnungsgemäß arbeitende Mine zwar den Aufwand und die Kosten für die Zertifizierung tragen muss, aber kaum von der Zertifizierung profitiert. Wohingegen am anderen Ende der Lieferkette, zum Beispiel in der Automobilindustrie, die Transparenz und die Zertifikate zwar angefordert, aber oft nicht direkt vergütet werden. Zugleich lässt sich deren Aufwand zur sorgfältigen Prüfung (Due Diligence) leichter auf die kritischen Bereiche in der Lieferkette fokussieren, was wiederum mehrfachen bzw. unverhältnismäßigen Prüfungsaufwand entlang der gesamten Lieferkette reduzieren kann. Damit kann die Blockchain-Technologie für diejenigen, die transparent arbeiten, eine Chance und einen Wettbewerbsvorteil bieten. Und für diejenigen, die das nicht tun, wird der Markt immer enger, kleiner und letztlich unrentabler. Damit können wir Jahr für Jahr und Stück für Stück den Prozentsatz an transparenten Lieferanten in der Lieferkette erhöhen.«

Kann diese Technologie auch denjenigen helfen, die im problematischen Kleinbergbau mit schlechten Arbeitsbedingungen arbeiten? Die dort arbeiten, wo die Minenbesitzenden weder Geld noch Zeit in Gutachten und Zertifikate für bessere Arbeits- und Umweltbedingungen investieren? Vielleicht wäre es einfacher, Minen aus Konfliktregionen vollständig auszuschließen, um kein Risiko einzugehen. Doch das würde die Lebensgrundlage von vielen Tausenden Menschen gefährden.

Ein Problem, das auch bei Minespider erkannt wurde. Volker arbeitet mit seinem Team bereits an Lösungen: »Wir können mit der technologischen Verknüpfung und der höheren Transparenz zugleich Anreize dafür schaffen, dass sich auch für diejenigen, die zum Beispiel im Kleinbergbau arbeiten, eine wirtschaftlich sinnvolle Alternative bietet gegenüber illegalen Vorgehensweisen und intransparenten Anbietern bzw. Abnehmern. Dies kann zum Beispiel über den Zusammenschluss von Kleinbergbauern in einer sozial, ökologisch und transparent arbeitenden Kooperative erfolgen, also einer Art formalisierten und selbstverwalteten Arbeitsgemeinschaft. Über die direkte elektronische Verknüpfung kann der betreffende Kleinbergbauer bzw. dessen Kooperative für alle in der transparenten Lieferkette sichtbar und adressierbar werden. Indem wir zeigen, dass es diese Alternativen und eine Verbindung zu ihr gibt, können diejenigen, die eine nachhaltige Tätigkeit der Kleinbauern und ihrer Kooperativen fördern wollen, ihre Nachfrage erhöhen und infolgedessen auch das Angebot steigern. Das kann den Beteiligten direkt zeigen, dass sich der Aufwand lohnt und die Transparenz auch einen finanziellen Mehrwert hat. Und wenn wir die Industrie dazu bewegen können, dass sie einen kleinen Teil gerade von diesen Kooperativen einkauft, wäre das für die betreffenden Kleinbergbauern und die lokale Bevölkerung oftmals schon ein riesiger Schritt.«

Welche Chancen bietet Blockchain also für die Lieferketten weltweit? Volker lässt sich Zeit zum Nachdenken, bevor er antwortet: »Selbst wenn wir es wollten, können wir die Welt nicht von heute auf morgen ändern. Aber mit mehr Transparenz in der Lieferkette schaffen wir schon einmal einen wichtigen ersten Schritt.«

Übrigens gibt es ein internationales Blockchain-Konsortium (Mobility Open Blockchain Initiative), dem fast alle großen Automobilhersteller und Zulieferunternehmen beigetreten sind. Gemeinsam werden hier Standards festgelegt, damit Blockchain in den weltweiten Lieferketten gemeinsam eingesetzt werden kann, um diese manipulationssicher und transparent zu machen. Damit gibt es eine echte Chance, zukünftig nur noch auf eine ethisch korrekte Förderung von Rohstoffen für die Batterieherstellung zu setzen.

Das Leben einer Batterie nach dem Auto

Neben der Herstellung der Batterie und der heiklen Frage, woher die dafür benötigten Rohstoffe ursprünglich kommen, ist es auch wichtig, sich Gedanken darüber zu machen, was später mit der Batterie geschieht, wenn sie ihren Dienst im E-Auto getan hat.

Wenn es darum geht, Rohstoffe aus Batterien bestmöglich und langfristig zu nutzen, ist Wiederverwendung das Zauberwort und der wesentliche Schlüssel, auch für Vorständin Hiltrud Werner: »Wir haben gesehen, dass rein vom wirtschaftlichen und technischen Stand über 90 Prozent einer Batterie tatsächlich recycelt werden können«, sagt sie. »Es gibt sogar viele, die von knapp 99 Prozent sprechen. Wenn wir davon ausgehen, dass nach einer Grundsättigung des Marktes, wenn Millionen von Batterien im Umlauf sind, keine neuen Rohstoffe mehr gebraucht werden, keine neuen seltenen Erden verwendet werden müssen und ein gleichbleibend großer Fahrzeugpool an Elektrofahrzeugen immer wieder mit Batterien versorgt werden kann – dann würde ich sagen: Ja, die Elektromobilität ist nachhaltig.«

Eigentlich, so scheint es, ist es also ziemlich einfach. Die Elektromobilität muss für maximale Nachhaltigkeit dem Prinzip der Kreislaufwirtschaft mit größter Konsequenz folgen: Produkte müssen so lange wie möglich genutzt, wiederverwendet, repariert, wiederaufbereitet und recycelt werden. Um die Batterien auch nach ihrer Nutzung sinnvoll verwenden zu können, gehen viele Überlegungen dahin, einen sinnvollen Zweiteinsatz zu finden und der Batterie ein »Second Life« – ein zweites Leben – zu ermöglichen. Denn auch wenn eine Batterie für den Einsatz im Auto vielleicht nicht mehr leistungsfähig genug ist, kann sie für weniger anspruchsvolle Aufgaben durchaus weiterverwendet werden.[20] So werden eine Zweit- und Drittnutzung über viele weitere Jahre durchaus realistisch.

Erste Projekte und Geschäftsmodelle beschäftigen sich bereits damit, neue Einsatzmöglichkeiten für alte Elektrobatterien zu suchen. Somit entstehen viele neue Geschäftsfelder rund um das zweite Leben von bereits benutzten Batterien – der Kreativität sind keine Grenzen gesetzt. Die Geschäftsmodelle reichen von flexiblen Schnellladesäulen bis hin zum Laderoboter. Auch Anwendungen im privaten Haushalt sind denkbar: So möchte beispielsweise das Aachener Start-up Voltfang aus alten Elektroauto-Akkus eine autarke Stromversorgung für Privathaushalte anbieten. Es bietet mit seinen Hausspeicherlösungen eine unabhängige und umweltfreundliche Stromversorgung an, die sich mit bestehenden Photovoltaikanlagen kombinieren lässt.

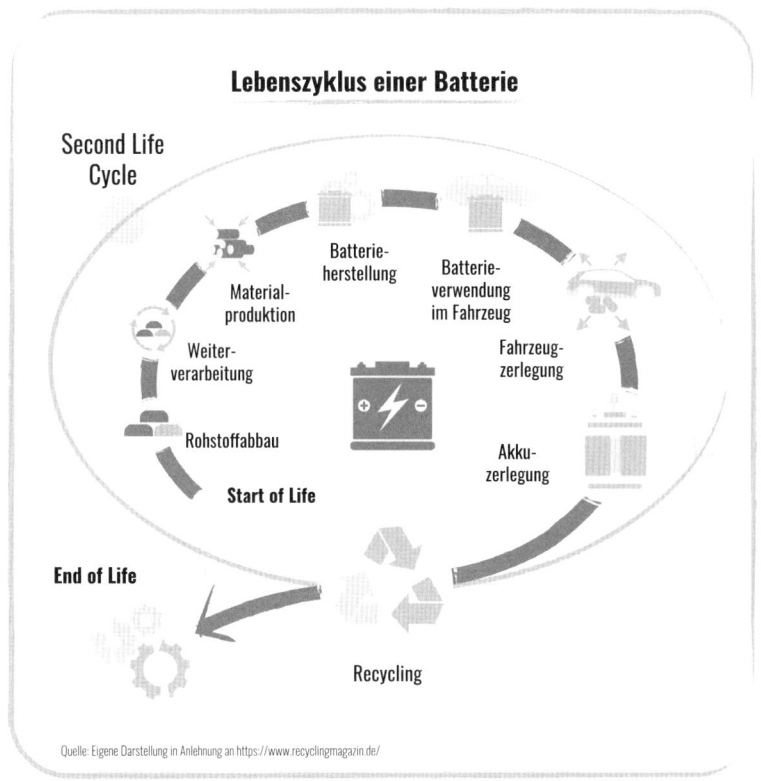

Lebenszyklus einer Batterie

Second Life Cycle

Batterieherstellung

Materialproduktion

Batterieverwendung im Fahrzeug

Weiterverarbeitung

Fahrzeugzerlegung

Rohstoffabbau

Start of Life

Akkuzerlegung

End of Life

Recycling

Quelle: Eigene Darstellung in Anlehnung an https://www.recyclingmagazin.de/

Auch im Volkswagen Konzern erhalten Batterien ein zweites Leben. Unter anderem werden sie in fahrerlosen Transportsystemen in der Produktion eingesetzt. Diese sehen aus wie flache, eckige Roboter, die leise und fast unauffällig in der Lage sind, Bauteile, Kisten und Paletten bis hin zu ganzen Arbeitsstationen in der Produktion automatisiert von einem Ort zum anderen zu transportieren.[21]

Was ist aber, wenn die Batterien schlussendlich doch am Ende ihres Lebens angekommen und nicht mehr anders nutzbar sind? Dann gilt es, Elektrobatterien so vollständig wie möglich zu recyceln, um die wertvollen Rohmaterialien und Metalle zurückzugewinnen. Üblicherweise setzen Unternehmen auf das Einschmelzen von Rohmaterialien. Jedoch: Das Einschmelzen verursacht einen noch höheren CO_2-Ausstoß als die Produk-

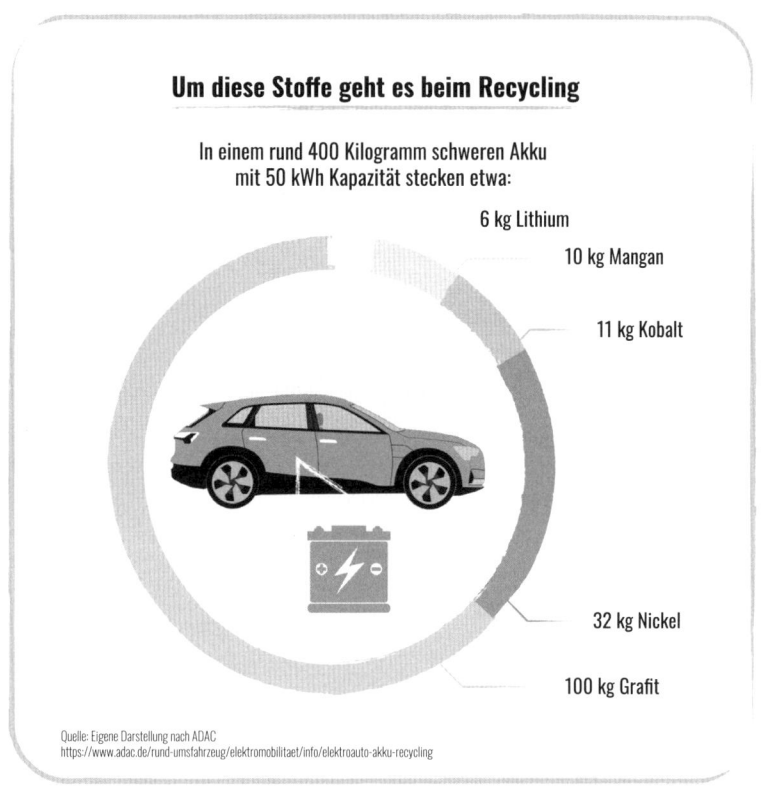

Um diese Stoffe geht es beim Recycling

In einem rund 400 Kilogramm schweren Akku
mit 50 kWh Kapazität stecken etwa:

6 kg Lithium

10 kg Mangan

11 kg Kobalt

32 kg Nickel

100 kg Grafit

Quelle: Eigene Darstellung nach ADAC
https://www.adac.de/rund-umsfahrzeug/elektromobilitaet/info/elektroauto-akku-recycling

tion einer neuen Batterie. Dadurch würde sich der Klimarucksack des Elektroautos noch einmal deutlich erhöhen.

Es gibt allerdings Alternativen: Duesenfeld, ansässig zwischen Braunschweig und Hannover, ist der Technologieführer im Recycling von Lithium-Ionen-Batterien und schafft bereits eine stoffliche Recyclingquote von 91 Prozent.[22] In naher Zukunft könnten es auch 95 Prozent werden.[23] Das Unternehmen setzt auf einen anderen Weg als viele andere in der Recyclingbranche: auf die sogenannte Schreddertechnik, die deutlich umweltfreundlicher ist. Während des Vorgangs wird sogar die Restenergie aus den zu recycelnden Batterien genutzt.[24] Durch das Schredderverfahren lassen sich die Rohstoffe Lithium, Kobalt, Nickel, Grafit und Mangan so zurückgewinnen, dass sie erneut verwendet werden können.

Einen Wermutstropfen gibt es beim Recycling allerdings nach wie vor: Es fehlt an Förderungen und konsequentem Ausbau. Recycling ist wirtschaftlich noch nicht rentabel. Derzeit ist es schlicht und einfach billiger, neue Rohstoffe zu kaufen, als die Materialien zurückzugewinnen. Eine gesellschaftliche und ökologische Schande und ein wichtiges Handlungsfeld für politische und wirtschaftliche Akteure!

Was wären die gesellschaftlichen Auswirkungen von konsequentem Recycling? Bereits festgestellt haben wir, dass Wiederverwertung von Batterierohstoffen den Bedarf an neu zu fördernden Rohstoffen deutlich reduziert. Der Druck der Märkte auf die Länder mit den Rohstoffvorkommen kann so vermindert werden. Das könnte dazu beitragen, dass soziale und ökologische Standards eingehalten werden. Zudem verhindert Recycling, dass die wertvollen Rohstoffe unsachgemäß entsorgt werden. Denn heute werden Batterien leider eher verbrannt oder eingeschmolzen, anstatt die Rohstoffe, die unter so hohen ökonomischen, ökologischen und sozialen Kosten aus der Erde gewonnen worden sind, wiederzuverwerten.[25]

Unsere eigene Rolle

Die steigende Nachfrage im Bereich der Elektromobilität, verbunden mit der zunehmenden Sensibilität für soziale und ökologische Themen bietet einen sehr guten Anlass, die Herkunft und den sozialen Effekt der Batterien insgesamt zu hinterfragen.

Es scheint geradezu grotesk: Je mehr wir versuchen, unsere Mobilität nachhaltig zu gestalten, desto eher nehmen wir weniger Nachhaltigkeit in anderen Teilen der Welt in Kauf. Wir beziehen seltene Rohstoffe aus dem Globalen Süden, um unseren Lebensstandard und mobile Freiheit unter dem Deckmantel vermeintlicher Nachhaltigkeit zu bewahren, während der Abbau dieser Rohstoffe mit katastrophalen Auswirkungen auf Umwelt und Gesellschaft in diesen Ländern einhergeht. Haben wir uns damit einfach abgefunden? Darf es sein, dass wir die massiven Schäden für Mensch und Natur im Ausland akzeptieren, um im Inland unsere Klimabilanz zu verbessern?

Auch wenn an unterschiedlichen Lösungen gearbeitet wird: Die derzeitige Situation ist kaum zu akzeptieren. Die Kluft zwischen Realität und schrittweiser Verbesserung kann daher nur über eine mit Weitsicht gebaute Brücke überwunden werden. Daher möchte ich hier zumindest einen Denkanstoß geben, indem ich einen Versuch starte, einige Erkenntnisse und Forderungen zu skizzieren.

Für mich ist mittlerweile klar: Die Frage nach unserer Mobilität der Zukunft ist schon lange nicht mehr eine rein technologische und ökologische. Auch die sozialen Fragestellungen der Nachhaltigkeit müssen in diese Debatte Einzug finden. Dazu gehört eben auch die Tatsache, dass der Globale Süden von dem Export der Rohstoffe lebt und wir allein aus Gesichtspunkten der globalen Gerechtigkeit Lösungen finden müssen, wie wir den Bezug der Rohstoffe fairer gestalten können.

Entstehende soziale oder ökologische Nachteile müssen schnellstmöglich kompensiert und ausgeglichen werden, beispielsweise durch die Erforschung, Entwicklung und konsequente Förderung von Ersatzmaterialien.[26] Dazu gehören die Herstellung von Batterien ohne Rohstoffe problematischen Ursprungs und bis dahin die konstante und nachhaltige Wiederverwendung des Batteriematerials. Derzeit wird beispielsweise geprüft, ob sich Lithium aus Grubenwasser gewinnen ließe[27] oder im Erzgebirge oder an anderen Orten in Europa abgebaut werden kann.

Schlussendlich könnte das Recyceln irgendwann den Rohstoffbedarf minimieren oder sogar komplett decken. Wir können also darauf hoffen, irgendwann in der Zukunft nicht mehr auf die Förderung von Rohstoffen unter fragwürdigen Bedingungen angewiesen zu sein.

Gleichzeitig müssen wir uns schon heute Gedanken über Kompensationen für die rohstoffreichen Länder machen, sollte der Bedarf an diesen Rohstoffen irgendwann geringer werden oder gar entfallen. Denn was würde es wirtschaftlich für die Lithium-Länder Bolivien, Argentinien und Chile bedeuten, wenn Lithium zunehmend in Europa gewonnen werden könnte? Welche Konsequenzen hätte eine kobaltfreie Batterie für ein Land wie den Kongo? Was bedeuten immer höhere Recyclingquoten für die vielen weiteren Länder, die hauptsächlich vom Rohstoffhandel leben?

Wenn wir unserer Verantwortung nachkommen wollen, müssen wir darauf achten, soziale und ökologische Negativauswirkungen so weit wie möglich zu vermeiden. Ein Teil unserer globalen Verantwortung kann aber auch in der Wissensweitergabe und der Beratung anderer Länder gesehen werden, um den Menschen vor Ort einen nachhaltigen Abbau der Rohstoffe unter Achtung von hohen Umwelt- und Sozialstandards zu ermöglichen. Vielleicht können sie auch über Social-Business-Geschäftsmodelle, die auf faire Beschäftigung und Wirtschaftlichkeit setzen, neue Einkommensquellen abseits der Rohstoffgewinnung finden.

Wenn wir den Bedarf an entsprechenden Rohstoffen minimieren wollen, würde das auch bedeuten, dass es sicherlich nicht der nachhaltigste Weg ist, jedes heute bestehende Auto schnellstmöglich durch ein Elektroauto zu ersetzen. Dafür gibt es bislang außerdem noch zu wenig Ladeinfrastruktur, die ausschließlich regenerative Energie nutzt. Ebenso ist die Frage offen, was mit den heute vorhandenen konventionellen Fahrzeugen geschehen soll und wie mit den Menschen umgegangen wird, deren Jobs aufgrund der personalreduzierten Herstellung von Elektrofahrzeugen entfallen könnten (mehr dazu später). Ein radikaler Wechsel zur Elektromobilität von heute auf morgen kann nicht im Sinne unserer Gesellschaft sein, sondern nur ein allmählicher Austausch der Fahrzeuge, möglichst unter Nutzung ihrer gesamten Lebensdauer – mit parallelem Augenmerk auf Beschäftigung, Infrastruktur, Herkunft der Batterien und Recyclinglösungen.

Vielleicht braucht es als Anreiz für einen umfassenderen Recyclingkreislauf eine stärkere Transparenz über die Batterieherstellung, etwa mithilfe eines Batteriepasses, der Inhaltsstoffe und die Herkunft der Rohstoffe offenlegt.[28] Die Global Battery Alliance wird zeitnah ein Siegel für fair hergestellte Batterien vergeben, um soziale, ökologische und ökonomische Kriterien transparent zu machen. Ein sicherlich wichtiger Schritt in diese Richtung.

Lithium-Ionen-Akkus sind übrigens nicht nur Bestandteil von Elektrofahrzeugen. Wir alle nehmen sie in unseren Smartphones, Laptops und

Kopfhörern seit Jahren hin, ohne sie tiefergehend zu hinterfragen. Auch wir tragen damit Verantwortung für soziale und ökologische Gerechtigkeit und sollten uns mehr Gedanken über die Herkunft der Rohstoffe machen. Denn wir sehen es in unserem Alltag: Trotz Rücknahmeaktionen, trotz Batteriefächern in Supermärkten, trotz aller Anstrengungen landen immer noch Batterien auf dem Müll oder werden unsachgemäß entsorgt. Viel zu oft werden sie über den weltweiten Müllversand und Sondermüllversand aus westlichen Industrienationen in Länder gebracht, in denen weniger auf soziale und ökologische Standards geachtet wird.[29] Ohne hier genauer auf diesen Aspekt eingehen zu wollen: Auch Müll und seine Entsorgung sorgen ökonomisch, ökologisch, aber auch sozial für weltweite Missverhältnisse.

Nach den Gesprächen und Einblicken hoffe ich, dass wir noch viele weitere innovative und soziale Ansätze wie die der Start-ups Minespider, Voltfang oder auch Duesenfeld finden werden. Genauso wichtig sind die politischen und unternehmerischen Maßnahmen sowie Initiativen wie die der Global Battery Alliance, um ein Siegel für fair produzierte Batterien zu vergeben, oder allgemeiner formuliert: um Elektromobilität vom Anfang bis zum Ende der Lieferkette sozial, wirtschaftlich und ökologisch nachhaltig zu gestalten. Bis dahin bleibt uns allen, dass wir uns unsere eigene Verantwortung bewusst machen und Wege finden, selbst einen Beitrag zu leisten.

Kapitel 7

SELBSTFAHREND ODER SELBST FAHREN

Mehr Technik für mehr Sicherheit

Eine Kreuzung in der Stadt, mitten im Berufsverkehr am späten Nachmittag. Der Kleinwagen ist noch gut 100 Meter von der Ampel entfernt. Doch statt zu beschleunigen, um die grüne Ampel in jedem Fall zu erreichen, hält der Wagen seine konstante Geschwindigkeit – und fährt sicher über Grün. Wie kann man nur so gelassen bleiben? Erwartet hätten wir hektisches Beschleunigen, um keinesfalls stehen bleiben zu müssen.

Die Erklärung ist ziemlich einfach: Die Autofahrerin sieht auf ihrem Display eine Geschwindigkeitsempfehlung, da das System weiß, wann Rot und wann Grün ist. Sie wusste also schon 200 Meter vor der Ampel, dass sie an dieser nicht bremsen muss, wenn sie einfach nur ihre Geschwindigkeit beibehält. So hatte sie schlicht keinen Grund, auf das Gaspedal zu treten und sich damit einem kurzen Stressschub auszusetzen. Wäre die Ampel auf Rot gesprungen, hätte übrigens ein Countdown im Auto-Display die verbleibende Dauer der Rotphase angezeigt – und ebenfalls für mehr Ruhe und Vorausschau bei der Fahrerin gesorgt.

Diese Szene ist keine ferne Zukunftsmusik. Sie zeigt, was heute schon möglich ist, wenn die Autos mit ihrer Umwelt aktiv im Austausch stehen. Vernetzte Autos gelten als die Vorstufe zum autonomen Fahren.

Bahnbrechende technische Neuerungen haben unsere Gesellschaft schon immer geprägt und verändert. Mit allen Vor- und Nachteilen der Weiterentwicklung – denken wir nur an das Telefon, das Internet oder das Smartphone. Intelligente, selbstfahrende Autos markieren den nächsten spektakulären Fortschritt in der Entwicklung unserer Mobilität. Eine Aussage des CEO von Waymo, das zur Google-Gruppe Alphabet gehört, verdeutlicht das rasante Rennen um das autonome Fahren besonders gut: Er sagte, dass es fast zehn Jahre gedauert habe, um die ersten 15 Millionen autonom gefahrenen Kilometer mit den Google-Fahrzeugen zu erreichen – doch für die nächsten 15 Millionen Kilometer sei gerade einmal ein weiteres Jahr nötig gewesen.[1]

Autonomes Fahren ist nicht nur eine technische Entwicklung, die beeindruckend ist für diejenigen, die sich mit Daten, Software, Ingenieurswesen und Vernetzung beschäftigen. Die Technologie eröffnet auch zuvor nie da gewesene Möglichkeiten, Mobilität für alle zugänglich zu machen. Für Menschen mit und ohne Führerschein. Für sehr junge und sehr alte Menschen – mit und ohne Einschränkungen. Für Menschen mit und ohne Zeit fürs Fahren. Autonomes Fahren kann mehr Teilhabe ermöglichen und uns allen mehr Zeit für andere Tätigkeiten verschaffen, indem es uns physisch und psychisch entlastet. Im besten Falle wird der Straßenverkehr darüber hinaus auch deutlich sicherer, effizienter und klimafreundlicher als heute.

Es ist auch diese Aussicht, die unzählige Menschen und Unternehmen zur Weiterentwicklung des autonomen Fahrens motiviert. Forschungsteams sowie die besten Entwicklungsabteilungen dieser Welt investieren gigantische Summen an Geld und Zeit, um diesem Ziel näher zu kommen.

Wir stehen an der Schwelle zu einem neuen Zeitalter der Mobilität, in dem autonom fahrende Autos das Straßenbild prägen werden. Die Menschen werden zu Passagier:innen ihrer eigenen Autos. Wir werden erfahren, inwiefern autonomes Fahren auch als neue Mobilitätsform weit mehr als unsere Pendelstrecke oder die Fahrt zum Lieblingsrestaurant verändern wird, weil es auch Einfluss auf die Art und Weise unserer Arbeit hat, die Gestaltung unserer Lebensmittelpunkte und den Sinn unserer Fortbewegung. Schon heute erkennen wir die Fortschritte in der Entwicklung von Sensorik und Datenanalyse in unseren Autos, wie den Tempomaten, die automatische Distanzregelung, den Tote-Winkel-Assistenten oder die Einparkhilfe.

In diesem Kapitel gehen wir dem autonomen Fahren auf den Grund. Was sind die Vorteile, was sind Einwände? Wie kurz davor sind wir wirklich, flächendeckend autonom zu fahren? Wie würde das unsere Gesellschaft verändern? Und wollen wir überhaupt das Steuer aus der Hand geben?

Wenn Autos miteinander kommunizieren

Die entspannte Fahrerin aus dem Eingangsbeispiel nutzt einen speziellen Service, die »Ampelinformation«. Sie ist das Ergebnis eines Datenaustauschs zwischen dem Fahrzeug und der Ampelinfrastruktur.[2] Der Service ist bei einigen Audi-Modellen in mehreren deutschen Städten bereits verfügbar und in den USA an über 20 000 Kreuzungen erprobt.[3]

Es gibt noch viele weitere Beispiele für die Vernetzung von Fahrzeugen und ihrer Umgebung. Zusammengefasst wird dieses »Können« unter dem Begriff »Car-2-X-Kommunikation«. Die Autos tauschen sich permanent mit ihrer direkten Umgebung aus. Dabei senden und empfangen sie die Daten annähernd in Echtzeit. Diese unmittelbare Kommunikation der Autos untereinander oder mit der bestehenden Infrastruktur ist eine revolutionäre Entwicklung in der Mobilität. Besonders fasziniert mich daran, dass die Technologie bereits heute – auch ohne autonomes Fahren – so große Effekte hat: Der Verkehrsstrom kann durch vernetzte Ampeln, dynamische Fahrspuren, dynamische Geschwindigkeitsbegrenzer und optimale Abstände aktiv und vorausschauend geleitet werden. Er wird steuerbar, ausgeglichener, emissionsärmer und damit umweltfreundlicher. Und für mich das wichtigste Argument: Der Verkehr wird für alle sicherer. Aber die Technologie entfaltet ihr Potenzial natürlich desto besser, je mehr Fahrzeuge sie an Bord haben.

Mithilfe von Car-2-X-Kommunikation können Fahrer:innen und Fahrzeuge schon reagieren, bevor die Gefahr entsteht. Zum Beispiel können Warnhinweise digital übermittelt und die richtigen Reaktionen angestoßen werden. Alle Autofahrer:innen kennen das: Bleibt vor uns ein Auto plötzlich liegen, wird zu stark gebremst oder gerät jemand ins Schleudern, stellt das auch erfahrene und aufmerksame Fahrer:innen vor eine Herausforderung. Diese kann schnell ein kritisches Level erreichen, gerade wenn Kurven oder die Wetterlage eine rechtzeitige Reaktion zusätzlich erschweren. Vernetzte Kommunikation zwischen Autos und Verkehrsinfrastruktur kann hier den Unterschied zwischen Leben und Tod ausmachen.

Sehen wir uns ein paar Beispiele für Einsatzfelder von Car-2-X an: Ein liegen gebliebenes Auto sendet einen Warnhinweis an die nachfolgenden

Fahrzeuge, damit diese frühzeitig bremsen können. Allein dadurch lässt sich eine große Zahl von Unfällen verhindern. Rettungswagen werden digital angekündigt. Ampeln schalten automatisch auf Rot, wenn Einsatzfahrzeuge näher kommen, und umgekehrt schalten sie nachts eine »grüne Welle«, wenn keine anderen Verkehrsteilnehmer:innen unterwegs sind. Auch Verkehrsverstöße werden reduziert, wenn sich das Auto automatisch an zulässige Geschwindigkeiten hält oder wenn es technisch gar nicht mehr möglich ist, über eine rote Ampel zu fahren.

In weiterer Konsequenz ergeben sich viele Chancen, wie sich Mobilität an situative Besonderheiten anpassen kann: Denkbar sind beispielsweise bestimmte Zonen und Bereiche in Städten, die je nach Verkehrsaufkommen und Tageszeit oder in Abhängigkeit von der Luftqualität unterschiedlich ausgestaltet werden.[4] Wir erkennen, dass die Technologie des autonomen Fahrens über den unmittelbaren Sicherheitsvorteil hinaus noch mehr erreichen kann: Umwelt, Komfort und Zeitgestaltung lassen sich durch intelligente und situative Steuerung unserer Mobilität positiv beeinflussen.

Wie fährt ein Auto von allein?

Wagen wir uns vor in den Sensorendschungel eines autonom fahrenden Fahrzeugs. Dort finden wir zwar noch keine Intelligenz, aber die Voraussetzungen dafür.

Einige Autofahrer:innen kennen es heute schon von der automatischen Lenk- und Einparkhilfe: Durch winzige Kameras erscheint auf dem Display die Umgebung des Autos, was einen Einparkvorgang im besten Fall ohne Dellen und Kratzer unterstützt. Diese Kameras übernehmen das Sehen – auch an Stellen, die Fahrer:innen aus der vorderen Sitzposition niemals einsehen könnten, wie beispielsweise über einen 360-Grad-Blick um das Fahrzeug. Und das lässt sich ausbauen: Wie die Sinnesorgane beim Menschen sorgen die Kameras und Sensoren eines Autos dafür, die Umwelt wahrzunehmen. Sie überwachen das Auto vollständig, messen Distanzen, innere und äußere Einflüsse, geben Feedback, warnen und steuern.

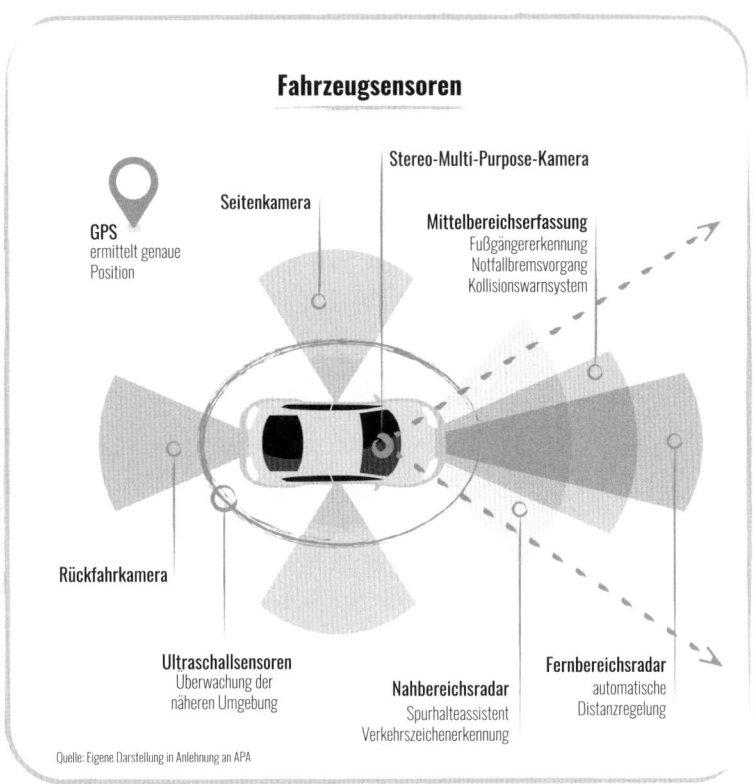

Fahrzeugsensoren

Stereo-Multi-Purpose-Kamera

Seitenkamera

GPS
ermittelt genaue
Position

Mittelbereichserfassung
Fußgängererkennung
Notfallbremsvorgang
Kollisionswarnsystem

Rückfahrkamera

Ultraschallsensoren
Überwachung der
näheren Umgebung

Nahbereichsradar
Spurhalteassistent
Verkehrszeichenerkennung

Fernbereichsradar
automatische
Distanzregelung

Quelle: Eigene Darstellung in Anlehnung an APA

Radarsensoren helfen dabei, Abstände einzuschätzen und einzuhalten oder auch Kollisionswarnungen oder Notbremsassistenten auszulösen.[5] Laserbasierte Sensoren erkennen Objekte und Winkel selbst in vollständiger Dunkelheit und ermöglichen schnelle Reaktionen auf der Basis ihrer gemessenen Lichtimpulse. Ultraschallsensoren helfen bei der Nahfelderkennung, wie es schon einige von den Parksensoren kennen.

»Intelligent« wird das Fahrzeug aber erst, wenn alle Informationen aus den Kameras und Sensoren zentral zusammengeführt, abgeglichen und ausgewertet werden. Die Rechenleistung dafür ist vergleichbar mit der von 15 Laptops.[6] Dieses intelligente System erfasst damit das komplette Umfeld des Autos und leitet aus den gewonnenen Ergebnissen Handlungsstränge ab. Es entscheidet in Sekundenbruchteilen, welche Befehle innerhalb und außerhalb des Fahrzeugs auf Grundlage der übermittelten Daten auszuführen sind. Diese enorm schnelle Sammlung, Verarbeitung und Auswertung der Daten ist nicht nur Voraussetzung für ein vernetztes Verkehrssystem, sondern auch für das autonome Fahren. Denn dazu müssen die Autos permanent in der Lage sein, mit ihrer direkten Umgebung, mit anderen Fahrzeugen sowie mit der Verkehrsinfrastruktur zu kommunizieren.

Das klingt nach einer ziemlich leistungsfähigen Technik. Aber können und wollen wir einem Auto wirklich zutrauen, alleine zu fahren? Die Skepsis ist naheliegend und bewegt wohl jede und jeden von uns, wenn wir versuchen, uns das Fahren ohne eine Person hinter dem Steuer vorzustellen.

Wir sind seit jeher daran gewöhnt, dass wir als Fahrende das Lenkrad buchstäblich in der Hand halten. Wir sind am Steuer, wir sind dabei selbstwirksam, wir tragen auch die Verantwortung. Ich habe Zeit gebraucht, um mich der Idee des autonomen Fahrens so weit anzunähern, dass ich in ihr vor allem die Chancen sehe. Rückblickend stelle ich fest, dass meine Gewöhnung fast parallel zu den verschiedenen Automatisierungsstufen verlief, in die selbstfahrende Autos eingeteilt werden.[7]

Auf der sogenannten Stufe 0 fahren wir das Fahrzeug ohne die Nutzung von eingreifenden Fahrzeugsystemen. Die Älteren erinnern sich vielleicht: Wer damals, noch lange vor Erfindung der Servolenkung, regelmäßig ein Auto eingeparkt hat, musste sich um Kraftsport im Fitnessstudio keine Gedanken machen. Aber so weit muss man gar nicht zurückgehen. Stufe 0 bedeutet, dass das Auto nichts selbstständig tut.

Auf Stufe 1 »assistiert« uns das Auto beim Lenken, Beschleunigen oder Bremsen, während wir stets die volle Kontrolle haben. Vereinfacht gesagt ist es die Stufe, auf der wir das Gaspedal streckenweise nicht mehr betätigen müssen, beispielsweise dank Tempomaten oder Abstandshalter, aber die Hände stets am Lenkrad behalten müssen (»hands on«).

Schon auf Stufe 2 lenkt, beschleunigt und bremst das Auto selbstständig nach den Erfordernissen der aktuellen Verkehrssituation, es ist »teilautomatisiert«. Man spricht auch in Kurzform von »hands off« – wie beispielsweise beim Spurhalteassistenten oder beim automatischen Einparken. Die fahrende Person kann die Hände dabei situativ vom Steuer nehmen, muss

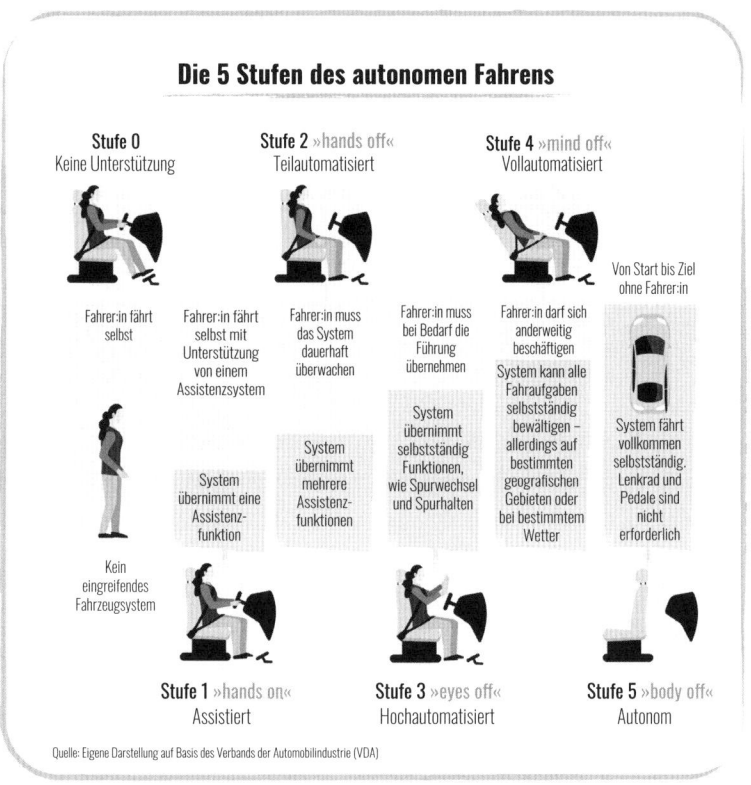

Die 5 Stufen des autonomen Fahrens

Stufe 0
Keine Unterstützung

Stufe 2 »hands off«
Teilautomatisiert

Stufe 4 »mind off«
Vollautomatisiert

Von Start bis Ziel
ohne Fahrer:in

Fahrer:in fährt
selbst

Fahrer:in fährt
selbst mit
Unterstützung
von einem
Assistenzsystem

Fahrer:in muss
das System
dauerhaft
überwachen

Fahrer:in muss
bei Bedarf die
Führung
übernehmen

Fahrer:in darf sich
anderweitig
beschäftigen

System kann alle
Fahraufgaben
selbstständig
bewältigen –
allerdings auf
bestimmten
geografischen
Gebieten oder
bei bestimmtem
Wetter

System fährt
vollkommen
selbstständig.
Lenkrad und
Pedale sind
nicht
erforderlich

System
übernimmt eine
Assistenz-
funktion

System
übernimmt
mehrere
Assistenz-
funktionen

System
übernimmt
selbstständig
Funktionen,
wie Spurwechsel
und Spurhalten

Kein
eingreifendes
Fahrzeugsystem

Stufe 1 »hands on«
Assistiert

Stufe 3 »eyes off«
Hochautomatisiert

Stufe 5 »body off«
Autonom

Quelle: Eigene Darstellung auf Basis des Verbands der Automobilindustrie (VDA)

aber auf dieser Ebene das System dauerhaft überwachen und jederzeit bereit sein, die Fahrzeugführung vollständig zu übernehmen.

Auf Stufe 3 lenkt, beschleunigt und bremst das Auto in bestimmten Situationen »hochautomatisiert« für einen gewissen Zeitraum, wie beispielsweise beim Staupiloten. Das bedeutet, dass ab hier das System schon Tätigkeiten selbstständig ausführen kann. Die fahrende Person kann also ein Buch lesen (»eyes off«), wird aber bei Bedarf zur Übernahme der Fahraufgaben aufgefordert.

Stufe 4 bedeutet »vollautomatisiertes Fahren«. Das System bewältigt also alle Situationen über längere Strecken automatisch. Das Auto kann bereits selbstständig auf der Autobahn fahren oder im Parkhaus einparken. Eine menschliche Fahrbegleitung ist zwar bereit, im Notfall einzugreifen, kann sich aber auch anderen Aktivitäten widmen oder durchaus auch einmal ein Nickerchen machen (»mind off«).

Auf Stufe 5, der letzten Stufe, übernimmt das Auto alle Fahraufgaben vollumfänglich. Man spricht von »body off«, das heißt, dass keine Person mehr steuert. Ein Lenkrad gibt es in diesem Stadium ohnehin nicht mehr. Hier bewegen sich die Autos fahrerlos auf allen Straßentypen, in allen Geschwindigkeitsbereichen und unter allen Umfeldbedingungen.

Realistische Chance oder Träumerei?

»Wir werden in 20 Jahren nur noch mit Sondererlaubnis selbstständig Auto fahren dürfen«, sagte Angela Merkel im Jahr 2017.[8] Ist das realistisch?

Das Führen von Fahrzeugen gehört zu den kompliziertesten und herausforderndsten Tätigkeiten für uns Menschen. Es stellt viele kognitive Anforderungen an uns, genauer gesagt an unsere Aufmerksamkeit, Reaktionsgeschwindigkeit und Auffassungsgabe bis hin zu unserer Augen-Hand-Koordination. Weit über das Beachten der Straßenverkehrsregeln hinaus sind Einschätzungen, Entscheidungen und Reaktionen erforderlich – und das in sehr kurzer Zeit, unter unterschiedlichsten Bedingungen und unter Beachtung anderer Verkehrsteilnehmer:innen. Auch unterbewusst müssen wir dabei das Verhalten der anderen korrekt interpretieren, um mögliche Konfliktsituationen zu lösen.[9]

Ich frage mich, ab wann Algorithmen wirklich in der Lage sein werden, diese komplexen Aufgaben zu meistern. Ab wann maschinelle Codes die gesamte Wahrnehmung und Erfahrung eines Menschen in herausfordernden Situationen ersetzen können. Wann lässt sich vollständig autonomes Fahren umsetzen?

Autonomes Fahren ist eine beeindruckende Gemeinschaftsleistung der weltweit besten Vordenker:innen, Entwickler:innen, Ingenieur:innen und Programmierer:innen. Ich spreche mit einem Experten, der seit vielen Jahren autonomes Fahren mitentwickelt und die Technologie daher besonders gut einschätzen kann.

 Johann Jungwirth arbeitet schon lange bei Mobilitäts- und Technologiekonzernen im Silicon Valley, in Deutschland und jetzt in Israel. In Jerusalem ist er Vice President bei Mobileye, einem auf Fahrerassistenzsysteme und selbstfahrende Fahrzeuge spezialisierten Unternehmen des IT-Konzerns Intel. Seit Jahren kenne und schätze ich ihn als Experten für autonomes Fahren. Seine Begeisterung für das Thema ist ansteckend. Doch besonders beeindruckt hat mich immer, dass er dabei auch stets die gesellschaftlichen Auswirkungen von autonomem Fahren im Blick hat.

Er sitzt in seinem Büro und ich sehe durch das Fenster den strahlend blauen Himmel über Jerusalem. Ich stelle ihm die Frage, die mich besonders umtreibt: Wann wird autonomes Fahren wirklich Alltag werden? Wann treten wir aus der Tür und sehen fahrerlose Autos auf der Straße?

Für Johann, der von allen »JJ« genannt wird, ist klar: »Autonomes Fahren fängt klein an. Es ist wie damals beim Umstieg von der Pferdekutsche auf das Automobil. Daher muss man jetzt auf die Orte schauen, wo autonomes Fahren schon heute erlebbar ist und von wo aus es sich exponentiell weiterentwickeln wird.«

Er spielt damit auf die ersten selbstfahrenden Robotertaxis von Waymo in Arizona an, die für den Verkehr auf öffentlichen Straßen freigegeben sind, in einem Gebiet, das von den Robotaxis lange Zeit über ausgekundschaftet wurde. Hat also der amerikanische Science-Fiction-Autor William Gibson recht, wenn er davon ausgeht, dass die Zukunft schon da ist, nur eben nicht gleichmäßig verteilt?

JJ erwartet auf dem Weg zum autonomen Fahren bald schon eine neue Stufe: »Das autonome Fahren ist eine exponentielle Entwicklung. Es fängt mit geringen Zahlen an, mit wenigen Städten und kleinen abgegrenzten Einheiten. Dann aber geht es in eine Vervierfachung, Verfünffachung pro Jahr in der Entwicklung. Und ich bin der festen Überzeugung, dass wir ab 2022 echtes autonomes Fahren ohne Sicherheitsfahrer:innen erleben können. Nach und nach könnten dann jährlich immer mehr Städte hinzukommen – bis in 20, 30 Jahren eine recht große Abdeckung bei autonomem Fahren besteht.«

Doch so weit die Technik und so groß die Euphorie für die Vision in vielen Teilen der Bevölkerung auch sind, es fehlen noch letzte entscheidende Entwicklungsschritte: die fehlerfreie Anwendung und die Absicherung des autonomen Fahrens in absolut jeder Situation. Das bedeutet aber nicht, dass der Traum vom autonomen Fahren nicht erfüllt werden kann. Die Frage bleibt – und sie wird uns wohl auch weiterhin über viele Jahre oder Jahrzehnte begleiten: Können wir wirklich jemals von einem weltweiten autonomen Fahren ausgehen? In jedem Land, in jeder Situation?

JJ sieht es so: »Bis man Stufe 5 in der gesamten Welt zu jeder Witterungsbedingung und eben überall hat, das braucht Zeit. In Regionen, wo sich niemand an Straßenverkehrsregeln hält und der Verkehr fünf Spuren bildet, obwohl eigentlich nur drei vorhanden sind – das ist sicherlich eine Komplexität, die die Technologie heute noch nicht beherrscht. Dort, wo es eine gute und stabile Verkehrsinfrastruktur gibt und Verkehrsregeln eingehalten werden, werden auch autonome Fahrzeuge gut zurechtkommen und dann 100- bis 1000-mal sicherer fahren als der Mensch.«

Diese letzte Aussage klingt beeindruckend: Was für eine Aussicht auf sicheren Verkehr! Vor allem, wenn wir bedenken, dass es jährlich über 2 Millionen Unfälle allein in Deutschland gibt und dabei trotz umfassender Maßnahmen zur Verkehrssicherheit etwa 3000 Menschen sterben. Kann autonomes Fahren künftig einen Großteil dieser Unfälle verhindern?

Wer fährt sicherer: Mensch oder Maschine?

Um zu entscheiden, ob wir fahrerlosem Fahren als Gesellschaft überhaupt vertrauen können, ist die Frage nach der Sicherheit wohl eine der wichtigsten. Auch wenn das nach wie vor einige überraschen mag: Hier schneiden die vermeintlich routinierten menschlichen Autofahrer:innen alles andere als gut ab.

Fast alle Unfälle sind auf Fehler von Menschen zurückzuführen. Deshalb erwarten durchweg alle Expert:innen eine deutliche Erhöhung der Sicherheit im Straßenverkehr durch autonomes Fahren. Noch deutlicher: Genau genommen entstehen sogar 95 Prozent aller Verkehrsunfälle durch menschliches Versagen.[10] Das ist erschreckend. Wir sollten also darauf hoffen, dass die Technik bald weit genug ist, die Anzahl der Unfälle deutlich zu reduzieren.

Für JJ verläuft die Entwicklung genau in diese Richtung: »Bisher konnten nur Verkehrsregeln und Vorschriften für die Fahrumgebung aufgestellt werden, über Ampeln und Geschwindigkeitsbegrenzungen. Dadurch gibt man den Autofahrer:innen zwar Regeln vor, hat aber keine Kontrolle darüber, ob sie auch verstanden und umgesetzt werden. In den zukünftigen Fahrzeugen lassen sich dem Auto Regeln vorgeben, die es selbst versteht und umsetzt. Man kann ihm vorgeben, wann ein Überholvorgang sicher ist oder unter welchen Bedingungen welcher Abstand einzuhalten ist. Die Programmierung ermöglicht also die automatische Befolgung von Sicherheitsregeln und Verkehrsvorschriften. Wir sollten die Chance nutzen, dass wir dadurch eine viel höhere Sicherheit für alle erzielen können.«

Es erscheint einleuchtend, dass die Sicherheit im Verkehr deutlich verbessert werden kann, wenn in Abhängigkeit von Einflussfaktoren wie Witterung oder Verkehrsdichte vorgegebene Geschwindigkeiten durch das Auto selbstständig eingehalten werden. Die Sicherheitsgewinne durch das autonome Fahren, genauer gesagt durch die damit verbundene Verringerung von Unfällen, werden sogar mit bis zu 5,7 Milliarden Euro bewertet.[11]

Doch nicht nur Menschen können Fehler machen. Wir alle wissen, dass auch Technik fehleranfällig ist, und in einem selbstfahrenden Auto steckt nun mal eine Menge Technik, deren Komponenten alle einwandfrei funktionieren müssen. Wann ist die Technologie so ausgereift, dass wir uns um die Fehleranfälligkeit der zugrunde liegenden Software keine Gedanken mehr machen müssen und uns vollständig auf die autonomen Systeme verlassen können?

Ein amerikanisches Institut hat genau das berechnet. Es wollte wissen, wie viele Kilometer von selbstfahrenden Autos zurückgelegt werden müssten, um statistisch zu beweisen, dass sie sicher und verlässlich sind.[12]

Das Ergebnis: Aufgrund der zahlreichen komplexen Verkehrssituationen müssten Hunderte Millionen von Kilometern autonom gefahren werden, um den unfallfreien Betrieb garantieren zu können. Diese Datenmenge zu erreichen würde Jahrzehnte oder sogar Jahrhunderte dauern. Wie lange sind wir als Gesellschaft bereit, auf diese Sicherheit zu warten? Nehmen wir zugunsten von Bequemlichkeit und Komfort vielleicht lieber eine gewisse Fehlerquote bei autonom fahrenden Fahrzeugen in Kauf, selbst wenn diese anfangs sogar leicht über der von menschlichen Fahrer:innen liegen sollte?

Es sind sicherlich Fragen wie diese, die bei vielen Zurückhaltung und Bedenken gegenüber dem autonomen Fahren auslösen. Wir müssen sie ernst nehmen und uns damit beschäftigen. Es geht um die bewusste und verantwortungsvolle Auseinandersetzung mit neuen Technologien – auf allen Ebenen.

Deswegen hat das Bundesverkehrsministerium eine Ethik-Kommission berufen, um ethische Leitlinien für die Programmierung und Nutzung von automatisierten Fahrsystemen zu erarbeiten. Es sind die ersten Leitlinien zum autonomen Fahren auf der ganzen Welt, zusammengefasst in 20 Regeln. Für die Ethik-Kommission ist besonders wichtig: Autonomes und vernetztes Fahren muss in erster Linie die Sicherheit aller Beteiligten im Straßenverkehr verbessern. Höchste Priorität hat der Schutz des menschlichen Lebens in allen Situationen. Die Programmierung muss deshalb schon heute darauf abzielen, in brenzligen Situationen notfalls Tier- und Sachschäden in Kauf zu nehmen, falls sich dadurch Personenschäden vermeiden lassen.

Besonders heikel war für die Ethik-Kommission die Frage, was geschehen soll, wenn zwischen zwei Menschenleben entschieden werden muss – wobei ein solches Dilemma glücklicherweise so gut wie nie vorkommt und eher ein theoretisches Gedankenspiel zu sein scheint.[13] Käme es jedoch zu einer solch unausweichlichen Dilemmasituation, dann ist aus Sicht der Kommission sowohl die Klassifizierung nach persönlichen Merkmalen wie Alter, Geschlecht, körperlicher oder geistiger Konstitution als auch eine »Aufrechnung von Opfern« verboten.[14] Damit bestätigt die Ethik-Kommission: Alle Menschenleben sind gleichwertig.

Neue Chancen für unsere Gesellschaft

Die zweitägige Konferenz zum sozialen Wirtschaften in München ist noch in vollem Gange. Hier sind viele Menschen zusammengekommen, die sich Gedanken über ein besseres Wirtschaften machen und dies mit ihrer Arbeit verbinden möchten. Die Themen liegen ihnen am Herzen, sonst wären sie nicht an einem Wochenende hier: Sozialunternehmer:innen, Gründer:innen, aber auch Manager:innen von kleineren und größeren Unternehmen. Hier treffe ich Peter Schwarzenbauer. Er war Vorstand bei Porsche in den USA, bei Audi und bei BMW. Zuletzt verantwortete er die Transformation von BMW in Richtung Elektromobilität. Immer beschäftigte er sich dabei auch mit den sozialen Fragestellungen rund um das Auto und dessen Zukunft – ein Herzensthema, wie ich schnell in unserem Gespräch feststelle. Er ist seit vielen Jahren Teil der Social-Business-Konferenz und -Gemeinschaft. Deswegen möchte ich auch gerne von ihm wissen, was aus seiner Sicht autonomes Fahren für unsere Gesellschaft bedeutet.

Peter Schwarzenbauer antwortet: »Es wird sehr angenehm sein, wenn ich mich um nichts mehr zu kümmern brauche, sondern die Mobilität zu mir kommt und meinen Bedarf erledigt. Wir werden Mobilität erleben, die mit der heutigen überhaupt nichts mehr zu tun hat.« Dann sagt er etwas, das mich überrascht: »Und autonomes Fahren ist auch volkswirtschaftlich für uns alle besser.«

Das bringt mich zum Nachdenken. Gibt es tatsächlich einen gesamtgesellschaftlichen Nutzen durch autonomes Fahren? Hochrechnungen zeigen: Insgesamt 37 668 Stunden verbringen Autofahrer:innen durchschnittlich in ihrem Leben im Auto.[15] Diese Zeit ließe sich durch autonomes Fahren nicht nur verkürzen, sondern auch anders nutzen – ob produktiv oder zur Entspannung. Können selbstfahrende Autos den Menschen somit tatsächlich Lebenszeit zurückgeben? Gesamtgesellschaftlich lassen sich diese Zeitkostenersparnisse sogar abschätzen: Die möglichen Einsparungen durch autonomes Fahren, das zu einem optimierten Verkehrsfluss und weniger Staus führen würde, werden auf etwa 4,1 Milliarden Euro jährlich geschätzt.[16]

Das Fahrverhalten von autonomen Fahrzeugen hätte zudem positive ökologische Effekte. Erste Studien haben berechnet, dass autonomes Fahren durch verkehrsangepasste und konstante Fahrweisen Kraftstoffeinsparungen in Höhe von über 2 Milliarden Euro ermöglichen könnte.[17] Durch verbesserte Verkehrsflüsse könnten somit auch Emissionen reduziert werden.

Autonomes Fahren könnte damit eine ganze Menge Positives für die Gesellschaft und unseren Planeten bewirken. Peter Schwarzenbauer möchte aber noch auf einen ganz anderen Punkt hinaus: »Die größte Chance liegt darin, dass Mobilität inklusiver wird. Durch autonomes Fahren könnten wir plötzlich Mobilität für einen riesigen Teil der Bevölkerung erschließen, der heute fast gänzlich ausgeschlossen ist.«

Dieser Gedanke der einfachen Nutzbarkeit für alle fasziniert mich sehr. Gerade für Menschen mit Einschränkungen kann autonome Mobilität eine völlig neue Freiheit und Unabhängigkeit bedeuten – für Menschen, die zu jung oder zu alt sind, um selbst zu fahren, oder für diejenigen, die aufgrund von körperlichen oder geistigen Behinderungen nicht so einfach mobil sein können.

Wir alle können uns mittlerweile vorstellen, wie uns ein autonom fahrendes Auto an einem Ort unserer Wahl abholt. Vielleicht weiß das Auto dann schon, bei welcher Person eine Rampe ausgefahren werden muss und wer welchen Kommunikationsweg benötigt: mal per Sprachsteuerung, mal per Touchscreen, mal per Blindenschrift. Auf einmal wären Menschen, die bislang in ihrer Mobilität stets auf andere angewiesen waren, unabhängig und selbstständig.

Die weltweit erste Fahrt in einem selbstfahrenden Auto auf öffentlichen Straßen fand im Jahr 2015 in Texas statt. Der Mann, der diese Fahrt wagte, Steve Mahan, hat viele Jahre lang das Santa Clara Valley Blind Center geleitet und ist selbst blind. In dem Video, das während der Fahrt entstand, spricht er über das tiefgreifende Gefühl, wieder allein in einem Auto zu sein, darüber, dass ein sehr wichtiger Teil seines Lebens weggebrochen ist, als seine Sehkraft versagte, und wie ein selbstfahrendes Auto ihm diesen Teil zurückgeben kann.[18]

Eine amerikanische Studie hat festgestellt, dass Menschen mit Behinderung aufgrund von eingeschränkter Mobilität allein in den USA etwa 11 Millionen Arzttermine pro Jahr verpassen.[19] In Deutschland liegen die jährlichen Kosten für besondere Krankentransportleistungen bei etwa 8 Milliarden Euro.[20] Auch wenn es bereits viele Möglichkeiten gibt, Fahrzeuge für die Bedürfnisse von Menschen mit Behinderungen umzubauen, wären autonome Fahrzeuge besonders vorteilhaft. Sie könnten von vornherein flexibel auf die jeweiligen Bedürfnisse ausgerichtet werden.

Damit hätte autonomes Fahren noch weitere positive gesellschaftliche Auswirkungen: Es wurde berechnet, dass allein in den USA autonomes Fahren neue Beschäftigungsmöglichkeiten für ungefähr 2 Millionen Menschen mit Behinderungen schaffen könnte. Es würde ihnen eine unabhängige und selbstständige Mobilität ermöglichen – und sie dadurch stärker am gesellschaftlichen Leben teilhaben lassen als bisher.

So reizvoll diese Vision auch ist, es braucht natürlich einen Realitätscheck. Werden wir uns als Gesellschaft autonomes Fahren in so einer Fülle überhaupt jemals leisten können?

Von der Bezahlbarkeit und den Bezahlmöglichkeiten

Heute machen die verwendete Technik in Form von Kameras, Sensoren und Computern sowie die Algorithmen der künstlichen Intelligenz noch einen großen Teil der Kosten der autonomen Fahrzeuge aus. Doch die Erwartung ist, dass der Preis für die Technik zukünftig stetig sinken wird. So haben sich beispielsweise die Kosten für Lasersensoren in nur einem Jahr um mehr als 90 Prozent verringert.[21] Wenn sich die Preise für Technik und Infrastruktur so weiterentwickeln, könnte autonomes Fahren tatsächlich irgendwann für alle bezahlbar sein.

Erste Schätzungen gehen von 34 Cent pro Kilometer für ein selbstfahrendes Taxi im Jahr 2035 aus – das wäre achtmal weniger, als ein Taxi heute im Durchschnitt kostet.[22] Damit könnten Fahrten mit autonomen Taxis oder Shuttles sogar günstiger werden als Fahrten mit dem öffentlichen Nahverkehr oder mit privaten Autos.

Es werden aber noch weitere Kostenvorteile erwartet, gerade im Transportbereich. Denn grundsätzlich ließen sich über autonomes Fahren die oft hohen Personalkosten einsparen. Dies kommt bei allen Fahrdienstleistungen zum Tragen, aber auch in der Logistik, was das große Interesse der Logistikbranche am autonomen Fahren erklärt. Was das für das Thema Beschäftigung bedeuten würde, darauf kommen wir im nächsten Kapitel zu sprechen.

Denn gerade die Kosten für das Fahrpersonal machen laut meinem Gesprächspartner Johann Jungwirth bei einem Taxi oder Mobilitätsfahrdienst etwa 80 Prozent der Gesamtkosten aus – bei einem Bus seien es immerhin noch 50 bis 60 Prozent und bei einem Lkw etwa ein Drittel. Dieses ökonomische Einsparpotenzial ist eine weitere Erklärung, weshalb der Anreiz zur Entwicklung autonomer Fahrzeuge stetig steigt. Für JJ steht daher fest: »Wenn man diese Kosten umlegt, kann man in diesen Fahrzeugen eine sehr teure Technologie einbauen. Diese Fahrzeuge werden dementsprechend zuerst im Flottenbetrieb eingesetzt werden und nicht als individuelle Fahrzeuge, die man besitzt. Denn genau darum geht es ja: Mobilität wird zum Service – zur Dienstleistung. Ab 2025 erwarte ich auch selbstfahrende Fahrzeuge für den Privatbesitz. Das Lenkrad wird zur Sonderausstattung, und wir können vor jeder Fahrt entscheiden, ob wir selbst fahren oder uns sicher und bequem fahren lassen.«

Ist das also unser Zielbild? Autonome Fahrzeuge, die zunehmend in der Gesellschaft geteilt werden und allen zur Verfügung stehen? Fahrzeuge als Gemeingut und immer weniger als Privateigentum?

Mit der bestmöglichen Auslastung der autonomen Fahrzeuge wird Mobilität damit deutlich effizienter genutzt – im Gegensatz zu den heutigen privaten Fahrzeugen, die häufig die meiste Zeit über ungenutzt sind.[23] Die Mehrheit der Studien prognostiziert genau das: Autonomes Fahren wird geteiltes Fahren, individuell auf die Bedürfnisse der Einzelnen zugeschnitten. Es wird also kein eigenes autonomes Fahrzeug vor der Tür stehen und warten.

Optimistisch gehen viele Studien dadurch von einer Verringerung der benötigten Fahrzeuge aus. Eine Simulation für die Stadt München ergab, dass 18 000 geteilte autonom fahrende Fahrzeuge rund 200 000 private Autos ersetzen könnten.[24] Eine Studie, die sich auf Singapur bezieht, hält dort ein Drittel der aktuellen Anzahl an Autos für ausreichend, um alle Einwohner:innen der Stadt an ihr Ziel zu bringen, wenn diese Autos vollständig autonom fahren würden.[25] Autonome Fahrzeuge könnten außerdem nach der Nutzung außerhalb der Stadt warten und somit noch mehr Flächen frei machen, die dann anders genutzt werden könnten, sei es für dringend benötigten Wohnraum oder auch für Grünflächen.

Andere Studien schätzen die Verkehrsauslastung aufgrund der häufigeren Fahrten allerdings deutlich höher ein. Sie gehen davon aus, dass autonomes Fahren sogar eine steigende Fahrzeugzahl und Verkehrsbelastung bedeuten könnte. Denn wenn autonomes Fahren es ermöglicht, dass künftig alle Menschen, auch diejenigen ohne Führerschein, von Kindern bis hin zu Senior:innen, Autos nutzen, könnte die Attraktivität des motorisierten Individualverkehrs deutlich zunehmen. Vielleicht würden wir sogar noch weniger Wege per Rad, zu Fuß oder mit dem Bus zurücklegen. Zu verlockend könnte der Komfort sein, direkt an der Haustür abgeholt zu werden. Das würde deutlich mehr Autos als heute bedeuten, der Verschleiß der Fahrzeuge wäre höher und ebenso die Verkehrsbelastung. Einige Studien rechnen mit bis zu 40 Prozent mehr Fahrten als heute.[26] Als eine erste Bestätigung dieser Prognose lässt sich das Eingeständnis von Fahrtenvermittlern wie Uber und Lyft betrachten, dass sie für erhöhte Stauzahlen mitverantwortlich seien. Zuvor hatten diese Unternehmen erklärt, dass aufgrund ihrer digital vermittelten Fahrten der Verkehr zurückginge.[27]

Wir alle sollten wohl selbst entscheiden, welche Prognose wir für plausibler halten.

Vielleicht müssen wir aber auch die Art und Weise der Finanzierung des autonomen Fahrens neu denken. Peter Schwarzenbauer erzählt von einer Idee, die vor einigen Jahren während seiner Tätigkeit als BMW-Vorstand entstanden ist. Sie zielt darauf ab, eine breitflächige autonome Mobilität für einen Großteil unserer Gesellschaft finanzierbar zu machen. »Ein autonomes Fahrzeug ist grundsätzlich nach einigen Jahren oder einer gewissen Kilometerzahl abbezahlt. Im besten Falle hat es sich als Investition für diejenigen rentiert, die das Fahrzeug bezahlt haben. Und nach dieser Zeit wäre das Fahrzeug frei, es würde niemandem mehr gehören und könnte – wenn man es weiterdenkt – als Mobilitätsdienstleistung für die Gesellschaft und ganz besonders für sozial Schwächere zur Verfügung stehen – wenn man dies möchte.«

Möglicherweise sind es genau solche ungewöhnlichen Ansätze, die wir brauchen, um Lösungen zu finden, wie Mobilität sozialer werden kann und zugänglicher für diejenigen, die sie am dringendsten brauchen.

In einem Punkt sind sich jedoch alle Prognosen einig: Die autonomen Fahrten werden ein gigantisches ökonomisches Potenzial bieten, das sämtliche Waren und Dienstleistungen im autonomen Fahrzeug umfasst. Diese Passagier-Wirtschaft wird im Jahr 2035 auf knapp 17 Milliarden Euro und bis 2050 auf knapp 6 Billionen Euro geschätzt.[28] Und vielleicht wird es damit sogar zu neuen Formen der Bezahlung kommen, die wir heute nur in ersten Ansätzen erahnen können. Es ist beispielsweise vorstellbar, dass sich die Fahrpreise reduzieren, wenn Werbung während der Fahrt in Kauf genommen wird. Vielleicht sind Fahrten zu vorgegebenen Supermärkten oder Restaurants sogar kostenlos. Vielleicht lassen sich auch Daten gegen eine Fahrt tauschen, wir erhalten also eine kostenlose Fahrt, wenn wir im Gegenzug bereit sind, unsere Bewegungsdaten zu teilen. Wäre das ein akzeptabler Preis dafür, um Mobilität annähernd kostenlos nutzen zu können?

Auch wenn diese Fragen zum jetzigen Zeitpunkt offenbleiben, deuten die Zahlen schon jetzt darauf hin, dass wir uns in naher Zukunft damit auseinandersetzen müssen.

Eines lässt sich schon heute mit Gewissheit sagen: Für sicheres autonomes Fahren, aber auch das zukünftige Bezahlen der Fahrten und der Angebote rund ums Auto braucht es einen hohen Datenschutzstandard. Nur damit lässt sich die Akzeptanz von autonomem Fahren sicherstellen – für viele ist Datenschutz ein sehr wichtiges Kriterium zur Vertrauensbildung.

Schon heute ist die Sorge um die Handhabung unserer persönlichen Daten sehr groß. Wir müssen sicherstellen, dass Hersteller von autonomen Fahrzeugen, Regierungen, aber auch Stadtverwaltungen nur auf anonyme Daten zurückgreifen können. Wir müssen darauf vertrauen können, dass unsere Gespräche im Rahmen von Spracherkennung und Sprachsteuerung nicht aufgezeichnet und weiterverwendet werden.

Denn selbst wenn wir bereit sind, unsere Daten freiwillig zu teilen, muss dies kontrolliert und unter Gewährung des Datenschutzes geschehen. Hier warten noch unzählige Themen auf uns, mit denen wir uns zukünftig sicherlich noch deutlich mehr beschäftigen werden.

Wollen wir autonomes Fahren überhaupt?

Gehen wir gedanklich noch einmal zurück zur Konferenz nach München. Das Gespräch mit Peter Schwarzenbauer ist für mich hoch spannend. Er erwartet noch viele weitere gesellschaftliche Umbrüche, an die ich bislang noch gar nicht gedacht hatte. Wir haben in den bisherigen Diskussionen um autonomes Fahren vor allem den städtischen Kontext betrachtet. Aber, so Schwarzenbauer, es könnte auch in eine ganz andere Richtung gehen: »Mit einer solchen Revolution in der Mobilität könnte es auch eine totale Abkehr von der Stadt geben und damit könnten wir eine Desurbanisierung erleben. Denn viele Menschen sind in die Stadt gezogen, weil es sie so gestört hat, bei jeder Pendelfahrt im Stau zu stehen. Das wissen wir inzwischen aus Untersuchungen. Mit einem autonomen System ist das nicht mehr der Fall. Durch das autonome Fahren wird Mobilität überhaupt kein Problem mehr sein. Deswegen glaube ich, dass neben der Revolution in der Mobilität eine totale Umkehr kommen kann, bei der die Menschen wieder aus den Städten auf das Land ziehen werden.«

Vielleicht verändert sich also durch das autonome Fahren auch die Art und Weise, wie wir leben und wo wir leben. Vielleicht wird autonomes Fahren Wohnen auf dem Land deutlich attraktiver machen und dadurch die Immobilienpreise im ganzen Land vollständig neu definieren.

Das Gespräch mit Peter Schwarzenbauer hat mir einige weitere Aspekte bewusst gemacht. Wir sind uns einig: Autonomes Fahren wird unsere bisherige Mobilität auf den Kopf stellen. Doch auch wenn sich die bedingungslose Grundmobilität durch autonomes Fahren so erreichbar wie noch nie anfühlt, müssen wir uns eingestehen, dass noch viele Fragen offen sind.

Wir haben bislang vor allem auf den individuellen Transport geschaut. Klar ist aber: Auch die Produktions- und Wertschöpfungsketten genauso wie die Geschäftsmodelle rund um Fahrzeuge werden sich verändern. Möglicherweise werden irgendwann gar keine Autos mehr verkauft, weil es viel lukrativer sein wird, die autonomen Fahrten über Vermietungsmodelle anzubieten und die Autos über Updates stets aktuell zu halten. Zunehmend wird es auch um neue Geschäftsmodelle gehen rund um den Gedanken, dass das Fahrzeug noch weitere Funktionen erfüllen könnte als nur den Transport – denken wir etwa an erste Entwicklungen zur Aufnahme, Speicherung und Umwandlung von CO_2 durch Autos (»Carbon Capture«), sodass zahlreiche Elektroautos zu einem riesigen virtuellen Energiespeicher werden könnten. Irgendwann, so die heutigen Annahmen, könnte der Umsatz von Dienstleistungen und Angeboten rund um Mobilität fast genauso hoch sein wie von Fahrzeugverkäufen an sich.

Einen Aspekt dürfen wir in der gesamten Debatte um das autonome Fahren jedoch nicht außer Acht lassen: Auf der einen Seite wird die Technologie zwar viel Freiheit und Selbstbestimmung erlauben, eine neue Form von Zeitökonomie für diejenigen, die vorher nicht oder nur wenig mobil waren, und für diejenigen, die ihre Zeit während der Fahrt anders nutzen wollen. Doch auf der anderen Seite müssen wir uns auch eingestehen, dass wir für autonomes Fahren ein Stück weit auf unsere Unabhängigkeit und Selbstbestimmung verzichten müssen.

Verkennen wir vielleicht bei der Diskussion des autonomen Fahrens die Tatsache, dass Selbstfahren durchaus auch Freude bereiten kann? Ein Drittel der vom Digitalverband Bitkom befragten Deutschen möchte auf den Spaß am Selbstfahren nicht verzichten – auch wenn sich jede zweite Person grundsätzlich vorstellen könnte, autonom gefahren zu werden.[29] Die Skepsis, das Lenkrad abzugeben und auf die neue Technik zu vertrauen, zeigt sich auch an ersten Gegenreaktionen. In Kanada wurde ein »Human Driving Manifesto« veröffentlicht.[30] Das persönliche Fahren wird als menschliches Recht und Bedürfnis aufgefasst. Autonomes Fahren dagegen wird schon heute als Einschnitt in die eigene Freiheit gewertet.

Daher sollten wir uns an dieser Stelle zumindest fragen, ob wir uns der Einschränkungen der Entscheidungsfreiheit und der Folgen des Autonomieverlustes bewusst sind, die mit dem autonomen Fahren einhergehen. Wir können nicht mehr in jeder Situation selbst darüber entscheiden, wie schnell, über welche Routen und wie sicher gefahren wird. Wir können nicht mehr unmittelbar eingreifen, wenn wir mit der Entscheidung des Fahrzeugs nicht einverstanden sind. Das sollten wir in all der Entwicklung mitbedenken.

Ich sehe die vielen Fragen und Probleme auf dem Weg zum autonomen Fahren, die noch zu klären sind. Doch mich begeistern die Vision und die neuen ungeahnten Möglichkeiten, die wir mit dieser Form von Mobilität erhalten werden. Gleichzeitig halte ich es für wichtig, neben der Einführung von autonomem Fahren auch die Alternativen zu berücksichtigen und weiter auszubauen. Wir sollten nicht nur auf die autonom fahrenden Autos setzen, sondern auch auf verdichtete Infrastruktur, ausgebaute Radwege und hohe Verfügbarkeiten von Scootern, Rädern und Lastenfahrrädern. Mit dem Ziel, autonomes Fahren als das zu nutzen, was es ist: eine Chance für uns als Gesellschaft und vor allem für diejenigen, die bisher nur eingeschränkten Zugang zu Mobilität hatten.

Kapitel 8

DIE VERÄNDERUNG VON ARBEIT

Warum sich ein Perspektivenwechsel lohnen kann

Es gibt eine berufliche Station, die mich sehr geprägt hat und die meinen Blick auf die Grundlagen des Wirtschaftens und die soziale Verantwortung von Unternehmen vollkommen verändert hat: meine Tätigkeit für den Konzernbetriebsrat des Volkswagen Konzerns. Hier hatte ich die Chance, eine ganz neue Perspektive in Bezug auf Arbeit, Mitbestimmung und gewerkschaftliche und gesellschaftliche Verantwortung kennenzulernen. Bis heute beeinflussen mich die daraus gewonnenen Erkenntnisse jeden Tag und sind ein wesentlicher Grund dafür, meine Ansichten und Definitionen von Arbeit und Verantwortung immer wieder zu überdenken.

Als börsennotierter, internationaler Großkonzern ist Volkswagen wie andere Unternehmen auch in erster Linie auf Profit, Umsatz und Wachstum ausgerichtet. Gleichzeitig wird hier ein Mitbestimmungsmodell gelebt, das als das weltweit stärkste gelten kann – und weltweit einmalig ist. Das bedeutet: Über die verschiedenen Strukturen im Unternehmen und im Aufsichtsrat sind die gewählten Vertreter:innen der Beschäftigten bei Volkswagen in alle wichtigen strategischen Entscheidungen des Unternehmens eingebunden.[1] Beide Seiten verständigen sich dabei grundsätzlich auf ein Ziel: Wirtschaftlichkeit und Beschäftigungssicherung als gleichwertige Unternehmensziele zu betrachten.[2]

Mittlerweile arbeite ich wieder auf der Unternehmensseite, eng zusammen mit meinen zuständigen Betriebsrät:innen. Naturgemäß sind wir nicht immer einer Meinung, und dies kann durchaus bedeuten, über den richtigen Weg zu streiten. Aber ich schätze die konstruktive Zusammenarbeit mit der Bereitschaft beider Seiten, Kompromisse zu finden und gemeinsame Errungenschaften zu feiern. Klar ist für mich als jemand, die beide Perspektiven kennengelernt hat: Verantwortung von Unternehmen heißt auch, Arbeitsplätze, Arbeitsbedingungen und die Auswirkungen neuer Technologien auf die Arbeit genau zu prüfen und zu durchdenken.

Dieses Kapitel liegt mir daher besonders am Herzen. Wie sieht künftig die Arbeit in der Automobilindustrie, einem der größten Wirtschaftszweige des Landes, aus? Welchen Einfluss hat 3-D-Druck? Bei welchen Mobilitätsunternehmen sollten wir vielleicht doch deutlich kritischer auf ihre soziale Verantwortung achten? Und welche Start-ups beweisen schon heute eine hohe soziale Verantwortung in der Ausgestaltung ihres Geschäftsmodells?

Wie sich Mobilitätsjobs verändern

Mit dem Fortschritt verändern sich Berufsbilder, das war schon immer so. Wir brauchen keine Signalgeber:innen auf den Bahngleisen mehr, keine Telefonist:innen und auch keine Aufzugführer:innen. Doch hat der technische Fortschritt nicht nur Jobs gekostet, sondern stets auch neue geschaffen.

Vielleicht gibt es in Zukunft den »Senioren-Mobilitätsmanager«, der Pflegeeinrichtungen mit Mobilitätsdiensten zusammenbringt und so die besten Lösungen für die regelmäßigen Mobilitätsbedürfnisse der Senior:innen anbietet. Eine »Expertin für die Kollaboration von Mensch und Maschine« achtet vielleicht in Produktionshallen ganz besonders auf die gute Zusammenarbeit zwischen Mensch und Roboter in hybriden Teams. Und möglicherweise muss sich eine »Mobilitäts-Versicherungsmaklerin« um ganz neue Arten von Versicherungsansprüchen kümmern, wenn selbstfahrende Autos die Straßen erobern und die Frage entsteht, wie man gegen Datenleaks versichert werden kann.

Neue Formen und Entwicklungen der Mobilität haben schon immer die Beschäftigung innerhalb der Mobilitätsbranche verändert. Regelmäßig sind Tätigkeiten entfallen, schon immer gab es technologische Fortschritte und immer wieder sind auch neue Aufgabenfelder entstanden. Die Frage ist, ob uns heute eine ähnliche Entwicklung in der Beschäftigung

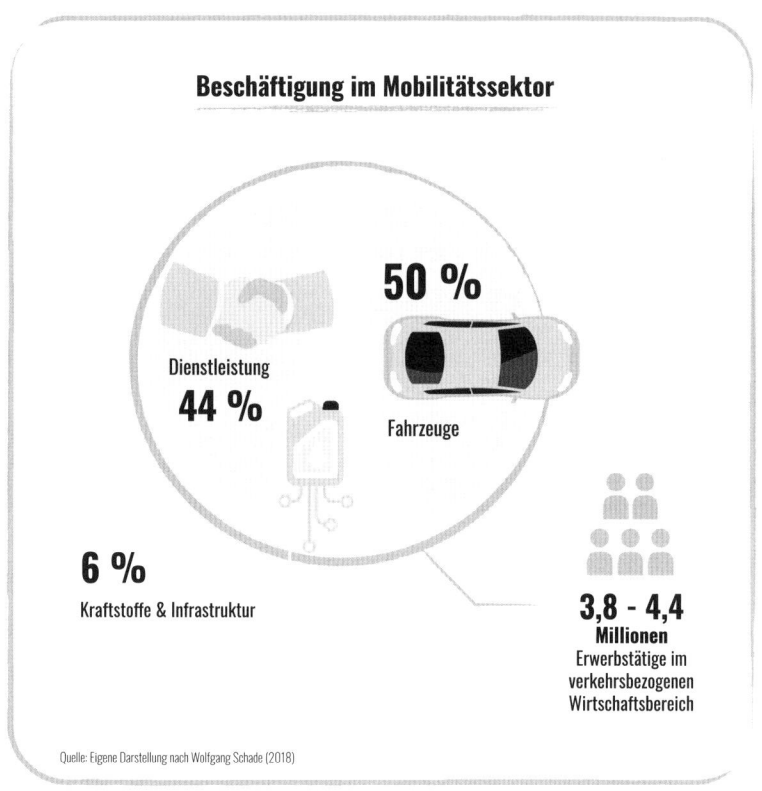

Beschäftigung im Mobilitätssektor

50 %
Fahrzeuge

Dienstleistung
44 %

6 %
Kraftstoffe & Infrastruktur

3,8 - 4,4
Millionen
Erwerbstätige im
verkehrsbezogenen
Wirtschaftsbereich

Quelle: Eigene Darstellung nach Wolfgang Schade (2018)

innerhalb der Mobilitätsbranche und ihrer benachbarten Felder erwartet oder ob die Auswirkungen von Automatisierung, Digitalisierung und künstlicher Intelligenz dieses Mal viel weiter gehen, als wir es aus früheren Phasen der industriellen Revolution kennen.

Die Mobilitätsbranche in Deutschland beschäftigt heute zwischen 3,8 und 4,4 Millionen Menschen – also etwa zehn bis elf Prozent aller Erwerbstätigen.[3] Rund die Hälfte davon ist mit der Entwicklung, Produktion und dem Handel von Fahrzeugen beschäftigt. Ein wachsender Anteil arbeitet im Feld der Dienstleistungen rund um Mobilität und den Verkehr. Die übrigen Tätigkeiten verteilen sich auf die Infrastruktur sowie auf das Feld Kraftstoffe.

Die Arbeit in der Mobilitätsbranche ist für unsere Gesamtwirtschaft deshalb von wesentlicher Bedeutung. Und sie wird von den neuen Technologien beeinflusst und verändert. Was genau bedeutet das?

Der Blick in die Vergangenheit macht Hoffnung, was die Anzahl der Stellen angeht. Bisher haben technologische Entwicklungen stets mehr neue Tätigkeitsfelder hervorgebracht, als sie ersetzt haben. Allein in Europa wurden in den letzten 20 Jahren durch den technologischen Wandel mehr als 23 Millionen neue Jobs geschaffen – damit ist die Hälfte der Jobs, die es früher noch gar nicht gab, auf den technologischen Fortschritt zurückzuführen.[4] Eine Studie einer bekannten Unternehmensberatung rechnet außerdem mit 390 000 neuen Jobs allein in der deutschen Industrie für die kommenden Jahre.[5]

Trotz dieser optimistischen Prognosen darf jedoch nicht übersehen werden, dass Digitalisierung und künstliche Intelligenz grundsätzlich in der Lage sind, menschliche Tätigkeiten vollständig zu automatisieren. Das, was früher viel Zeit und Aufwand bedeutet hat, lässt sich heute mit wenigen Klicks erledigen. Künstliche Intelligenz lernt, menschliches Verhalten immer besser zu imitieren, sodass sie kaum noch als Maschine erkannt wird. Auch Robotik und 3-D-Druck können viele Tätigkeiten von heute bald überflüssig machen. Es ist deshalb nicht verwunderlich, dass drei Viertel der Menschen in Deutschland nach eigenen Angaben Angst vor einem Verlust ihres Arbeitsplatzes haben, bedingt durch genau diese technologischen Entwicklungen.[6]

Uns allen wird zunehmend bewusst, dass der technologische Fortschritt einige Tätigkeiten und Berufe verdrängen und noch viele mehr verändern kann. Insbesondere Routinetätigkeiten und einfache Aufgaben lassen sich besonders leicht ersetzen, denn es sind genau diese Tätigkeiten, die schon heute präzise von Maschinen erledigt werden können. Dadurch verschiebt sich das Anforderungsprofil an uns Arbeitende. Qualifikationen, Wissen und Kompetenzen verändern sich deutlich schneller, werden möglicherweise sogar überflüssig und verlieren damit an Wert.

Gleichzeitig können besonders »menschliche« Fähigkeiten wie Kreativität, ein guter Umgang mit Komplexität und kritisches Denken zukünftig im Vergleich zu heute eine deutliche Aufwertung erhalten[7], da sie als schwieriger zu automatisieren gelten. Auch die Zusammenarbeit zwischen

Mensch und Maschine könnte deutlich enger werden, als wir es uns heute vorstellen können.[8]

Autoproduktion und Beschäftigung

Die Automobilindustrie erlebt ihren bislang größten Strukturwandel: von Verbrennungsmotoren hin zu immer mehr Elektromotoren, von Ingenieursdenken hin zu Tech-Denken, von klassischen Arbeitsformen hin zu neuen agilen Formen des Arbeitens. Die Transformation dieser weit verzweigten Industrie und der signifikante Einfluss auf die Wirtschaft in unserem Land sind unverkennbar: Etwa 850 000 Menschen sind in der Automobilindustrie oder bei Automobilzulieferern beschäftigt und damit direkt vom Wandel hin zu mehr Elektromobilität betroffen.[9] Wenn man die vielen Partner von Zulieferern dazuzählt und ebenso die vielen angrenzenden Tätigkeiten von der Entwicklung über Beratung und Produktion bis hin zu Verkauf und Reparatur betrachtet, sind noch deutlich mehr Arbeitsplätze von der Zukunft des Autos abhängig, Schätzungen sprechen von über 2 Millionen Arbeitsplätzen.[10]

Besonders gefährdet sind hier die Stellen, die an den alten Technologien hängen. Eine Studie der Universität Duisburg-Essen geht davon aus, dass bei Autobauern und Zulieferern bis 2030 fast 234 000 Stellen in der Produktion und Entwicklung von Technik für Verbrennungsmotoren wegfallen werden.[11] Denn durch den Entfall der komplexen Benzin- und Dieselantriebe und -getriebe wird die Produktion eines Autos deutlich einfacher. Ein Akku ersetzt künftig den komplexen Motor oder das genauestens abgestimmte Getriebe. Brauchte es für den Verbrennungsmotor noch bis zu 1400 Teile, benötigt der Antriebsstrang eines Elektroautos gerade einmal 200 Teile.[12] Das bedeutet, dass die Produktion eines batterieelektrischen Antriebs deutlich weniger Personal benötigt als die eines Verbrennungsmotors. Auch bei den Zulieferern werden so deutlich weniger Komponenten entwickelt und hergestellt. Mit anderen Worten: Die Herstellung von Autos ist so einfach geworden wie noch nie. Das Fraunhofer-Institut hat errechnet, dass heute rund 210 000 bis 250 000 Menschen mit der Fertigung und dem Einbau von Antrieben beschäftigt werden – hier könnte bis 2030 jede zweite Tätigkeit entfallen.[13]

Während die Produktion von Fahrzeugen aufgrund der hohen Investitionen und Fixkosten und des notwendigen umfassenden Know-hows über viele Jahrzehnte uneingeschränktes Hoheitsgebiet der Automobilhersteller war, sieht es heute anders aus. Viele Einzelteile gibt es bei Zulieferern zu kaufen oder sind immer einfacher über 3-D-Druck selbst herzustellen. Mittlerweile gibt es sogar schon mehrere Automodelle, deren Karosserien vollständig aus dem 3-D-Drucker stammen. Sie sind damit nicht nur leichter als traditionelle Fahrzeuge, sondern auch deutlich günstiger.

Das Start-up Local Motors fertigte bereits vor einigen Jahren das erste Auto aus einem 3-D-Drucker. Das Auto mit Namen »Strati«, das ein wenig aussieht wie eine Mischung aus Quad und Cabrio, besteht gerade einmal aus 50 Teilen. Zum Vergleich: Ein traditionelles Auto hat im Durchschnitt etwa 10 000 Einzelteile. Strati ist auch das erste Auto, das in gerade einmal 44 Stunden gedruckt und zusammen mit Bauteilen aus der konventionellen Herstellung, wie Motor und Batterie, gefertigt und fahrbereit ist.

Es gibt auch einen autonomen Shuttle namens »Olli«, der von Local Motors zu 80 Prozent im 3-D-Druck hergestellt wird. Ein sympathischer kleiner Minibus, mittlerweile in der zweiten Generation (»Olli 2.0«), der in ungefähr zehn Stunden gedruckt werden kann.[14] Die Designvorlagen für den Druck stammen aus der Open-Source-Community von Local Motors, in der 30 000 Designer:innen und Ingenieur:innen weltweit in digitaler Zusammenarbeit vom heimischen Rechner aus die Vorlagen für die Fahrzeuge erarbeiten. Die Person, deren Design umgesetzt wird, verdient dann am Verkauf des Autos mit. Damit ist der Olli-Shuttle das weltweit erste Fahrzeug, das im 3-D-Druckverfahren und als offene Innovation gemeinschaftlich entwickelt wurde.[15]

Wie wenig Aufwand (und auch Personal) bereits heute für ein Auto notwendig ist, zeigt sich schon allein an dem von Local Motors gewählten Begriff für ihre »Fabriken«: Ihre »Micro-Factories« beanspruchen nur einen Bruchteil des Platzes eines herkömmlichen Autoherstellers.

Werden Autos also über kurz oder lang weitestgehend automatisiert in kürzester Zeit und fast ohne menschliche Eingriffe produziert werden? Daraus würden auch neue Chancen entstehen, eine nicht nur schnelle, sondern auch individuelle Produktion von Fahrzeugen zu ermöglichen. Persönliche Kundenwünsche könnten damit unmittelbar einbezogen und umgesetzt werden. Eine Vielfalt von persönlichen Fahrzeugvarianten wäre durchaus eine spannende Entwicklung in der Mobilität. Doch ich frage mich, wie wir einen solchen Beschäftigungsverlust auffangen könnten.

Ingenieur:innen sind bislang davon überzeugt: Noch kann der 3-D-Druck das, was das Zusammenspiel an herkömmlicher Karosseriebauart zu leisten in der Lage ist, nicht ersetzen. Sicherheit, Passanten- und Insassenschutz, Stabilität und Langlebigkeit sind die entscheidenden Faktoren. Dennoch sind die Zeichen unverkennbar, die Arbeit in der gesamten Mobilitätsbranche ist im Wandel.

Hoffnung macht daher eine kürzlich veröffentlichte Studie des Volkswagen Konzerns zusammen mit dem Fraunhofer-Institut, die genau auf die Folgen von Elektrifizierung und Digitalisierung auf die automobile Beschäftigung bis zum Jahr 2030 eingeht.[16] Sie zeigt, dass der Personalabbau nicht so massiv werden dürfte wie vielleicht befürchtet und dass der Wandel durchaus gestaltbar und steuerbar sein wird.

Von neuen Jobs rund um Mobilität

Widmen wir uns noch einmal den Prognosen für mehr und neue Beschäftigung im Zuge der Transformation zur Elektromobilität. So schätzt der Bundesverband Elektromobilität beispielsweise, dass bis 2030 etwa 255 000 neue Jobs entstehen könnten.[17] Denn es müssen viele Millionen Ladepunkte neu errichtet, aber auch regelmäßig gewartet und kontrolliert werden. Zudem wird die Digitalisierung im Fahrzeug zunehmend zum entscheidenden Wettbewerbsfaktor. Daher suchen viele Unternehmen schon heute händeringend nach Softwareexpert:innen, Expert:innen im Themenfeld künstliche Intelligenz, Spezialist:innen in Elektrik und Elektronik, Informatiker:innen, Datenanalyst:innen und Expert:innen für vernetztes und automatisiertes Fahren.

Aber auch die Batterieherstellung bietet ein enormes Potenzial für neue Beschäftigungsperspektiven. Bislang wird diese Wertschöpfung vorrangig in Asien erbracht, wird aber zukünftig verstärkt auch in Europa aufgebaut werden.[18] Dabei wird geschätzt, dass die Batteriezellfertigung zusammen mit Batteriemodulfertigung und -zusammenbau bis zu zehn Prozent des Gesamtarbeitsaufwands eines Elektroautos ausmachen kann – und damit zu den aufwendigsten Arbeitsschritten nach der Komponentenfertigung und Fahrzeugmontage zählt.[19] Deswegen fordert die Europäische Kommission den Aufbau einer größeren Batterieproduktion in Europa, da allein hier 4 bis 5 Millionen neue Arbeitsplätze geschaffen werden könnten, die somit eine Umverteilung von Arbeit ermöglichen würden.[20] Auch das Geschäftsfeld Recycling von Batterien kann viele neue Arbeitsplätze bieten.[21]

Doch auch außerhalb der Fahrzeugproduktion verändern viele neue Geschäftsmodelle die zukünftige Arbeit im Mobilitätssektor. Immerhin sollen neue Mobilitätsdienste bis 2030 allein in Europa ein Marktpotenzial von über 450 Milliarden Dollar haben.[22] Damit werden sie natürlich auch einen Effekt auf die Beschäftigung haben – doch wie könnte dieser tatsächlich aussehen?

Einerseits werden neue Mobilitätsdienste durch ihr Geschäftsmodell direkt und indirekt Arbeitsplätze schaffen. Das betrifft den niedrig qualifizierten Bereich, wie die Reinigung der Fahrzeuge und Flotten und den Kundenservice, aber auch die höher qualifizierten Tätigkeiten wie Marketing, User Experience und ganz besonders IT.[23] Andererseits werden neue Mobilitätsanbieter als Wettbewerber auftreten und so die bisherigen Akteure beeinflussen – indem diese neuen Dienstleistungen die bisherigen ergänzen oder sogar ersetzen.

Unabhängig davon, ob uns in Zukunft eine niedrigere oder höhere Beschäftigungszahl erwartet, wird eines schon heute deutlich: Es kommt nicht allein auf die Anzahl der Jobs, sondern auch auf deren Inhalte an. Natürlich ist es wichtig, die Werte in Bezug auf Beschäftigungszahlen und -quoten zu betrachten. Für unsere gesellschaftliche und wirtschaftliche

Zukunft wird es sicherlich entscheidend sein, ob durch Digitalisierung, künstliche Intelligenz, Automatisierung und autonomes Fahren mindestens genauso viele neue Arbeitsplätze entstehen werden, wie verloren gehen. Gleichzeitig müssen wir aber auch auf die Qualität der zu ersetzenden und der neu entstehenden Tätigkeiten achten. Wir müssen Lösungen finden für all die heutigen Taxi- und Ridesharing-Fahrer:innen, Fahrschullehrer:innen und Lkw-Fahrer:innen. Dabei geht es darum, die richtigen Weichen dafür zu stellen, dass sie alle neue Kompetenzen in einer ähnlichen Rolle oder einer höherwertigen Aufgabe entwickeln können (sogenanntes »Upskilling«).[24]

Wenn wir uns bewusst machen, dass viele der heute gefragtesten Tätigkeitsprofile vor fünf bis zehn Jahren noch gar nicht existierten, ist das einerseits zwar beruhigend. Andererseits erfordert das von uns allen einen ausgesprochen guten Umgang mit Unsicherheit, Flexibilität und das Sicheinlassen auf alle neuen Entwicklungen. Wichtig wird es sein, zu überprüfen, inwiefern und wie schnell wir als Gesellschaft bereit sind, uns an diese neuen Entwicklungen anzupassen und mit den neuen Herausforderungen verantwortlich umzugehen.

Werfen wir einen Blick auf einige der bestehenden und einige der möglicherweise neu entstehenden Tätigkeiten.

Arbeitsvermittelnde Plattformen und ihre Verantwortung

Plattformarbeit spielt eine immer größere Rolle in unserer Arbeitswelt. Grundsätzlich wird zwischen zwei Modellen arbeitsvermittelnder Plattformen unterschieden:[25] »Cloudwork« im Sinne von ortsunabhängigen Tätigkeiten, die von freiberuflichem Arbeiten bis hin zu Kleinstaufträgen reichen, flexibel ausgestaltbar und rein online an jedem Ort der Welt durchführbar sind – somit kann auch die Strandbar zum Büro werden. Auf der anderen Seite steht »Gigwork« als Bezeichnung für ortsgebundene Tätigkeiten, zu denen neben digital vermittelten haushaltsnahen Dienstleis-

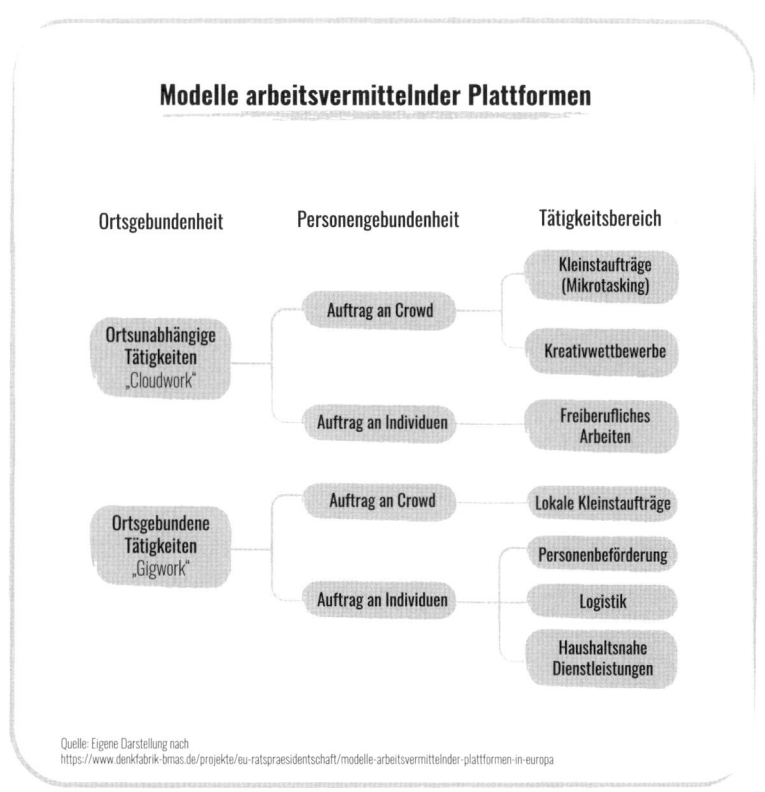

Modelle arbeitsvermittelnder Plattformen

Ortsgebundenheit	Personengebundenheit	Tätigkeitsbereich

Ortsunabhängige Tätigkeiten „Cloudwork"
- Auftrag an Crowd
  - Kleinstaufträge (Mikrotasking)
  - Kreativwettbewerbe
- Auftrag an Individuen
  - Freiberufliches Arbeiten

Ortsgebundene Tätigkeiten „Gigwork"
- Auftrag an Crowd
  - Lokale Kleinstaufträge
- Auftrag an Individuen
  - Personenbeförderung
  - Logistik
  - Haushaltsnahe Dienstleistungen

Quelle: Eigene Darstellung nach
https://www.denkfabrik-bmas.de/projekte/eu-ratspraesidentschaft/modelle-arbeitsvermittelnder-plattformen-in-europa

tungen, Lieferservice und Logistik auch die physischen Personenbeförderungen gezählt werden.

Schauen wir uns eine der bekanntesten Plattformen für die Beförderung von Personen genauer an: Uber, den weltweiten Anbieter und Vermittler von Fahrdiensten. Ähnlich wie ein Taxi lässt sich via App ein Fahrzeug buchen, das einen zum Ziel bringt. Der Unterschied zum klassischen Taxi: Die Fahrer:innen bieten Fahrten mit dem eigenen Pkw an. Uber übernimmt die Vermittlung zwischen Anbieter:innen und Kund:innen.[26]

Das Unternehmen Uber selbst hat 27 000 Mitarbeiter:innen weltweit. Diese machen aus Uber bereits ein internationales Unternehmen, das in 70 Ländern agiert. Doch »für« Uber fahren weltweit etwa 5 Millionen Menschen.[27] Kann man also sagen, dass Uber 5 Millionen Jobs weltweit geschaffen hat? Und damit mehr als doppelt so viele, wie das bislang größte Unternehmen der Welt, nämlich Walmart mit 2,2 Millionen Mitarbeiter:innen?

Die Antwort lautet: ja und nein. Denn die 5 Millionen Fahrer:innen sind selbstständig und nicht bei Uber angestellt. Es besteht für sie keine Sozialversicherungspflicht, sie haben keine Möglichkeit, die Preise selbst zu bestimmen, und Uber hat keine Verantwortung im Sinne einer Arbeitgeber-Arbeitnehmer-Beziehung.

Wenn wir lediglich die Beschäftigungszahl betrachten, lässt sich durchaus eine positive Tendenz verzeichnen: eine Verringerung der Arbeitslosenquote sowie eine Erhöhung des Einkommens durch eine Tätigkeit bei Uber.[28] Die Möglichkeit, für Uber als Fahrer:in auf selbstständiger Basis tätig zu sein, schafft neue Arbeitsperspektiven, insbesondere auch für Menschen mit niedrigem Einkommen, für die ein solcher Nebenerwerb mit dem privaten Pkw eine wichtige erste oder zweite Einkommensquelle sein kann. Doch reicht es, auf die reine Anzahl an Fahrer:innen zu schauen? Wie steht es um die Arbeitsbedingungen dieser neuen Jobs?

Die Fahrdienste und ihre Arbeitsbedingungen sind schon lange im Blick der Gewerkschaften. Eine, die sich in der größten Gewerkschaft Deutschlands genau mit neuen Beschäftigtengruppen und deren Themen befasst, ist Vanessa Barth. Sie arbeitet bei der IG Metall in Frankfurt an der Öffnung der Gewerkschaft für neue Zielgruppen. Somit stehen für sie tagtäglich die Themen Digitalisierung, indirekte Wertschöpfungstätigkeiten, aber auch Plattformen und deren Effekte auf Arbeit im Fokus.

Ich frage sie ganz direkt: Müssen wir dankbar sein, dass Plattformen so viele neue Jobs schaffen, oder müssen wir uns Sorgen machen um die Art der Jobs, die neu entstehen? Sie vertritt hier eine sehr klare Haltung: »Natürlich müssen wir uns kümmern. Denn bei Plattformarbeit handelt es sich oft um prekäre Arbeitsverhältnisse. Die Plattformen machen es sich sehr leicht, denn im Grunde sagen sie, sie seien keine Arbeitgeber, sondern nur eine technische Infrastruktur.«

Die Vermittlung von Mobilität über Plattformen hat zur Folge, dass die Plattformen zwar enorme Kostenvorteile erzielen können (siehe Kapitel 2), jedoch die Arbeitsbedingungen für die Fahrer:innen oftmals nicht geregelt sind. Bei Uber als Platzhirsch im Feld der geteilten Fahrten sind die Fahrer:innen nicht als Arbeitnehmer:innen tätig, sondern als Selbstständige, die ihre soziale Absicherung selbst verantworten und tragen.[29] Dazu gehören auch sämtliche Risiken bei Unfällen oder bei Krankheit, die Altersvorsorge und die Vorsorge für Arbeitslosigkeit und Pflege. Wer krank wird, hat kein Einkommen – gewerkschaftliche Organisation, Interessenvertretung, Tarifverträge oder Berufsverbände bleiben bei diesem Geschäftsmodell außen vor.

»Nach meiner Auffassung sind viele Uber-Fahrende Arbeitnehmer:innen. Natürlich sind Menschen froh, wenn sie einen Job haben, aber das heißt ja nicht, dass sie dafür schlechte Arbeitsbedingungen akzeptieren müssen. Das Schlimme ist, dass diese Plattformen in vielerlei Hinsicht stilbildend für die Arbeitswelt sind. Sie sind technisch weit vorne und sehr flexibel. Im Internet entsteht gerade ein Parallelarbeitsmarkt, auf dem Firmen fast alles unterlaufen können, was Gewerkschaften und Interessenvertretungen bislang erkämpft haben.«

Wir sehen diesen Effekt in der Tat auch in einem anderen Feld der Mobilität: bei den neuen Tätigkeiten rund um die immer beliebteren E-Scooter. Mittlerweile gibt es Nebenjobber:innen in mehreren großen deutschen Städten, die sich um die Instandhaltung und Ladung der E-Tretroller kümmern. Als »Juicer:innen«, »Flottenjäger:innen« oder »Charger:innen« sammeln sie vorrangig nachts die E-Tretroller ein, laden sie privat bei sich zu Hause auf und verteilen sie in den frühen Morgenstunden an vorgegebenen Stellen. Viele arbeiten nebenberuflich auf 450-Euro-Basis oder selbstständig mit einem festen Betrag pro geladenem Roller. Oftmals wird in beiden Fällen erwartet, dass sie ihre Privatfahrzeuge zum Einsammeln der Scooter nutzen und selbst für den Strom aufkommen, um die Scooter zu laden.[30] Sie haften auch selbst, falls ein Scooter beim Transport im privaten Fahrzeug oder beim Aufladen in der eigenen Wohnung beschädigt werden sollte oder in der Wohnung oder im Auto Schäden entstehen.

Sind Plattformen und neue Beschäftigungsmodelle das Ende für die jahrzehntelang verhandelten Arbeitnehmerrechte und die Sozialpartnerschaft? Oder braucht es vielleicht neue Wege, um diese zu wahren? Auch darüber spreche ich mit Vanessa: »Wir haben uns ja als Gesellschaft bestimmte Normen für Arbeit gesetzt und Leitplanken gegeben, was Arbeitnehmerrechte angeht. Und ich finde nicht, dass wir Schutzrechte relativieren oder zurücknehmen sollten, weil dadurch Arbeitsplätze entstehen. Plattformarbeit hat auch viele Vorteile, allen voran der einfache Zugang und die Flexibilität – wenn genug Arbeit da ist. Die Eintrittsbarrieren sind sehr niedrig. Man meldet sich an, macht vielleicht eine Testaufgabe und dann bekommt man eine Chance. Das ist etwas Tolles! Daher müssen wir uns dahin bewegen, dass diese neuen Beschäftigungsmodelle auch sozial nachhaltig sind. Dass wir bei den Sozialstandards und Arbeitsbedingungen Verbesserungen erzielen.«

Die aktuellen Entwicklungen dazu sind hoch spannend: Seit kurzer Zeit werden Plattformanbieter auf der ganzen Welt zunehmend in die Pflicht genommen. Dabei wird davon ausgegangen, dass sie eine Arbeitgeberrolle haben. Sie müssen daher mehr Verantwortung für die Absicherung derjenigen übernehmen, die Tätigkeiten über die Plattformen annehmen. So hat Frankreichs oberstes Gericht entschieden, dass ein ehemaliger Fahrer von Uber rechtlich ein Angestellter des Unternehmens gewesen war. Es wurde damit keine Selbstständigkeit des Fahrers, sondern ein Arbeitsvertrag zwischen ihm und Uber angenommen, mit dem folglich auch Angestelltenrechte einhergehen.

Ähnliche Entwicklungen lassen sich auch in Kalifornien beobachten. Auch hier wurde von der zuständigen Aufsichtsbehörde bekanntgegeben, dass die Fahrer:innen von Uber und Lyft in Kalifornien ab sofort als Mitarbeiter:innen gelten (und prompt fielen am Tag der Bekanntgabe die jeweiligen Aktienkurse beider Unternehmen). Dies wird jedoch erst der Beginn größerer gerichtlicher Auseinandersetzungen sein. Denn Uber wehrte sich direkt mit dem Argument, dass die Fahrpreise allein auf Basis dieser Entscheidung um bis zu 120 Prozent ansteigen würden.

Weiterhin, so Uber, würden über drei Viertel der Fahrer:innen ihren Job verlieren, wenn alle 200 000 Fahrer:innen in Kalifornien als angestellte Mitarbeiter:innen zu werten seien.[31] Ländliche Räume wären dann ganz besonders von diesen Verlusten betroffen, so Uber, da dann nur noch gut ausgelastete Strecken bedient werden könnten.

Die Diskussion um die Verantwortung von Plattformunternehmen ist damit gestartet. Vanessa machen diese Ankündigungen wenig Sorgen: »Wenn wir mit Plattformunternehmen über Arbeitnehmerrechte sprechen, malen sie natürlich oft erst einmal den Teufel an die Wand. Das bedrohe ihr Geschäftsmodell, sie würden ins Ausland abwandern etc. Als Gewerkschaft sind wir gewohnt, dass diese Karte gezogen wird. Aber ihr Geschäftsmodell basiert oft darauf, keinerlei Verantwortung für die Menschen zu übernehmen, die für sie arbeiten. Und als Gesellschaft sollten wir schon darüber nachdenken, ob wir das in Ordnung finden.«

Allerdings stehen die Wähler:innen in Kalifornien wohl auf der Seite von Uber und Lyft. Sie kippten in einer Volksabstimmung dieses neue Gesetz, das für die beiden Unternehmen jeweils etwa 330 Millionen Euro Zusatzkosten für Arbeitslosen- und Krankenversicherungen sowie Mindestlöhne bedeutet hätte.[32] Es liegt eine gewisse Ironie darin, dass die Wahlkampagne zur Mobilisierung dieser Wähler:innen gegen die Gesetzesentscheidung schon fast die Hälfte dieses Betrags gekostet hat.

Einerseits wünsche ich mir, dass Plattformunternehmen in arbeitgeberähnlicher Funktion mehr Verantwortung übernehmen müssen. Erst kürzlich sorgten mehrere Fälle von anonymen Massenentlassungen über Videokonferenzen für Aufsehen. So sprach der US-amerikanische E-Scooter-Anbieter Bird 400 Mitarbeiter:innen, also einem Drittel der Beschäftigten, während einer Online-Videokonferenz eine Kündigung aus. Auch Uber nutzte einen solchen Weg, um 3500 Beschäftigte zu entlassen.[33] Der Gründer von Bird, Travis Vander Zanden, entschuldigte sich zwar hinterher auf Twitter,[34] dennoch ist ein solches Vorgehen kaum zu akzeptieren. Denn auch für Plattformen muss die Zielsetzung gelten, im Rahmen der Dienstleistungsmodelle ethisch, kooperativ und sozial verantwortlich zu agieren.

Ein positives Zeichen ist es daher, dass der deutsche E-Scooter-Anbieter

Tier, das schwedische Start-up Voi und der niederländische E-Scooter-Verleiher Dott vor Kurzem eine Allianz für Nachhaltigkeit angekündigt haben. Diese Selbstverpflichtung für soziale und ökologische Standards sieht auch eine Abkehr von prekären Beschäftigungsverhältnissen vor und ist daher auch als politisches Statement gegenüber der US-amerikanischen Konkurrenz zu verstehen.[35]

Auf der anderen Seite gehe ich aber davon aus, dass die klassischen Beschäftigungsformen nicht eins zu eins auf die neuen Modelle übertragen werden können. Online-Dienstleistungsplattformen wie Uber, aber auch Lieferando und Deliveroo sind in erster Linie arbeitsvermittelnde Plattformen. Vielleicht müssen wir akzeptieren, dass sie nicht einer sozialen Arbeitgeberverantwortung für alle nachkommen und gleichzeitig sicherstellen können, dass die neuen Geschäftsmodelle am Markt funktionieren. Doch sie können dafür sorgen, dass bessere Rahmenbedingungen und faire Arbeitsumgebungen für die Selbstständigen geschaffen werden.

Gesamtgesellschaftlich besteht durchaus ein Mehrwert durch die arbeitsvermittelnden Plattformen in Form der millionenfach gestiegenen Zahl an neuen Tätigkeiten. Diese werden auch wertgeschätzt. Immer wenn ich in amerikanischen Ländern unterwegs bin, versuche ich, bei Uber-Fahrten eine persönliche Einschätzung der Fahrer:innen zu erhalten. Dies ist selbstverständlich nur ein subjektiver Eindruck und eine kurze Momentaufnahme. Tatsächlich äußern die Fahrer:innen in vielen Gesprächen den Wunsch, dass sie bei der Sozialversicherung und beim Haftungsrisiko unterstützt werden. Doch der Großteil der Fahrer:innen, mit denen ich gesprochen habe, gibt auch an, dass sie die Vorzüge ihrer Tätigkeit, die für manche ein Nebenjob und für andere die Haupteinnahmequelle ist, zu schätzen wissen. Sie meinen damit die Flexibilität und die Selbstbestimmung. Vielleicht ist es eine Frage der Mentalität – vielleicht eine nach dem eigenen Sicherheitsempfinden. Nicht jedes Modell muss für alle funktionieren.

Ich bin erleichtert, von Vanessa zu hören, dass mittlerweile auch immer mehr Softwareabteilungen und Abteilungen, die sich mit künstlicher Intelligenz oder autonomem Fahren befassen, auf sie zukommen, wenn sie Aufträge über Plattformen vergeben möchten. Sie fragen Vanessa explizit, worauf sie bei der Auswahl der Plattform Wert legen sollten. »Viele von den Leuten, die auf Plattformen Aufträge vergeben, wollen ja auch gar nicht zu schlechten Arbeitsbedingungen beitragen und suchen bewusst nach unserer Einschätzung und Beratung, um Plattformen zu finden, die für faire Arbeitsbedingungen stehen.«

Ich bin davon überzeugt, dass wir einen intelligenten Mittelweg finden müssen, wie Plattformanbieter in einer arbeitgeberähnlichen Rolle eine größere Verantwortung übernehmen können als heute. Gleichzeitig müssen wir Wege finden, die für alle Beteiligten tragbar sind, und dabei auch die gesamtgesellschaftlichen Auswirkungen im Blick behalten: die grundsätzlich positiven Beschäftigungseffekte für Fahrer:innen genauso wie die Vorteile für diejenigen, die nur durch bezahlbare Angebote überhaupt Zugang zu Mobilität erhalten. Neue Arbeitsformen können dabei auch eine Chance für neue Formen von Regulativen sein.

Dies wird kein einfacher Diskurs, doch ich möchte dazu ermuntern, dass wir uns als Gesellschaft Zeit dafür nehmen, gute Lösungsansätze für unsere Zukunft zu entwickeln.

Brauchen wir eine neue Form von Gesellschaftsvertrag?

Ein solches Regulativ könnte eine Art neuer Gesellschaftsvertrag sein. Wir steuern zunehmend auf einen Diskurs zu einer Umverteilung in unserer Gesellschaft zu, mit der Frage, ob Arbeitgeber:innen in Zukunft eine Art »Menschenquote« erfüllen müssen. Eine Menschenquote würde bedeuten, dass für jeden Arbeitsplatz, der von einer künstlichen Intelligenz übernommen wird, ein weiterer menschlicher Arbeitsplatz vorgehalten oder geschaffen werden muss.[36] Vielleicht benötigen wir aber auch eine Art Robotersteuer oder Automatisierungsrendite, für die sich einige bekannte Vorstandsvorsitzende bereits öffentlich ausgesprochen haben. So forderte beispielsweise Bill Gates: »Wenn Roboter diese Arbeit übernehmen, sollte man denken, dass wir den Roboter auf ähnliche Weise besteuern.«[37]

Der Gedanke ist alt, wird aber wieder modern. Denn die Forderung basiert ursprünglich auf dem Gedanken der Maschinensteuer aus dem 19. Jahrhundert. Heutzutage ist sie so relevant wie nie, wenn wir bedenken, dass allein in der Autobranche bereits jeder zehnte Beschäftigte ein Roboter ist.

Es geht also darum, dass der arbeitende Roboter, ähnlich wie seine menschlichen Kolleg:innen, steuerpflichtig ist, um Einnahmeausfälle bei Lohnsteuer und Sozialabgaben zu kompensieren. Von den wirtschaftlichen Gewinnen durch die Nutzung von Robotern und Automatisierungen sollen auch diejenigen profitieren, deren Arbeitsplätze entfallen. Die über eine solche Robotersteuer eingenommenen Gelder sollen in die Sozialsysteme und Bildungsprogramme investiert werden. Bisher begünstigt die steuerliche Anreizsetzung vor allem die Automatisierung, wie der Ökonom Carl Benedikt Frey aus Oxford feststellt: »Seit gut drei Jahrzehnten ist in fast allen Staaten die Besteuerung von Arbeit im Vergleich zu jener von Kapital stark gestiegen. Man hat die Körperschaftsteuersätze gekürzt. Allein durch die Steuerpolitik hat man also Anreize geschaffen, menschliche Arbeitskraft durch technologische Innovationen zu ersetzen. Das müsste man also als Erstes angehen.«[38]

Doch ist die Idee einer Roboter- oder Automatisierungssteuer überhaupt umsetzbar? Viele Fragen müssen dafür noch beantwortet werden, etwa wo eine solche Steuer greifen könnte und wie gezählt wird: anhand der Wertschöpfung, der erbrachten Leistung oder pro Gerät? Bei einem eingesetzten Roboter in einer Fabrik oder auch schon bei einigen Zeilen Code? Gleichzeitig müssen wir darauf achten, dass eine solche Steuer nicht die in unserem Land so dringend benötigten Investitionen in Innovationen verhindert. Andere Vorschläge gehen daher eher dahin, bestimmte Wertschöpfungsabgaben zu fordern, sobald ein Unternehmen Gewinne auszahlt.

Unabhängig von der konkreten Ausgestaltung wird ein solcher Ausgleich für den Produktivitätsgewinn durch Maschinen und künstliche Intelligenz in Zukunft ein wichtiges Thema werden, aus gesellschaftlicher und aus wirtschaftspolitischer Sicht. Ich freue mich auf viele und vielfältige neue soziale Lösungen, die aus dieser Diskussion entstehen können.

Für mich steht fest, dass wir neue Ideen und neue Spielregeln für die veränderte Arbeitswelt der Zukunft brauchen und dass wir die Rahmenbedingungen für entstehende Arbeitsformen neu definieren und anpassen müssen. Gerade die vom Strukturwandel betroffenen Unternehmen müssen sich frühzeitig Gedanken um neue zukunftsfähige Geschäftsmodelle machen. Zugleich sollten wir auch eine gesellschaftliche Verantwortung von denjenigen einfordern, die eine mindestens arbeitgeberähnliche Rolle einnehmen.

Dabei ist mir bewusst, dass es ein Balanceakt ist. Denn es ist ebenso wichtig, Investitionen und damit Innovationen zu ermöglichen und uns im weltweiten Wettbewerb zu positionieren. Wir dürfen daher die Anforderungen an eine Arbeitgeberrolle nicht so starr definieren, dass ein wirtschaftlicher Erfolg im internationalen Umfeld nicht mehr möglich sein kann. Das sind Themen für Arbeitgeber und Politik, aber genauso auch für Gewerkschaften und Arbeitnehmerorganisationen.

Wie es gelingen kann, dass neue Mobilitätsanbieter nicht nur auf wirtschaftlichen und technischen Fortschritt, sondern ebenso auf gute Beschäftigungsperspektiven achten und diese gestalten, zeigt ein Start-up, das mich persönlich sehr begeistert hat. Das Unternehmen citkar beweist, dass Wirtschaftlichkeit und gesellschaftliche Verantwortung gut zusammenpassen, wenn es um Mobilität genauso wie um die Arbeitswelt der Zukunft geht.

Über Verantwortung und Arbeit in einem Mobilitäts-Start-up

Es ist ein warmer Sommertag, an dem ich in Berlin das Start-up citkar besuche. Da die Bahnverbindung zwischen Wolfsburg und Berlin mit nur einer Stunde ICE-Fahrt unschlagbar ist, habe ich mich wie so oft für die Schiene entschieden. Das löst großes Erstaunen beim Pressesprecher des Start-ups aus – er hatte erwartet, dass eine Managerin eines Autokonzerns in jedem Fall mit dem Auto anreist. Ich treffe ihn auf dem Gelände des

Start-ups, wo das Unternehmen auch seine Lastenfahrräder produziert. Er steht dabei übrigens neben seinem Audi Coupé, das aber immer öfter durch ein Dienst-E-Bike ersetzt wird. Trotzdem: verkehrte Welt.

Das Start-up citkar entwickelt und produziert überdachte, elektrische Lastenräder und bietet damit eine neue Form von Mikromobilität am Markt an. Der Clou ist, dass es dank der modular einsetzbaren Boxen und der Ladefläche auf Europalettenmaß möglich ist, große und schwere Gegenstände bequem mit dem Rad zu transportieren.

Der junge CEO Jonas Kremer lädt mich ein, eine Runde mit dem Cargobike »Loadster« zu fahren. Als ich einsteige, bin ich überrascht, wie leicht sich das Lastenrad trotz der großen Box mithilfe der elektrischen Unterstützung fahren lässt. Es ist als Fahrrad zugelassen, somit kann jederzeit die Fahrradspur genutzt werden. Ich wäre im Berliner Verkehr damit voraussichtlich schneller als viele Lieferwagen. Während des Fahrens kann ich mir sehr gut vorstellen, dass ein solches Lastenrad bei jedem Wetter für Gewerbetreibende, für Paketzusteller:innen, Essens- und Einkaufslieferant:innen, aber auch für Handwerker- und Reinigungsdienste sehr attraktiv sein könnte. Ich bin auch sehr angetan vom Produktdesign, von dem ich weiß, dass es schon viele Auszeichnungen erhalten hat.

Das Gespräch mit Jonas führe ich in einer Ecke der neuen großen Produktionshalle, in die das Start-up gerade eingezogen ist. Es gibt einen ganz bestimmten Grund für das Gespräch: Für die Produktion der Prototypen hat das Start-up mit einem ganz besonderen Partner zusammengearbeitet. Die ersten Prototypen des Cargobikes haben Jonas und sein Team mit den Berliner VfJ Werkstätten für Menschen mit Beeinträchtigungen hergestellt. Solche Zusammenarbeitsmodelle mit Behindertenwerkstätten sind mir zwar aus der Automobilfertigung bekannt, doch im Zusammenhang mit Start-ups und Mikromobilität ist mir eine solche Kooperation mit sozialem Mehrwert völlig neu. Ich möchte gern mehr über den Ansatz erfahren.

Jonas erzählt: »Behindertenwerkstätten arbeiten grundsätzlich gar nicht so anders als andere Werkstätten. Sie können genau dieselbe Arbeit leisten mit genauso guter Qualität, wenn nicht teilweise sogar mit besserer Qualität. Wir haben daher das Konzept für den Loadster gemeinsam mit der VfJ ausgearbeitet, Preise kalkuliert, geschaut, was man optimieren kann und wie man optimieren kann. Wir haben gemeinsam darüber nachgedacht, wie man eine entsprechende Produktionshalle gestalten kann, und geprüft, wie man das Personal eintakten kann. Die ersten Prototypen haben wir gemeinsam mit der VfJ bei ihnen vor Ort aufgebaut. Ich muss sagen, dass die Arbeiten qualitativ sehr, sehr hochwertig erledigt wurden, was wir woanders so nicht finden konnten.«

Die Zusammenarbeit für die Serienfertigung kann nach einem Umzug der Produktion derzeit aus geografischen Gründen nicht weiter fortgeführt werden. Jonas bedauert das, er schließt aber eine Zusammenarbeit für die Zukunft nicht aus.

Ich frage ihn, inwiefern sich Wirtschaftlichkeit und Soziales aus unternehmerischer Sicht zusammendenken lassen, und freue mich über seine differenzierte Antwort: »Grundsätzlich ist es möglich. Es bedarf erst einmal einer genauen Definition von ›sozial‹. Sozial ist sicherlich auf der einen Seite, wenn wir mit einer Behindertenwerkstatt zusammenarbeiten. Sozial ist aber auch im gleichen Maße, wenn man ordentliche Löhne zahlt, was wir definitiv tun. Das heißt für mich, dass das Montageteam deutlich mehr erhält als den Mindestlohn. Daher ist für mich ein ordentlicher Lohn auch schon ein sozialer Faktor. Es ist für mich definitiv möglich, beides zu verbinden.«

Warum, frage ich, sind solche Zusammenarbeitsformen bislang selten bei Start-ups? Die Antwort überrascht mich. »Es gibt viele Start-ups, die mit Behindertenwerkstätten zusammenarbeiten. Das merkt man so nicht, weil sie nicht öffentlich darüber sprechen«, sagt Jonas nachdenklich. Warum ist das so? »Weil wir nun einmal in einer Gesellschaft leben, in der Andersdenkende schnell negativ wahrgenommen werden. Auch eine Zusammenarbeit mit Behindertenwerkstätten kann gerade bei Start-ups zu Umsatzeinbußen führen. Und für einige Investoren ist es ein negativer Faktor, wenn sie hören, dass ein Start-up mit einer Behindertenwerkstatt zusammenarbeitet. Das ist etwas, was ich definitiv nicht abkann und nicht leiden kann. Deswegen haben wir von Anfang an gesagt, wenn wir eine Kooperation anstreben, gehen wir offen und ehrlich damit um. Das hat uns wahrscheinlich Kund:innen gekostet, das hat uns wahrscheinlich Investor:innen gekostet. Das muss man an dieser Stelle aber in Kauf nehmen, denn ich möchte etwas sozial Sinnvolles und generell etwas gesellschaftlich Sinnvolles tun. Für die Kund:innen zählt in erster Linie sowieso das Endprodukt, das Bike. Es muss stabil und zuverlässig sein, funktionieren. Und vielen ist es wichtig, dass dabei auch auf die Umwelt geachtet wird. Viele Start-ups trauen sich nicht, die Zusammenarbeit offen zu kommunizieren. Wir wissen aber, dass sehr, sehr viele trotzdem mit Behindertenwerkstätten zusammenarbeiten.«

Ich muss zugeben, dass mich Jonas' Worte berühren. In alle Richtungen. Ich bin frustriert darüber, dass wir im unternehmerischen Bereich noch nicht überall so weit sind, dass diese besonderen Kooperationen mindestens gleichberechtigt neben den etablierten Modellen stehen und dass solche Zusammenarbeitsformen in einer Unternehmerlandschaft sogar negativ ausgelegt werden. Gleichzeitig habe ich einen wahnsinnig großen Respekt vor dem, was Jonas aufgebaut hat. Vor seiner Einstellung und seiner Haltung, sich nicht von seiner sozialen Grundüberzeugung abbringen zu lassen. Ich hoffe inständig, dass viele Unternehmer:innen seinem Beispiel folgen werden, dass sie genauso erstklassige Produkte entwickeln, den Mobilitätsmarkt verändern und dabei auf soziale Aspekte achten sowie ihrer Verantwortung als guter Arbeitgeber voll und ganz nachkommen.

Kapitel 9

VON TECHNISCHEN ZU SOZIALEN INNOVATIONEN

Fortschritt und Innovation in unserer Gesellschaft

Oft denken wir beim Begriff »Innovation« vor allem an technische Lösungen, die schneller, besser, effektiver oder effizienter sind als die bisherigen. Unabhängig davon, ob es sich um neue Produkte, um neue Prozesse oder auch um neue Formen von Services handelt, vergessen wir oft, dass Innovationen auch einen starken Einfluss auf unsere Gesellschaft und unser soziales Leben haben. Einige haben das Potenzial, die Art und Weise, wie wir als Gesellschaft zusammenleben, radikal zu verändern. Sie können regelrecht bahnbrechend sein, wenn es darum geht, die größten gesellschaftlichen Probleme zu lösen. Damit Innovationen auf diese Weise wirken können, müssen sie akzeptiert und von der Gesellschaft aufgenommen werden.

Einige wünschen sich allerdings deutlich radikalere Innovationen: Wir haben es heute mit einer regelrechten »Innovationsinflation« zu tun, schreibt etwa der Essayist Wolf Lotter in seiner Streitschrift zu Innovationen.[1] Das Innovationskarussell drehe sich immer schneller, und die vielen Produktneuerungen, Produktanpassungen und Produkteinführungen führten, so Lotter, zu einer Entwertung von Innovationen. Das könne sich jedoch kaum eine Gesellschaft leisten, deren Wohlstandsperspektive auf Wissen, Wachstum und neuen Ideen aufgebaut ist. Wenig von dem, was mittlerweile mit dem Etikett »Innovation« versehen sei, hätte echte schöpferische Zerstörung zur Folge, betont Lotter und bezieht sich damit auf Joseph Schumpeter, den Urvater des Innovationsgedankens. Denn dieser sprach von der »schöpferischen Zerstörungskraft« einer Innovation: Nur wenn Bestehendes zerstört wird, könne sich Neues wirklich durchsetzen und auf Dauer bestehen.

Innovationen von bemerkenswertem disruptiven und gesellschaftlichen Ausmaß sind sicherlich Erfindungen wie die Eisenbahn, mit der plötzlich große Distanzen in kurzer Zeit überbrückt werden konnten und die zur Besiedelung von ländlichen Regionen beitrug, genauso wie das Automobil, das schnellere und individuelle Mobilität ermöglichte. Zu nennen sind aber auch die großen Technologiesprünge wie das Telefon, das Internet und unsere heutigen Smartphones.

Innovation ist Treiber für das Wachstum unserer Wirtschaft und damit letztendlich für die Weiterentwicklung unserer Gesellschaft. Allerdings ist nicht jede Innovation eindeutig einem Nutzen zuzuordnen: Bringt sie Gutes? Bringt sie Zerstörerisches? Was ist wünschenswert?

Wir stellen fest, dass die Schattenseiten von technischem Fortschritt immer schwerer abzuschätzen sind. Der Soziologieprofessor Ulrich Beck spricht von technischem Fortschritt als größtem bekannten Risiko für eine Gesellschaft, da neue Technologien nicht mehr kontrollierbare Folgen haben können.[2] In den vorangegangenen Kapiteln habe ich die Auswirkungen von Innovationen auf unsere Gesellschaft dargestellt, etwa von Mobilitätsplattformen, Elektromobilität oder autonom fahrenden und mit der Umgebung vernetzten Fahrzeugen. Außerdem habe ich beschrieben, inwiefern Technologie immer mehr Einfluss auf die Arbeitswelt hat.

In der Antike war der Fortschrittsgedanke unmittelbar mit dem Ziel verbunden, die Gesellschaft im Einklang mit der Umwelt weiterzuentwickeln.[3] Heute erscheint uns alles Neue als Selbstzweck. Unabhängig davon, ob es sich um neue Produkte, neue Technologien, neue Märkte, neue Organisationsformen, neue Fertigungsverfahren oder neue Materialien handelt. Neuheit und Innovation werden nicht an dem Zweck gemessen, dem sie dienen, sondern erhalten selbst einen Status. Wir digitalisieren und automatisieren, einfach weil wir es können. Wir neigen, um es mit den Worten des Publizisten Evgeny Morozov zu sagen, zu einem »Solutionismus«: Wir lösen mit Technologie Probleme, die vielleicht gar keine sind.[4]

Deswegen ist es für uns heute schon fast selbstverständlich, alles Denkbare zu automatisieren und den Menschen durch Künstliches zu ersetzen. Doch idealisieren wir damit die technologischen Entwicklungen?

Innovationen mit einem gesellschaftlichen Mehrwert

Ich plädiere für eine andere Sicht: Wir müssen als Gesellschaft darüber nachdenken, welche Innovationen mit welchem Effekt uns wichtig sind. Statt den Fokus nur auf technisch mögliche und fortschrittsgetriebene Innovationen zu lenken, müssen wir Innovationen an ihrem Nutzen messen – ihrem Nutzen nicht nur für Einzelne, sondern für unsere Gesellschaft und unser ökologisches Umfeld.

Welcher Fortschritt und welche Innovation können auch einen sozialen Mehrwert darstellen? Was hat das Potenzial, eine Gesellschaft zu prägen, in der wir zukünftig leben möchten? Was hilft uns, die Kluft sozialer Ungleichheit zu überwinden?

Der amerikanische Ökonom Michael Lind bezeichnet unser Zeitalter gar als »The Boring Age«, also als eine Epoche, die kaum noch radikale Disruptionen hervorgebracht habe und keinen großen Wandel symbolisiere. Ein Zeitalter, in dem wir trotz der vorhandenen technischen Möglichkeiten im Grunde genommen technisch stagnieren – denn keine der jüngsten Innovationen habe auch nur einen annähernd disruptiven Effekt gehabt: »Gadgets der Informationstechnik haben nicht im Geringsten den transformativen Effekt wie das elektrische Licht vor einem Jahrhundert, der Kühlschrank, Gasöfen und Kanalisation. Ist die Kombination von Telefon, Bildschirm und Tastatur wirklich so bahnbrechend wie der Buchdruck oder die Schreibmaschine oder das einfache Telefon oder das Fernsehen?«[5]

Lassen Sie uns Innovationen größer denken und über Erfindungen diskutieren, die unsere Menschheitsgeschichte wirklich prägen können. Die unseren Alltag, unsere Mobilität und unser Leben dauerhaft verändern.

Wenn Innovationen weltbewegende Probleme lösen

Einen Bedarf an Innovationen mit Einfluss auf das Allgemeinwohl gibt es auf jeden Fall: das Ziel der Verringerung von Hunger und Armut, die wachsende soziale Ungleichheit und das Auseinanderdriften der Gesellschaft, der Klimawandel und seine Einflüsse auf unser Leben, die Veränderung der Arbeitswelt, der Wunsch nach hochwertiger Bildung überall auf der Welt, das Ziel der Geschlechtergleichheit, der notwendige Zugang zu sauberem Wasser ... Viele dieser Herausforderungen sind in den 17 Nachhaltigkeitszielen der Vereinten Nationen zusammengefasst, die auf unterschiedlichen Ebenen sehr präzise die wichtigsten weltweiten Problem-

felder aufzeigen. Innovationen sind ein wichtiger Lösungsweg, um die gesellschaftlichen Herausforderungen anzugehen. Vor allem beantworten diese weltbewegenden Probleme auch die Frage, warum es sich lohnt, an Innovationen zu arbeiten. Wir sprechen also von sozialen Innovationen.

Was verstehen wir unter sozialen Innovationen? Soziale Innovationen beschreiben neue Lösungen für gesellschaftliche Herausforderungen. Es sind Innovationen zum Wohle der Menschheit. Dabei geht es um neue Ansätze, die auf intelligente Art soziale Bedürfnisse unternehmerisch berücksichtigen. Die Lösungen sollen an den wichtigsten und drängendsten Bedürfnissen innerhalb einer Gesellschaft ansetzen und vor allem den Menschen in den Mittelpunkt stellen – stets mit dem Ziel, das Leben der Menschen und Gesellschaften positiv zu verändern. Es geht darum, wie wir als Gesellschaft zusammenleben wollen, wie wir unsere Arbeit angehen, oder auch, wie wir konsumieren.

Dabei ist es unerheblich, ob es sich bei diesen Innovationen um neue Produkte, Dienstleistungen oder Geschäftsmodelle handelt. In einigen Fällen wird eine finanzielle Nachhaltigkeit der Innovation angestrebt, soziale Innovationen können also auch als tragfähiges Geschäftsmodell umgesetzt werden. Dabei steht der Profit allerdings nicht an erster Stelle, sondern er leistet einen Beitrag zur sozialen Lösung.

Soziale Innovationen entstehen immer dort, wo gute Ideen auf gesellschaftliche Bedürfnisse treffen. Sie stehen für ungeahnt wirkungsvolle Lösungen, die dazu beitragen, einen echten Mehrwert für unsere Gesellschaft zu schaffen, und die helfen, unsere gesellschaftlichen, ökonomischen und ökologischen Ressourcen besser zu nutzen. Sie haben damit das Potenzial, sozialen Fortschritt zu ermöglichen.

Natürlich gilt auch hier: Eine Idee an sich ist nur der Anfang von Innovation. Zu einer sozialen Innovation wird eine neue Idee erst dann, wenn eine positive Wirkung in der und für die Gesellschaft erkennbar ist. Genau deswegen werden diese Arten von Innovationen oftmals von Zivilgesellschaft, Individuum, Wirtschaft und Staat kooperativ entwickelt. Anstatt die Verantwortung bei anderen zu suchen, geht es hier darum, selbst wirksam zu werden.

Neben den 17 Nachhaltigkeitszielen sind auch die aktuellen gesell-

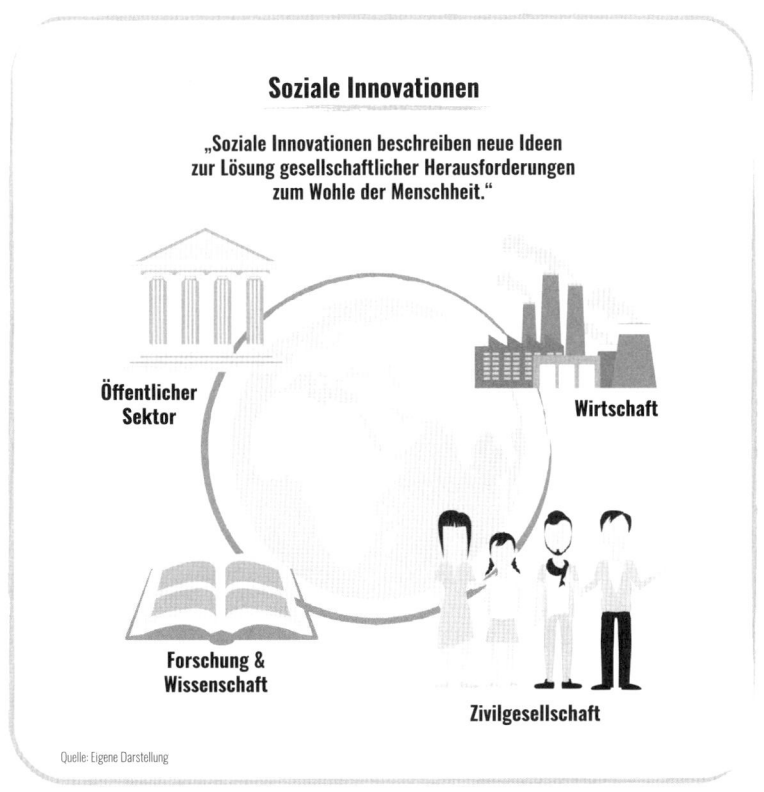

Soziale Innovationen

„Soziale Innovationen beschreiben neue Ideen
zur Lösung gesellschaftlicher Herausforderungen
zum Wohle der Menschheit."

Öffentlicher
Sektor

Wirtschaft

Forschung &
Wissenschaft

Zivilgesellschaft

Quelle: Eigene Darstellung

schaftlichen Entwicklungen, die neue oder auch wiedergefundene Verantwortung für die Menschheit und den Planeten, die Grundlage für soziale Innovationen mit großem disruptiven Potenzial. Sie stellen die bisherige Wachstumsökonomie infrage und zeigen ihr Grenzen sowie Alternativen auf. Immer mehr Erfinder:innen und Ideengeber:innen wenden sich von unserem aktuellen Konsumverhalten, unserer Wegwerfmentalität, dem vorherrschenden Wachstumskurs in der Wirtschaft und der Ressourcenverschwendung ab und suchen nach neuen Wegen im Tauschen, Teilen, Leihen, Reparieren, Recyceln und Aufwerten. Sie möchten auch die Massenproduktion und Anonymisierung von weltweiten Lieferketten zu kostendiktierten Arbeitsbedingungen nicht weiter hinnehmen.

Die gesellschaftliche Rolle von Unternehmen wird immer stärker eingefordert. Von Unternehmen wird neben klaren gesellschaftspolitischen Positionen vor allem die Übernahme sozialer Verantwortung erwartet, zumal sie als »Unternehmensbürger« selbst ein Teil dieser Gesellschaft sind. Unternehmen sollen für gute Arbeitsbedingungen für die eigenen Beschäftigten stehen, auf die Einhaltung von Sozial- und Umweltstandards ihrer Zulieferer achten und gleichzeitig ihr Kerngeschäft sozial und nachhaltig ausrichten. Nachhaltigkeit mit seiner sozialen, ökologischen und wirtschaftlichen Dimension wird zunehmend in nichtfinanziellen Kriterien am Kapitalmarkt wertgeschätzt.[6] Und je stärker sich nachhaltiges Wirtschaften im Bewusstsein von Investor:innen widerspiegelt, desto höher wird auch der Druck auf andere Unternehmen sein, nachzuziehen und Nachhaltigkeit im Unternehmensmanagement, in der Strategie, aber auch in der Umsetzung zentral zu verankern.

Soziale Innovationen gestern und heute

Im Laufe der Geschichte sind immer wieder soziale Innovationen entstanden, die unser Gesellschaftssystem bis heute prägen. Schon die Erfindung des Rads veränderte die Mobilität. Der Buchdruck ermöglichte eine Verbreitung von Informationen in der gesamten Gesellschaft. Aber auch Genossenschaften, die zunächst gegründet wurden, um die notleidende Landbevölkerung zu unterstützen, und nach wie vor als kooperative Zusammenschlüsse in der Wirtschaft bestehen, zählen zu den sozialen Innovationen, ebenso wie Universitäten. Die moderne Demokratie umfasst viele weitere soziale Innovationen, zum Beispiel die Sozialversicherung, die Ende des 19. Jahrhunderts von Otto von Bismarck zur Absicherung des Lebensunterhalts eingeführt und seitdem von zahlreichen Ländern übernommen wurde.[7] Mikrokredite für Menschen mit geringem Einkommen, die sonst keine Chance auf finanzielle Darlehen hätten, aber auch die Open-Source-Bewegung in der Programmierwelt werden oft als soziale Innovationen bezeichnet, die wichtige Teile unserer Gesellschaft und unsere Zukunft prägen.

Auch wenn der Gedanke von sozialen Innovationen nicht neu ist, so hat sich der Begriff erst im letzten Jahrzehnt durchsetzen können. Wie so oft ist es wahrscheinlich ein Zusammenspiel von mehreren Faktoren, die diesen Umstand bedingen. Vielleicht liegt es an der Technikmüdigkeit, mit der die jüngsten Innovationsansätze betrachtet werden und die den Blick eher auf deren gesellschaftliche Auswirkungen lenkt. Vielleicht hinterfragen wir als Gesellschaft zunehmend die Prämissen für die Art von Zukunft, die wir gestalten und hinterlassen wollen. Vielleicht werden wir durch den fast unbegrenzten Zugang zum Wissen der Welt auch einfach so aufgeklärt und mündig, dass wir Gegebenheiten kritischer betrachten.

Daraus folgend werden soziale Innovationen auch immer häufiger ganz gezielt mit öffentlichen und privaten Geldern gefördert. Die Europäische Kommission hat soziale Innovationen als einen Programmpunkt aufgenommen und eine europäische Social Innovation Community aufgebaut, um regelmäßig europaweit nach entsprechenden Ideen zu suchen.[8] Hier werden Unternehmen und ganz besonders Sozialunternehmer:innen angesprochen, die unter dem Begriff »Social Innovation« oder »Social Business« ihr bisheriges gesellschaftliches Engagement zunehmend mit ihrem Kerngeschäft verbinden oder mit ihren Geschäftsmodellen vorrangig gesellschaftliche Herausforderungen angehen. Sie alle verbindet das Ziel, mit ihren Produkten, Zielgruppen und Geschäftsmodellen einen Beitrag zum Gemeinwohl zu leisten.

Auch im Deutschen Bundestag wurde eine Förderung von sozialen Innovationen beschlossen, um auf die bestehenden und zukünftigen Herausforderungen wie den demografischen Wandel, den sozialen Zusammenhalt, den Klimawandel oder die Digitalisierung einzugehen.[9] Damit wird betont, dass für all diese gesellschaftlichen Herausforderungen Ansätze gefunden werden müssen, die über technische Lösungen hinausgehen. Dafür sollen Experimentierräume für soziale Innovationen geschaffen werden, um neue Wirtschaftsformen, Finanzierungswege und Formen der Einbeziehung der Gesellschaft zu erproben. Es wird explizit darauf hingewiesen, dass es Themenfelder gibt, die sich besonders zur Förderung sozialer Innovationen eignen, wie die Themen Arbeit oder eben auch Mobilität.

Ich hoffe, dass die Förderungen, Programme und Engagements dazu führen, dass soziale Innovationen – nicht nur, aber gerade auch in der Mobilität – breit in der Mitte unserer Gesellschaft ankommen werden, damit die Sozialinnovator:innen mit ihren Ideen und Lösungen die benötigte Unterstützung erhalten.

Mobilitätsinnovationen für eine bessere Welt

Meiner persönlichen Einschätzung nach kann es auf die Frage, wie Mobilität mehr für unsere Gesellschaft und die Welt leisten kann, nur eine Antwort geben: durch die Förderung und gezielte Umsetzung sozialer Innovationen rund um die Mobilität – möglichst abgesichert durch sozial ausgerichtete Geschäftsmodelle, die darauf abzielen, das Leben eines großen Teils unserer Gesellschaft zu verbessern. Vielleicht klingt das ambitioniert. Doch was spricht eigentlich dagegen, dass wir uns solche ambitionierten Ziele setzen?

Wir pflegen in Deutschland aktuell eine Kultur, die allzu hochgesteckte Ziele als unerreichbar abtut. Wir suchen nicht mehr nach großen Disruptionen und versuchen gar nicht erst, das Unmögliche zu schaffen. Stattdessen konzentrieren wir uns lieber auf kleine Ideen mit pragmatischen Ansätzen, um Ergebnisse sicher zusagen und garantiert liefern zu können. Ganz anders ist es im Silicon Valley. Dort gehört das Ziel, die nächste große Innovation mit weltweiter Durchschlagskraft hervorzubringen und damit die Welt zu verbessern, für viele junge Gründer:innen fast schon ins Standardrepertoire für ihren Investoren-Pitch.

Was hält uns eigentlich davon ab, über Innovationen nachzudenken, die von echtem gesellschaftlichen Belang sind? Die sozial sind und das Leben der Menschen vielleicht sogar über das eigene Land hinaus maßgeblich verbessern können?

Wir müssen den Visionär:innen und Vorbildern den nötigen Raum, Unterstützung und eine Bühne geben. Denn sie zeigen uns, wie es funktionieren kann. Einige der Vordenker:innen haben Sie in diesem Buch bereits kennengelernt, viele soziale Mobilitätsinnovationen haben wir bereits gemeinsam näher betrachtet. Eine besonders spannende und vielversprechende soziale Innovation in der Mobilität habe ich aber noch für dieses Kapitel aufgehoben.

Drohnen, die Menschenleben retten

Das Handy blinkt. Eine WhatsApp-Nachricht trifft ein. Ein 70 Kilometer entferntes Krankenhaus meldet den Bedarf einer Bluttransfusion für eine Operation in einer halben Stunde. Die genauen Daten stehen in der Nachricht. Eine Mitarbeiterin holt die passende Blutkonserve, scannt sie und legt sie in eine Box in den Innenraum einer Flugdrohne.

Die Drohne sieht etwas anders aus als herkömmliche Drohnen. Eher wie ein großes Modellflugzeug. Aus Gewichtsgründen besitzt sie keine Räder. Sie wird daher mit einem Katapult in die Luft geschossen und per GPS präzise zum Zielort gesteuert. Sobald die Drohne das Krankenhaus erreicht hat, sinkt sie auf etwa zehn Meter Höhe und der Innenraum der Drohne öffnet sich. Die Box mit der Blutkonserve segelt mit einem kleinen Papierfallschirm sanft auf eine definierte Landezone vor dem Krankenhaus, auf den Meter genau. Ein Mitarbeiter des Krankenhauses wurde bereits per Textnachricht über die Ankunft der Bestellung informiert und nimmt die Box mit dem kostbaren Inhalt entgegen.

Das ist keine Szene aus Deutschland, Europa oder den USA, sondern aus Ruanda, einem kleinen Land in der Mitte von Afrika. Das Start-up Zipline fliegt die Drohnen bereits seit 2016 und ist damit der erste Drohnen-Lieferservice der Welt.[10] Über 50 000 Flüge hat das Unternehmen bereits erfolgreich absolviert, über 10 Millionen Kilometer wurden bereits geflogen, viele Tausende Menschenleben konnten über die »Medizin vom Himmel« gerettet werden – und das ohne einen einzigen Unfall.[11] Von einem kleinen Flugplatz aus versorgen die Mitarbeiter:innen mit ihren 16 Drohnen über 500 Krankenhäuser und Krankenstationen mit Blut- und Plasmakonserven, Medikamenten und Impfstoffen. Auch in Ghana versorgen mittlerweile 30 Drohnen an vier Stationen mehr als 2000 Gesundheitseinrichtungen für 12 Millionen Menschen.[12] Im Durchschnitt, so berichtet das Unternehmen, fliegen die Drohnen 500-mal am Tag und befördern damit täglich fast eine Tonne an Blut und Medikamenten. Für Mütter, die kurz nach der Geburt schwere Nachblutungen haben, genauso wie für diejenigen, die nach einer Malariainfektion schnellstmöglich eine Transfusion benötigen.

Zipline schafft eine durchschnittliche Lieferung in 30 Minuten mit einer durchschnittlichen Fluggeschwindigkeit von 100 Stundenkilometern. Eine herkömmliche Lieferung würde aufgrund der schlechten Straßeninfrastruktur in Ruanda oder Ghana und einer hügeligen Landschaft üblicherweise deutlich länger brauchen: Nur 20 Prozent der Straßen sind geteert, die restlichen Straßen sind unbefestigt und gerade in der Regenzeit schwer zu überwinden. Die Drohnen können auch bei stärkstem Regen fliegen.

Zudem löst Zipline ein großes Problem der Krankenhäuser. Denn rote Blutkörperchen halten gerade einmal einen Monat, Blutplasma sogar nur wenige Tage. Oftmals müssen daher Blut, aber auch Impfstoffe und Medikamente nach dem Verfallsdatum entsorgt werden. Sie fehlen dann wiederum, wenn sie gerade benötigt werden.[13] In einem Vortrag geht der CEO von Zipline, Keller Rinaudo, näher auf dieses Dilemma ein: »In der gesamten Logistik des Gesundheitswesens wird immer abgewogen zwischen Verschwendung und Verfügbarkeit. Will man die Verschwendung minimieren, lagert man alles zentral. Dadurch bekommen aber Patienten im Notfall manchmal nicht das, was sie brauchen. Will man die Verfügbarkeit maximieren, lagert man alles direkt vor Ort im Krankenhaus, was gut für die Patienten ist. Aber man muss eine Menge wegwerfen, was sehr teuer ist.«[14]

Inzwischen übernimmt Zipline den Transport von 65 Prozent der Bluttransfusionen Ruandas außerhalb der Hauptstadt. Die Flüge werden dem Gesundheitsministerium in Ruanda in Rechnung gestellt und sind somit Teil der Gesundheitsausgaben im Land. Für Keller Rinaudo ist es daher wichtig, zu betonen, dass das Geschäftsmodell nicht allein auf Philanthropie beruht, sondern wirtschaftlich tragfähig und ausbaubar ist.

Als an einer Highschool im ländlichen Ghana 113 Schüler an akutem Durchfall litten, brachte eine seiner Drohnen 125 Päckchen einer Trinklösung innerhalb von 20 Minuten.[15] Das Beispiel zeigt, dass der Mehrwert durchaus auch in alltäglichen Situationen besteht, gerade in ländlichen Regionen. Auch auf diesen Punkt geht Keller Rinaudo näher ein: »Dabei übersieht man oft, dass diese Innovationssprünge auch Gewinne auf vielen Ebenen auslösen. Zum Beispiel hat Ruanda durch die Investitionen in die Infrastruktur für sein Gesundheitswesen jetzt auch ein logistisches Netzwerk im Luftverkehr geschaffen. Dieses wiederum können sie nutzen, um andere Teile ihrer Ökonomie voranzutreiben, wie die Landwirtschaft oder E-Commerce.« Und er ergänzt: »Sie betreiben das weltweit einzige automatisierte Auslieferungssystem, das auf nationaler Ebene agiert. Sie haben etwas geschafft, was die größten Technologiegesellschaften der Welt nicht zustande gebracht haben.«[16]

Natürlich ist das Projekt etwas Besonderes und sicherlich nicht eins zu eins auf andere Regionen der Welt übertragbar, auch wenn ähnliche Projekte in anderen Ländern, wie Indien, bereits pilotiert werden und mittlerweile auch ein neuer Vertrag mit dem Land Nigeria unterschrieben wurde.

In Deutschland testete DHL die Belieferung einer Apotheke auf der ostfriesischen Insel Juist per Drohne, einem »Paketkopter«. Doch diese Form der Belieferung entlegener und schwer erreichbarer Regionen mit wichtigen Medikamenten blieb erst einmal ein Forschungsprojekt. Zu groß waren die Sicherheitsbedenken, der Aufwand, jeden Flug einzeln genehmigen zu lassen, und die Sorge um einen möglicherweise überlasteten Luftraum.

Auch wenn wir sicherlich unterschiedliche Lösungen für die jeweiligen Bedürfnisse an verschiedenen Orten der Welt finden müssen, zeigt das Beispiel von Zipline für mich sehr eindrucksvoll, wie eine neue Form von Mobilität – mit der richtigen politischen Unterstützung – einen revolutionären Fortschritt für die Infrastruktur des medizinischen Sektors und damit für die Gesellschaft bedeuten kann.

Eine soziale Vision von Mobilität

In diesem Buch haben wir viele Menschen kennengelernt, deren Ansätze in die Kategorie soziale Innovationen fallen und die visionäre Entwicklungen im Bereich der Mobilität vorantreiben. Sie alle eint, dass sie darüber nachdenken, wie Mobilität den Menschen Möglichkeiten eröffnen kann, ihr Leben weiter zu entfalten. Dabei kann es sich um einen gut ausgebauten öffentlichen Nahverkehr oder andere Formen öffentlicher Mobilität für alle handeln, barrierefrei und orientiert am Allgemeinwohl, mit Zuschüssen oder sogar kostenlos, wie es bereits einige Städte und Länder vorleben. Die Beispiele haben gezeigt, wie sich Mobilitätsangebote demokratisch und beteiligungsorientiert ausgestalten lassen, stets fokussiert auf die beste Lösung für die jeweiligen Mobilitätsbedürfnisse.

Die Gesprächspartner:innen haben uns ihre Antworten darauf gegeben, wie die Mobilitätsbranche den Menschen mit all seinen Bedürfnissen und die Gesellschaft als Ganzes ins Zentrum stellen kann. Sie haben beschrieben, wie es möglich ist, an einigen der größten sozialen Innovationen der Mobilitätsgeschichte zu arbeiten und gleichzeitig die Balance zu halten zwischen der gesellschaftlichen Verantwortung und der Verantwortung als guter Arbeitgeber. Ein Spagat zwischen den wirtschaftlichen, gesellschaftlichen und ökologischen Herausforderungen kann gelingen.

Eine bessere Mobilität für alle war und ist ein ambitioniertes Ziel. Auch wenn wir hier viele beeindruckende Visionär:innen, Macher:innen und ihre Gedanken und Ansätze kennengelernt haben, haben wir sicherlich noch nicht die vollumfängliche Lösung für alle Herausforderungen gefunden. Natürlich bleiben auch Fragen offen, und es liegt an uns, zu entscheiden, wie wir mit ihnen umgehen wollen. Wie können wir weiter an tragfähigen Ansätzen für inklusive und bedingungslose Grundmobilität für alle arbeiten? Wie wollen wir unsere Städte zukünftig gestalten? Wie stehen wir persönlich zu geteilter Mobilität? Wir sollten darüber nachdenken, ob wir Open-Data-Strategien einfordern wollen und welche Ansätze wir für ländliche Mobilität testen möchten. Auch unsere globale Verantwortung im Zusammenhang mit der Herstellung der Batterien für Elektromobilität dürfen wir nicht aus den Augen verlieren. Wir müssen entscheiden, wie wir zum autonomen Fahren stehen, wie wir mit Plattformarbeit in der Mobilität umgehen wollen und ob wir mehr soziale Innovationen in der Mobilität fördern möchten.

Welche Erkenntnisse bleiben uns jetzt also, nachdem wir so viele unterschiedliche soziale Lösungsansätze kennengelernt haben? Ich versuche, meine eigenen Erkenntnisse zusammenzufassen.

Viele der sozialen Innovationen weisen eine hohe ökonomische Relevanz auf, und viele der Lösungen versuchen, beides zu verbinden: wirtschaftliche Motive und eine soziale Mission. Dabei kann es sich um genossenschaftliche oder kooperative Ansätze handeln, um Social-Business-Modelle, in denen Erlöse üblicherweise reinvestiert werden, um am Gemeinwohl orientierte Geschäftsmodelle oder um Geschäftsmodelle, die wirtschaftliche und soziale Ziele gleichermaßen verfolgen. Mir ist es besonders wichtig, zu betonen: Es ist möglich, beides zu verbinden, soziale Mobilitätsziele und wirtschaftliche Geschäftsmodelle. Für zukünftige Mobilitätslösungen stelle ich mir genau solche sozial-unternehmerischen Ansätze vor.

Was ebenfalls klar ist: Technologie ist ein zentraler ergänzender Faktor in fast all diesen Innovationen. In sehr vielen der beschriebenen sozialen Mobilitätsinnovationen ermöglicht Technologie den vereinfachten Zugang, die Bündelung an Informationen, die Anpassung an persönliche Bedürfnisse sowie die Skalierung über unterschiedliche Regionen. Dennoch bleibe ich dabei: Technologie und die technologische Entwicklung sollten nicht Selbstzweck sein, sondern das Mittel, um gesellschaftlich wertvolle Lösungen zu ermöglichen und vielleicht noch deutlich größere gesellschaftliche Herausforderungen anzugehen. Vielleicht lassen sich so sogar weltweite Lösungen finden.

Bemerkenswert fand ich, dass auch junge Unternehmer:innen nicht davor zurückschrecken, mit neuen Ideen und Ansätzen in einen etablierten Mobilitätsmarkt einzutreten. Sie lassen sich nicht von der Größe bestehender Konzerne einschüchtern, sondern entwickeln mutig und überzeugt zeitgemäße Mobilitätslösungen, die bislang auf dem Markt fehlen. Dazu suchen sie sich Partner:innen, um Gelder für den Start des Geschäftsmodells von Investor:innen zu erhalten. Sie lassen sich nicht davon abbringen, ihre gesellschaftliche Mission in ihrem Geschäftsmodell einzubinden, und sprechen auch offen darüber.

Eine weitere Erkenntnis für mich ist: Viele der sozialen Mobilitätslösungen brauchen die Unterstützung von Freiwilligen und überzeugten Mitstreiter:innen. Ob es die Unterstützung der Open-Source-Community ist, ob es diejenigen sind, die in Fahrradwerkstätten helfen und anderen Menschen Radfahren beibringen, ob sie Bürgerbusse fahren oder als Kümmerer mobile Dienstleistungen für andere buchen, ob über Online-Petitionen und Crowdfundings die Umsetzung einer neuen Idee ermöglicht wird oder ob es Nutzer:innen sind, die ihre Daten für einen guten Zweck spenden – Mobilität ist ein zentraler Teil unserer Gesellschaft und benötigt die Unterstützung aller, um sich in ein neues, sozialeres Zeitalter weiterzuentwickeln. Im Gegenzug liefern die sozialen Mobilitätslösungen denjenigen, die sich dafür engagieren, einen höheren Sinn, eine Überzeugung. Das ist es, was Menschen dazu bewegt, mitzumachen und mitzugestalten.

Mobilität hat die Menschheit schon immer fasziniert und sie wird uns sicherlich auch in Zukunft faszinieren. Wichtig ist, unseren Blick zu weiten, um Mobilität inklusiver, gerechter und für alle besser zu gestalten. Heute benachteiligt sie nach wie vor diejenigen, die sie am meisten benötigen – im Produkt wie auch im Geschäftsmodell. Doch einige Ansätze zeigen, wie schnell kluge Lösungen gefunden werden können, die Mobilität für viele deutlich vereinfachen und verbessern. Die Menschen, die hinter diesen Ansätzen stehen, liefern einen großen Beitrag – auch ohne dafür im Rampenlicht stehen zu wollen.

All die Menschen, mit denen ich gesprochen habe und die an ihren Ideen arbeiten, zeigen, dass noch viele weitere soziale Innovationen in der Mobilitätsbranche denkbar wären. Und dass wir gerade erst an der Schwelle stehen, unsere bestehenden Mobilitätskonzepte zu hinterfragen, neu zu denken und neu zu erfinden.

Daher bin ich sicher, dass gerade im Mobilitätsbereich viele weitere soziale Innovationen entstehen werden, die unsere Gesellschaft, unsere Unternehmen, unsere Umwelt und ganz besonders unser Leben verbessern werden. Ich bin überzeugt, dass uns dies gemeinsam gelingen wird.

Kapitel 10

EPILOG

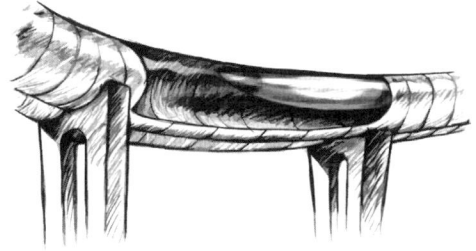

Von Erwartungen und Wünschen an Mobilität

Wie wünschen wir uns Mobilität in zehn Jahren? Eine Studie, die diese Frage 2019 stellte, konnte drei Punkte ermitteln, die besonders viel Zustimmung in der deutschen Bevölkerung erhielten: Auf Platz eins stand der Ausbau des öffentlichen Nahverkehrs, auf Platz zwei die intelligenten Ampelschaltungen in den Städten für flüssigen Verkehr und auf Platz drei, dass immer mehr Berufstätige auch von zu Hause oder von unterwegs arbeiten können.[1]

Auf den ersten Blick mag es überraschen, dass auf eine Frage nach der zukünftigen Mobilität mit Homeoffice und mobilem Arbeiten geantwortet wird. Doch spätestens der Ausbruch der Covid-19-Pandemie hat uns auf der gesamten Welt gezeigt, dass ein nicht physischer Arbeitsort einen immensen Effekt auf unsere Mobilität haben kann. Denken wir an die geringeren Stauzahlen und teilweise sogar leeren Straßen, an all die neuen Pop-up-Radwege, an die zu Stoßzeiten weniger gefüllten U-Bahnen und an geringere CO_2-Ausstöße im Transportsektor. Auf einmal scheint es gar nicht mehr so abwegig, die Frage zu stellen: Wie viele physische Treffen werden wir in Zukunft überhaupt noch brauchen? Erhalten sie einen völlig neuen Wert? Und was macht das mit unserer Mobilität?

Daher möchte ich am Ende dieses Buchs auf einen der größten Träume der Menschen zurückkommen: Raum überwinden zu können und gleichzeitig mehr Menschen mobil zu machen. Denn unsere Technologien entwickeln sich so rasant, dass sie uns früher oder später ungeahnte Möglichkeiten zur Überwindung von Distanzen schaffen werden, die wir uns derzeit vielleicht noch kaum vorstellen können. Es sind Entwicklungen, an denen schon heute weltweit unter Hochdruck gearbeitet wird und die unsere Art der Fortbewegung massiv verändern werden.

Auch wenn es sicherlich noch eine Weile dauern wird, bis wir die Ergebnisse in unserem Alltag erleben und fühlen werden, sollten wir verstehen, welche exponentiellen Entwicklungen auch im Bereich der Mobilität auf uns zukommen. Sie könnten sogar schneller Realität werden, als wir derzeit noch annehmen.

Physische Mobilität: Schneller und weiter mit dem Hyperloop

Der Traum einer Vakuumbahn, in der Menschen mittels Druckluft durch Rohre transportiert werden, geht auf den Erfinder George Medhurst im 18. Jahrhundert zurück. Heute arbeiten zahlreiche Entwicklerteams auf der ganzen Welt an Hyperloop-Lösungen. Sie alle träumen von einem Transport in einer Art Magnetschwebebahn in einem nahezu luftleeren Tunnel mit einer Geschwindigkeit von über 1000 Kilometern pro Stunde. Distanzen zwischen Metropolen könnten in wenigen Minuten überwunden werden. Im ersten Schritt wäre ein Hyperloop sicherlich eher für den Gütertransport denkbar, da dabei die Sicherheitsanforderungen, aber auch die Anforderungen an den Komfort geringer sind. Im zweiten Schritt wäre aber auch der Transport von Menschen mithilfe dieser Technologie vorstellbar.

Wenn es zu einem solchen Hyperloop-System kommt, würde dies sicherlich die Art und Weise revolutionieren, wie wir über Distanzen und Geschwindigkeiten denken. Wir hätten dann ein neues Verkehrsmittel, das schneller sein kann als ein Flugzeug und sich gleichzeitig durch hohe Sicherheit auszeichnet. Tausende Kilometer könnten in kürzester Zeit überwunden werden.

Ein Hyperloop wäre nicht auf fossile Brennstoffe angewiesen, sondern könnte klimafreundliches Reisen ermöglichen. Wir könnten also wieder unbekümmert um die Welt reisen, so wie wir es früher taten, bevor uns immer mehr bewusst wurde, was das für unsere Umwelt und das Klima bedeutet. Ein solches Transportmittel, das zahlreiche Menschen gleichzeitig in kleinen Kapseln in hoher Frequenz bewegen könnte, würde zu ungeahnten neuen Formen des Wirtschaftens führen. Die wirtschaftlichen Auswirkungen wären enorm für all diejenigen Regionen, die an eine Hyperloop-Verbindung angeschlossen wären.

Bislang ist die Technologie in einem frühen Entwicklungsstadium. Erste Teststrecken werden auch in Europa ausgebaut. So sitzt Hyperloop Transportation Technologies bereits in Toulouse, das niederländische Start-up Hardt Hyperloop wird in Groningen einen drei Kilometer langen Teststandort aufbauen, das Start-up Virgin Hyperloop One plant ein Forschungs- und Testzentrum im spanischen Málaga und auch in München plant die Technische Universität eine eigene Teststrecke mit einer Kapsel in Lebensgröße. Hyperloop-Testfelder und -Wettbewerbe zeigen uns jährlich die Fortschritte in einer für uns völlig neuen Form der Mobilität, die Investitionen in diese Form des Transports werden immer größer.

Müssen wir uns alle allmählich an eine solche Vision unserer zukünftigen Mobilität gewöhnen? Dies frage ich meine letzte Gesprächspartnerin in diesem Buch. Sohaila Ouffata ist Geschäftsführerin bei i Ventures Europe, der Venture-Capital-Tochter von BMW. Sie hält stets Ausschau nach Innovationen, Trends und neuen Geschäftsmodellen rund um Mobilität, in die es sich lohnt zu investieren. Sie kennt die Zukunftsentwicklungen in dieser Branche so gut wie wenig andere und steht dabei mit großer Leidenschaft für alles, was zur Nachhaltigkeit unseres Planeten beiträgt. Doch in den Hyperloop als Mobilitätsangebot würde sie nicht investieren, und ich möchte natürlich gerne wissen, warum denn nicht.

»Aus einer Venture-Capital-Perspektive ist ein Hyperloop einfach nur teuer«, erklärt sie. »Er benötigt unheimlich hohe Investitionen am Anfang, und das Konzept kann nicht schnell skalieren, weil die Tunnel, in denen sich die Pods bewegen, erst noch alle gebaut werden müssen. Dennoch habe ich großen Respekt vor Elon Musk, der es schafft, andere so sehr für neue Mobilitätsinnovationen zu begeistern und Menschen auf der ganzen Welt dazu zu bewegen, entweder mit an der Vision zu arbeiten oder viel Geld in diese Idee zu investieren. Er schafft es damit, Zukunftsfiktion greifbar zu machen.«

Sie geht noch auf einen anderen Punkt ein, der bislang in der Diskussion um die Hyperloop-Technologie kaum beleuchtet wurde: »Was die Leute hier vergessen, ist die Wahrnehmung und die Akzeptanz von neuen Technologien bis hin zu den Hürden, die darin bestehen, bestimmte Verhaltensmuster zu ändern. Es gab Menschen, die hatten früher Angst vor Fahrrädern, es gab Menschen, die hatten Panik vor den ersten Autos. Und genauso wird es auch Menschen geben, die panische Angst davor hätten, sich in einem Pod durch die Gegend schießen zu lassen. Insofern glaube ich, dass der menschliche Faktor in der Ausgestaltung des Hyperloops in der Wahrnehmung zu wenig Berücksichtigung findet und dass diese zwei Welten sehr weit voneinander entfernt sind.«

Tappen wir also gerade schon wieder in die Falle, Technologie um der Technologie willen zu entwickeln? Vorbei an den echten Bedürfnissen der Menschen? Braucht es überhaupt noch schnellere Transportmittel in Zeiten der Digitalisierung?

Digitale Mobilität: Wie mobil müssen wir eigentlich sein?

Vielleicht gibt es auch eine Form von Mobilität, die noch schneller sein kann als ein Hyperloop. Deren erste Umrisse konnten wir in der jüngsten Vergangenheit erkennen. Gemeint ist die digitale Mobilität. Für Sohaila ist ganz klar, dass dies die Entwicklung der Zukunft ist: »Natürlich werden wir immer menschliche Interaktion brauchen, daran glaube ich schon. Aber ich bin auch davon überzeugt, dass viele Termine nicht mehr physisch notwendig sein werden. Und das hat natürlich wahnsinnig große Effekte auf unsere Mobilität.«

Wir alle haben uns bereits schnell daran gewöhnt, mit virtuellen Treffen zurechtzukommen und in Videocalls zu arbeiten, sei es in persönlichen

Gesprächen, in Meetings und sogar in Konferenzen, bei denen nicht mehr jede und jeder Vortragende physisch auf der Bühne stehen muss, wenn eine Zuschaltung auch per Kamera möglich ist. Doch die Bildschirmübertragung hat einen Nachteil: Sie zeigt uns distanziert in einer zweidimensionalen Ausführung. Was fehlt, ist das Gefühl von Nähe und Erreichbarkeit, das entsteht, wenn wir einen Menschen vor uns haben, mit einer anderen Person im selben Raum sind.

Ein sehr spannendes Entwicklungsfeld ist daher die Übertragung eines digitalen oder physischen Avatars. Ein Avatar ist ein integriertes Robotersystem, das es uns aus der Ferne ermöglicht, physische Umgebungen und andere Menschen überall auf der Welt zu sehen, zu hören, zu berühren und gemeinsam zu interagieren.[2]

Dass dies eine interessante Perspektive ist, sieht auch Sohaila so: »Also, ich kann mir gut vorstellen, dass Avatare zukünftig ein fester Bestandteil unseres Alltags sein werden. Unsere Gesellschaft sucht permanent nach Möglichkeiten der Produktivitätssteigerung. Avatare könnten zukünftig im Arbeitsalltag die Grenzen, die unsere Örtlichkeit und unsere Zeitzone vorgeben, verschieben. Wäre es nicht schön, wenn mein Avatar nachts, wenn ich schlafe, für mich Termine in anderen Zeitzonen wahrnimmt oder es mir ermöglicht, gleichzeitig an mehreren Orten eine Präsentation zu halten?«

Die Forschung rund um Avatare ist damit auch aus Sicht der Mobilität ein großes Zukunftsfeld. Muss eine Keynote-Speakerin überhaupt noch zu einer Konferenz fliegen oder kann ein Avatar das gleiche Erlebnis liefern – zu einem ganz anderen Preis, was Wirtschaftlichkeit, Umwelt, Sicherheit, aber auch unsere Zeit angeht? Können menschliche Fähigkeiten mithilfe eines Avatars über Tausende von Kilometern anderen zur Verfügung gestellt werden, vielleicht sogar zu jeder Tages- und Nachtzeit?

Die Möglichkeiten und Einsatzfelder scheinen endlos zu sein: Physische Avatare könnten in Bereichen eingesetzt werden, die für Menschen zu gefährlich oder unzumutbar sind, bei Naturkatastrophen, unter Wasser oder auch im Feuer. Einige erste Roboter wurden bereits in China in Behelfskliniken im Kampf gegen das Coronavirus eingesetzt und über Mitarbeiter:innen des Krankenhauses aus sicherer Entfernung gesteuert.

Anders als die heutigen Roboter müssten Avatare in der Lage sein, wie Menschen selbstständig in unserer Welt voranzukommen. Sie würden uns somit in Echtzeit an andere Orte transportieren können, ohne dass wir tatsächlich vor Ort sind. Doch das funktioniert nur, wenn übertragen wird, wie man sich bewegt, was man fühlt, was man sieht und hört.[3] Vielleicht hätte ein Avatar sogar eine Nuklearkatastrophe wie die in Fukushima verhindern oder zumindest eindämmen können. Zugleich ist es jedoch eine der umstrittensten Technologien – kaum vorstellbar, wohin ein Missbrauch von Avataren führen könnte.

Dennoch sind die Vorteile nicht von der Hand zu weisen: Avatare können auch Fähigkeiten übertragen, dorthin, wo sie dringend benötigt werden, beispielsweise wenn die besten Chirurgen zu weit von einem Unfallort entfernt sind. Vielleicht können Avatare auch physische Begegnungen ersetzen, die aus bestimmten Gründen nicht möglich sind, und dabei echte persönliche Nähe schaffen. Wir könnten uns um andere Menschen kümmern und anwesend sein, auch über eine große Distanz hinweg. Mithilfe der Avatare, die uns verkörpern, und digitaler Lösungen könnten wir uns verbinden – unabhängig von der Entfernung.

Warum Mobilität heute mehr denn je in Bewegung ist

Schlussendlich bin ich davon überzeugt, dass es nicht um das eine oder das andere geht, um physische oder digitale Mobilität. Sondern darum, dass wir zukünftig eine Wahl haben werden. Im besten Fall können wir uns entscheiden, wie wir unsere Mobilität wahrnehmen wollen. Braucht es wirklich die physische Anwesenheit vor Ort? Wie hoch bewerten wir die Auswirkungen der jeweiligen Fahrt auf unser Klima? Welche Form der Mobilität passt uns gerade am besten mit Blick auf private Verpflichtungen?

Für mich ist klar geworden, dass sich unser Verständnis von Mobilität spätestens nach der Coronapandemie vollständig verändern wird. Die digitale Mobilität ist für uns noch neu, wir tasten uns langsam an sie heran und können nur erahnen, wie sie in Zukunft aussehen wird.

Eine digitale Mobilität erfordert im Übrigen auch eine geistige Mobilität. Eine Flexibilität, um sich auf neue Kontexte einzulassen, auch ohne physische Präsenz. Dies könnte im besten Fall auch zu echter sozialer Mobilität im Sinne von gesellschaftlichem Aufstieg führen. Es könnte Bildungschancen ermöglichen für diejenigen, die sich eine Ausbildung oder ein Studium vorher vielleicht nicht leisten konnten und die nun doch daran teilhaben können. Die Menschen hätten Zugang zu Weiterbildungen an Institutionen, die vorher physisch kaum erreichbar waren. Es wäre möglich, an Orten zu arbeiten, die auf der anderen Seite der Welt sind. Auch medizinische Behandlungen sind denkbar, bei denen Behandler:innen und Patient:innen nicht am selben Ort sein müssen.

Die Digitalisierung ermöglicht schon heute eine komplett neue Mobilität für immer mehr Menschen, die vor einigen Jahren noch kaum möglich schien. Sie erweitert den bisherigen Mobilitätsbegriff für alle – wenn sie denn Zugang zur digitalen Mobilität haben. Die Digitalisierung macht die Welt für uns erreichbarer, unabhängig davon, ob wir physisch vor Ort sind oder nicht.

Ich hoffe, ich konnte in diesem Buch aufzeigen, wie vielfältig unsere Mobilität schon heute ist und an welchen Stellen gerade an einer besseren Mobilität für uns Menschen gearbeitet wird. Zum Schluss möchte ich aber auch dafür werben, dass wir jede neue Mobilitätstechnologie zukünftig anders bewerten sollten, als wir es bislang tun. Wir sollten jede Mobilitätsinnovation auch auf Grundlage ihrer Wirkung auf die gesellschaftliche Mobilität hinterfragen. Das könnte so weit gehen, dass Mobilitätsinnovationen nur dann Förderungen erhalten, wenn sie zur Bewegungsfreiheit für möglichst viele Menschen und damit zum Gemeinwohl beitragen. Sie müssten sich dann also daran messen lassen, welchen Beitrag sie für diejenigen leisten, die besonders auf Mobilität angewiesen sind, und ebenso für die Mobilität der gesamten Gesellschaft. Nur wenn hier positive Auswirkungen erkennbar wären, würde ihre Weiterentwicklung unterstützt werden. Vielleicht würden sich dadurch einige Mobilitätslücken schließen. Ein besseres Angebot für alle könnte entstehen.

Bis dahin ist es sicherlich noch ein weiter Weg. Doch auf diesem Weg zu einer besseren Mobilität für uns alle gibt es bereits viele spannende und soziale Lösungen und ich freue mich auf viele, viele weitere.

Anmerkungen und Quellen

Einleitung

1 Hauff, Volker (1987): Unsere gemeinsame Zukunft. Der Brundtland-Bericht der Weltkommission für Umwelt und Entwicklung. Eggenkamp, S. 46.

2 Statistisches Bundesamt: Indikatoren der UN-Nachhaltigkeitsziele: Ziel 11; https://sdg-indikatoren.de/11/

3 Felber, Christian (2012): Gemeinwohl-Ökonomie. Piper, S. 28.

4 Ebd.

5 Schwedes, Oliver & Bormann, René (2017): Mobilität als Teil der Daseinsvorsorge. Mobilität verstehen, steuern und allen ermöglichen. Friedrich-Ebert-Stiftung; https://library.fes.de/pdf-files/wiso/13839.pdf

6 Roy, Alex (2018): Bedingungsloses Grundeinkommen war gestern. Wir brauchen die bedingungslose Grundmobilität. 2025ad.com; https://www.2025ad.com/de/bedinungsloses-grundeinkommen-war-gestern-wir-brauchen-die-bediungungs-lose-grundmobilitaet

1 Ein soziales Zeitalter

1 Acatech-Studie (2019): Mobilität und Klimaschutz: Gesellschaftliches Problembewusstsein und individuelle Veränderungsspielräume. Eine Umfrage des Instituts für Demoskopie Allensbach im Auftrag von acatech (Hrsg.); https://www.acatech.de/publikation/mobilitaet-und-klimaschutz/, S. 12.

2 Bundesministerium für Verkehr und digitale Infrastruktur (2020): Mobilität in Deutschland; https://www.bmvi.de/SharedDocs/DE/Artikel/G/mobilitaet-in-deutschland.html

3 Rammler, Stephan & Schwedes, Oliver (2018): Mobilität für alle! Gedanken zur Gerechtigkeitslücke in der Mobilitätspolitik. Friedrich-Ebert-Stiftung; https://library.fes.de/pdf-files/dialog/14779.pdf

4 Brand, Ulrich & Wissen, Markus (2017). Imperiale Lebensweise – Zur Ausbeutung von Mensch und Natur im globalen Kapitalismus. Oekom, S. 86.

5 Statistisches Bundesamt (11.09.2020): Pressemitteilung: Pkw-Dichte in Deutschland in den vergangenen zehn Jahren um 12% gestiegen; https://www.destatis.de/DE/Presse/Pressemitteilungen/2020/09/PD20_N055_461.html

6 Rammler, Stephan; Kollosche, Ingo; Breitkreuz, Anna (2019): Mobilität für alle. Mobilitätsgerechtigkeit und regionale Transformation in Zeiten des Klimawandels! Diskussionspapier des Landesbüros NRW der Friedrich-Ebert-Stiftung. Ausgabe 4.

7 Acatech-Studie (2019): Mobilität und Klimaschutz: Gesellschaftliches Problembewusstsein und individuelle Veränderungsspielräume. Eine Umfrage des Instituts für Demoskopie Allensbach im Auftrag von acatech (Hrsg.); https://www.acatech. de/publikation/mobilitaet-und-klimaschutz/, S. 8.

8 Statistisches Bundesamt (Destatis), ohne Jahr: Gesellschaft & Umwelt: Verkehrsunfälle; https://www.destatis.de/DE/Themen/Gesellschaft-Umwelt/Verkehrsunfaelle/_inhalt.html

9 Acatech-Studie (2019): Mobilität und Klimaschutz: Gesellschaftliches Problembewusstsein und individuelle Veränderungsspielräume. Eine Umfrage des Instituts für Demoskopie Allensbach im Auftrag von acatech (Hrsg.); https://www.acatech. de/publikation/mobilitaet-und-klimaschutz/, S. 9.

10 Roy, Alex (05.09.2018): Bedingungsloses Grundeinkommen war gestern. Wir brauchen die bedingungslose Grundmobilität. 2025 AD; https://www.2025ad. com/de/bedingungsloses-grundeinkommen-war-gestern-wir-brauchen-die-bediungungslose-grundmobilitaet

11 Comeaux, Daniel (30.07.2019): Movement Matters: Why We Should Commit to Universal Basic Mobility. Kennedy School Review; https://ksr.hkspublications. org/2019/07/30/movement-matters-why-we-should-commit-to-universal-basic-mobility/

12 Rammler, Stephan; Kollosche, Ingo; Breitkreuz, Anna (2019): Mobilität für alle. Mobilitätsgerechtigkeit und regionale Transformation in Zeiten des Klimawandels! Diskussionspapier des Landesbüros NRW der Friedrich-Ebert-Stiftung. Ausgabe 4.

13 Cats, Oded et al. (2017): The prospects of fare-free public transport: evidence from Tallinn. Transportation 44, No. 5, S. 1083–1104.

14 Roland Berger (2019): Nahverkehr rechnet sich. Roland Berger Focus; www. rolandberger.com/publications/publication_pdf/roland_berger_oeffentliche_verkehrsbetriebe_der_zukunft.pdf

15 Guldner, Jan (16.10.2020): Fördern kostenlose Bahnfahrten die Verkehrswende? WirtschaftsWoche; https://amp2-wiwo-de.cdn.ampproject.org/c/s/amp2.wiwo. de/erfolg/hochschule/supermaster-2020-die-finalisten-1-foerdern-kostenlose-bahnfahrten-die-verkehrswende/26281358.html

16 Kodransky, Michael & Lewenstein, Gabriel (2014): Connecting low-income people to opportunity with shared mobility. ITDP. Living Cities; https://itdpdotorg. wpengine.com/wp-content/uploads/2014/10/Shared-Mobility_Full-Report.pdf

2 Unterwegs in der Stadt

1 United Nations (16.05.2018): 68 % of the world population projected to live in urban areas by 2050, says UN; https://www.un.org/development/desa/en/news/population/2018-revision-of-world-urbanization-prospects.html

2 Mumford, Lewis (1955): The Sky Line – The Roaring Traffic's Boom – III. New Yorker, 16.04.1955, S. 78.

3 Nikutta, Sigrid (26.12.2019): Nikuttas Vision von der schnellen und klimafreundlichen BVG. Der Tagesspiegel; https://www.tagesspiegel.de/berlin/scheidende-chefin-der-berliner-verkehrsbetriebe-nikuttas-vision-von-der-schnellen-und-klimafreundlichen-bvg/25367116.html

4 Walmsley, Julie (26.06.2019): Watch out, Uber. Berlin is the new Amazon for transportation (with lower fares). Forbes; https://www.forbes.com/sites/juliewalmsley/2019/06/26/watch-out-uber-berlin-is-the-new-amazon-for-transportation-with-lower-fares/#27360c7a269b

5 Bitkom (ohne Jahr): Singapur | Minimale Pendelzeit durch interaktive Mobilitätsplattform; https://www.bitkom.org/Themen/Politik-Recht/Oeffentliche-Verwaltung/Singapur-Minimale-Pendelzeit-durch-interaktive-Mobilitaetsplattform

6 Roland Berger (2019): Focus: Nahverkehr rechnet sich. Wie Verkehrsbetriebe durch neue Technologien rentabler wirtschaften können; https://www.roland-berger.com/publications/publication_pdf/roland_berger_oeffentliche_verkehrsbetriebe_der_zukunft.pdf

7 Solomon, Shoshanna (22.05.2018): Israeli founder of Moovit app sees himself as the »Marco Polo of transit«. The Times of Israel; https://www.timesofisrael.com/israeli-founder-of-moovit-app-sees-himself-as-the-marco-polo-of-transit/

8 Weckert, Simon (2020): Google Maps Hacks: Performance & Installation 2020. Simonweckert.com; http://www.simonweckert.com/googlemapshacks.html

9 Randelhoff, Martin (2015): Funktionieren unsere Städte noch? Die Transformation der autogerechten Stadt zur menschengerechteren Stadt; http://www.zukunft-mobilitaet.net/107921/umwelt/autogerechte-stadt-folgen-probleme-konzepte-gegenbewegung/

10 INRIX (09.03.2020): Pressemitteilung: INRIX Verkehrsstudie: Stau verursacht Kosten in Milliardenhöhe; https://inrix.com/press-releases/2019-traffic-scorecard-german/

11 Roland Berger (2014): Shared Mobility. How new businesses are rewriting the rules of the private transportation game; https://www.rolandberger.com/publications/publication_pdf/roland_berger_tab_shared_mobility_1.pdf

12 Drewes, Sabine (05.11.2019): Urbaner Raum: Von der autogerechten zur lebenswerten Stadt. Heinrich-Böll-Stiftung; https://www.boell.de/de/urbaner-raum-von-der-autogerechten-zur-lebenswerten-stadt?dimension1=ds_mobilit%C3%A4tsatlas2019

13 Agora Verkehrswende (2020): These 03: Die Mobilitätswende hat in den Städten bereits begonnen; https://www.agora-verkehrswende.de/12-thesen/die-mobilitaetswende-hat-in-den-staedten-bereits-begonnen/

14 Kantar (2020): Mobility Futures. How mobility will be shaped by the world's great cities; https://www.kantar.com/inspiration/mobility/mobility-futures-shaped-by-the-worlds-great-cities

15 Willenbrock, Harald (2014): Jan Gehl im Interview: Die Menschen in Bewegung setzen. Brand Eins; https://www.brandeins.de/magazine/brand-eins-wirtschaftsmagazin/2014/genuss/die-menschen-in-bewegung-setzen

16 Peters, Adele (29.01.2020): Paris's mayor has a dream of »the 15-minute city«; https://www.fastcompany.com/90456312/pariss-mayor-has-a-dream-for-a-15-minute-city

17 C40 Cities Climate Leadership Group (2019): We have the power to move the world: A mayors' guidebook on sustainable transport; https://www.c40knowledgehub.org/s/article/We-have-the-power-to-move-the-world-A-mayors-guidebook-on-sustainable-transport?language=en_US

3 Teilen verbindet

1 Kühne, Benjamin & Adler, Michael (20.12.2018): Helsinki: Die Flatrate für alle Verkehrsmittel. Heinrich-Böll-Stiftung; https://www.boell.de/de/2018/12/18/die-flatrate-fuer-alle-verkehrsmittel

2 Arbib, James & Seba, Tony (2017): Rethinking Transportation 2020-2030. RethinkX. Disruption, Implications and Choices; https://www.rethinkx.com/transportation

3 Oberhuber, Nadine (19.07.2016): Gutes Teilen, schlechtes Teilen. Zeit Online; https://www.zeit.de/wirtschaft/2016-07/sharing-economy-teilen-tauschen-airbnb-uber-trend

4 Loske, Reinhard (2019): Die Doppelgesichtigkeit der Sharing Economy. Vorschläge zu ihrer gemeinwohlorientierten Regulierung. WSI Mitteilungen. 72. Jahrgang, 1/2019, S. 64 – 70; https://www.wsi.de/data/wsimit_2019_01_loske.pdf

5 Aberle, Christoph (ohne Jahr): Ridepooling in Hamburg: Ein Fortschritt auch für Arme? Mobile Inclusion; https://mobileinclusion.projects.tu-berlin.de/mi/ridepooling-hamburg-armut/

6 Deutsche Bahn (15.07.2019): Ein Jahr ioki Hamburg: innovativer Shuttle-Service erfolgreich etabliert; https://www.deutschebahn.com/de/presse/pressestart_zentrales_uebersicht/Ein-Jahr-ioki-Hamburg-innovativer-Shuttle-Service-erfolgreich-etabliert-4260652?contentId=1204030

7 Daubitz, Stephan & Aberle, Christoph (2020): Neue Mobilitätsangebote: Gewährleisten sie gesellschaftliche Teilhabe für Einkommensarme? In: Rethinking Spaces. Planning in a Changing World. Dortmunder Konferenz Raum- und

Planungsforschung, Dortmund; https://tore.tuhh.de/bitstream/11420/5026/1/
Daubitz%20%26%20Aberle%202020.pdf

8 Behrendt, Siegfried et al. (2020): Mobilitätsdienstleistungen gestalten. Beschäftigung, Verteilungsgerechtigkeit, Zugangschancen sichern. WISO Diskurs. Friedrich-Ebert-Stiftung.

9 VHH (11.11.2020): Erfolgsmodell in Hamburg verlängert: ioki-Shuttles verstärken den ÖPNV auch 2021; https://vhhbus.de/ioki-hamburg-wird-fortgesetzt/

10 MOIA (ohne Jahr): MOIA für Menschen mit Unterstützungsbedarf und / oder Behinderungen; https://help.moia.io/hc/de/articles/360001025217-MOIA-%20für-Menschen-mit-Unterstützungsbedarf-und-oder-Be-%20hinderungen

11 Wurm, M. & Becker, A. (2020): On-Demand-Mobilität trifft Linienverkehr: Datenbasierte Analyse der relativen Vorteilhaftigkeit von Flächen- und Linienverkehren in Städten. Ioki Mobility Discussion Paper Series Nr. 01.20.

12 Behrendt, Siegfried et al. (2020): Mobilitätsdienstleistungen gestalten. Beschäftigung, Verteilungsgerechtigkeit, Zugangschancen sichern. WISO Diskurs. Friedrich-Ebert-Stiftung.

13 Glaeser, Edward et al. (2008): Why do the poor live in cities? The role of public transportation. Journal of Urban Economics. 64, 1, S. 1–24; http://dx.doi.org/10.1016/j.jue.2006.12.004

4 Offene Daten: Von Hackern und Freiwilligen

1 Ihr Wissen und ihre Erfahrungen teilen robbi5 und ubahnverleih, die mit bürgerlichem Namen Maximilian Richt und Constantin Müller heißen, auf ihrer Website »radforschung« (https://radforschung.org/) sowie dem Blog https://ulm.dev/blog/.

2 Yadav, Piyush et al. (2017): The role of open data in driving sustainable mobility in nine smart cities. In: Proceedings of the 25th European Conference on Information Systems (ECIS), June 5-10, 2017, S. 1248–1263.

3 Webseite »Hilfeleistung als Service«: https://hase.app

4 Macquarrie, Kay (2019): Petition: Bahnfahren einfach machen (für Rolli, Rad, Rollator, Buggy & Co): https://www.change.org/p/deutsche-bahn-ag-bahnfahren-einfach-machen-auch-für-rollifahrer

5 Projekt Zukunft Berlin (28.06.2019): Ordnung im Stadtbild durch Open Data; https://projektzukunft.berlin.de/news/news-detail/ordnung-im-stadtbild-durch-open-data/

6 Website von Public Money Public Code: https://publiccode.eu

7 European Commission (15.07.2020): Analytical Report 9: The Economic Benefits of Open Data. European Data Portal; https://www.europeandataportal.eu/sites/default/files/analytical_report_n9_economic_benefits_of_open_data.pdf

8 ZukunftsInstitut (2017): Die Evolution der Mobilität. ADAC; https://www.zukunftsinstitut.de/fileadmin/user_upload/Publikationen/Auftragsstudien/ADAC_Mobilitaet2040_Zukunftsinstitut.pdf

9 Smart Country Convention (22.10.2019): Smarte Mobilität in Vilnius: Der Mensch im Mittelpunkt; https://www.smartcountry.berlin/de/konzept/news/artikel/smarte-mobilit%C3%A4t-in-vilnius-der-mensch-im-mittelpunkt.html

10 Deloitte (2017): Assessing the value of TfL's open data and digital partnerships; http://content.tfl.gov.uk/deloitte-report-tfl-open-data.pdf

11 robbi5 & ubahnverleih (03.03.2019): Rollersharing kommt nach Deutschland. Was deutsche Städte jetzt schon von anderen lernen können; https://www.zukunft-mobilitaet.net/169402/analyse/rollersharing-regulierung-kommunen-international-mobility-data-specification/

5 Neue Ideen im ländlichen Raum

1 Statista (2020): Verteilung der Einwohner in Deutschland nach Gemeindegrößenklassen 2019; https://de.statista.com/statistik/daten/studie/161809/umfrage/anteil-der-einwohner-an-der-bevoelkerung-in-deutschland-nach-gemeindegroessenklassen/

2 Website FreYfahrt – Shuttle für Freyung: https://www.freyung.de/de/rathaus-und-buerger/leben-in-freyung/freyfahrt.html

3 Gerl, Maximilian (21.01.2019): Ein Bus, wo keiner fährt. Süddeutsche; https://www.sueddeutsche.de/wirtschaft/oepnv-per-abruf-ein-bus-wo-keiner-faehrt-1.4296492

4 Website PlusBus: https://www.plusbus-deutschland.de/die-hintergruende/

5 Behrendt, Siegfried et al. (2020): Mobilitätsdienstleistungen gestalten. Beschäftigung, Verteilungsgerechtigkeit, Zugangschancen sichern. WISO Diskurs. Friedrich-Ebert-Stiftung.

6 Ebd.

7 Bundesverband CarSharing (2020): Aktuelle Zahlen und Daten zum CarSharing in Deutschland; https://carsharing.de/alles-ueber-carsharing/carsharing-zahlen/aktuelle-zahlen-daten-zum-carsharing-deutschland

8 ADAC e.V. (26.11.2018): ADAC Monitor »Mobil auf dem Land«; https://www.adac.de/-/media/pdf/motorwelt/adac-umfrage-mobil-auf-dem-land.pdf

9 Randelhoff, Martin (14.05.2018): Welche Rolle können Genossenschaften bei der Bereitstellung öffentlicher Verkehre in ländlichen Räumen spielen? https://www.zukunft-mobilitaet.net/167858/oeffentlicher-personennahverkehr/genossenschaften-organisation-zukunft-oepnv-laendlicher-raum/

10 Website: Mobil bleiben; https://www.mobil-bleiben.de/mobil-unterwegs/mobil-mit-bus-und-bahn/buergerbusse/

11 Groll, Tina (22.11.2019): »Anfangs hat man uns kein halbes Jahr gegeben«;

https://www.zeit.de/mobilitaet/2019-09/buergerbus-mobilitaetskonzepte-land-ehrenamt-verkehrswende

12 DB Medibus (01.04.2018): Auf dem Land bestens versorgt: mit der rollenden Arzt-praxis. Deutsche Bahn AG; https://www.dbregio.de/db_regio/view/mdb/db_regio/medibus/mdb_273745_brosch_re_medibus.pdf

13 Gutensohn, David (23.11.2019): Wenn die Praxis zum Patienten kommt; https://www.zeit.de/mobilitaet/2019-11/db-medibus-landaerzte-mobilitaet-medizin-versorgung-hessen

6 Eine faire Elektromobilität

1 VDA (2020): Elektromobilität in Deutschland; https://www.vda.de/de/themen/innovation-und-technik/elektromobilitaet/elektromobilitaet-in-deutschland.html

2 Hoekstra, Auke et al. (2020): Vergleich der lebenslangen Treibhausgasemissionen von Elektroautos mit den Emissionen von Fahrzeugen mit Benzin- oder Diesel-motoren. Eindhoven University of Technology; https://www.gruene-bundestag.de/fileadmin/media/gruenebundestag_de/themen_az/mobilitaet/pdf/200831-Studie_EAuto_versus_Verbrenner_CO2.pdf

3 Rudschies, Wolfgang (13.12.2019): Elektroauto-Akkus: So funktioniert das Re-cycling. ADAC; https://www.adac.de/rund-ums-fahrzeug/elektromobilitaet/info/elektroauto-akku-recycling/

4 Groneweg, Merle & Weis, Laura (2019): Weniger Autos, mehr globale Gerechtig-keit. PowerShift; https://power-shift.de/weniger-autos-mehr-globale-gerechtig-keit/

5 Boddenberg, Sophia (27.1.2020): Lithiumabbau für E-Autos raubt Dörfern in Chile das Wasser. Deutsche Welle; https://www.dw.com/de/zunehmender-lithium-abbau-verstärkt-wassermangel-in-chiles-atacama-wüste/a-52039450

6 Leifker, Maren et al. (2018): Report: Das weiße Gold. Umwelt- und Sozialkonflikte um den Zukunftsrohstoff Lithium. Analyse 84. Brot für die Welt; https://www.brot-fuer-die-welt.de/fileadmin/mediapool/blogs/Online-Redaktion/bfdw_analy-se_lithium-broschuere_report.pdf

7 Fatheuer, Thomas (2011): Eine kurze Einführung in Lateinamerikas neue Kon-zepte zum guten Leben und zu den Rechten der Natur. Band 17 der Schriftenreihe Ökologie. Heinrich-Böll-Stiftung; https://www.boell.de/sites/default/files/Endf_Buen_Vivir.pdf

8 ZDF (21.10.2020): Saubere Autos, schmutzige Batterien. Kobaltabbau im Kongo; https://www.zdf.de/dokumentation/zdfinfo-doku/saubere-autos-schmutzige-batterien-kobaltabbau-im-kongo--100.html

9 Vetter, Sebastian & Schütte, Philip (2019): Analyse des artisanalen Kupfer-Kobalt-Sektors in den Provinzen Haut-Katanga und Lualaba in der Demokratischen Republik Kongo. Bundesanstalt für Geowissenschaften und Rohstoffe; https://

www.bgr.bund.de/DE/Themen/Min_rohstoffe/Downloads/studie_BGR_kupfer_kobalt_kongo_2019.pdf?__blob=publicationFile&v=4

10 Preuss, Susanne et al. (14.11.2020): An Kongo führt kein Weg vorbei. Frankfurter Allgemeine Zeitung; https://www.faz.net/aktuell/wirtschaft/auto-verkehr/die-nachhaltige-produktion-von-kobalt-fuer-elektroautos-17051536.html

11 Morris, James (11.7.2020): Tesla's shift to cobalt-free batteries is its most important move yet. Forbes; https://www.forbes.com/sites/jamesmorris/2020/07/11/teslas-shift-to-cobalt-free-batteries-is-its-most-important-move-yet/#5b28949746b4

12 LinkedIn-Post von Herbert Diess 2020: https://www.linkedin.com/posts/herbertdiess_ausaltmachneu-volkswagengroupcomponents-recycling-activity-6722862206305738752-5Q1V/

13 UN (2011): UN-Leitprinzipien für Wirtschaft und Menschenrechte (Original: UN Guiding Principles on Business and Human Rights). UN doc A/HRC/17/31.

14 Randelhoff, Martin (05.07.2019): Batterieelektrisch vs. Brennstoffzelle (H2) vs. Power-to-X im Straßenverkehr: Energieeffizienz, Wirkung auf das Energie-system, Infrastruktur, Kosten und Ressourcen; https://www.zukunft-mobilitaet.net/169895/analyse/elektroauto-brennstoffzelle-synthetische-kraftstoffe-ptx-ptl-kosten-infrastruktur-rohstoffe-energiebedarf-wirkungsgrad/

15 UN (2011): UN-Leitprinzipien für Wirtschaft und Menschenrechte (Original: UN Guiding Principles on Business and Human Rights). UN doc A/HRC/17/31.

16 Bundesregierung (03.03.2021): Lieferkettengesetz: Mehr Schutz von Menschen und Umwelt in der globalen Wirtschaft; https://www.bundesregierung.de/breg-de/aktuelles/lieferkettengesetz-1872010

17 Groneweg, Merle & Weis, Laura (2019): Weniger Autos, mehr globale Gerechtigkeit. PowerShift.; https://power-shift.de/weniger-autos-mehr-globale-gerechtigkeit/

18 Erk, Daniel (30.11.2019): Mit Blockchain gegen das dreckige Mineralien-Geschäft. Der Tagesspiegel; https://www.tagesspiegel.de/themen/tagesspiegel-berliner/das-dunkle-geheimnis-der-smartphones-mit-blockchain-gegen-das-dreckige-mineralien-geschaeft/25258574.html

19 Minespider hat Fördermittel direkt aus dem Forschungs- und Innovationspro-gramm Horizon 2020 der Europäischen Union unter den Fördervereinbarungen Nr. 835775, Nr. 946437 und Nr. 957110 erhalten sowie aus dem Start-up-and-SME-Booster-Programm der EIT Raw Materials, einer Einrichtung der Europä-ischen Union, die ebenfalls im Rahmen des Forschungs- und Innovationspro-gramms Horizon 2020 fördert.

20 ADAC (13.12.2019): Elektroauto-Akkus: So funktioniert das Recycling; https://www.adac.de/rund-ums-fahrzeug/elektromobilitaet/info/elektroauto-akku-recycling/

21 LinkedIn-Post von Thomas Schmall (2020); https://www.linkedin.com/posts/

thomas-schmall_batterie-volkswagengroupcomponents-volkswagen-activity-6676874971479900160-IJnw

22 Webseite Duesenfeld: https://www.duesenfeld.com/umweltbilanz.html

23 Hajek, Stefan (05.05.2020): Herrscher über die Schwarzmasse. Wirtschaftswoche; https://www.wiwo.de/my/technologie/forschung/batterie-recycling-lithiumabbau-belastet-die-umwelt/25785470-2.html

24 Kunde, Dirk (28.05.2019): Viel zu wertvoll zum Wegwerfen. Golem.de; https://www.golem.de/news/batterierecycling-viel-zu-wertvoll-zum-wegwerfen-1905-140943.html

25 Rother, Franz W. (08.02.2020): Batterie-Recycling: »Politik denkt E-Auto nicht zu Ende.« https://edison.media/e-hub/batterie-recycling-politik-denkt-e-auto-nicht-zu-ende/25200612/

26 Randelhoff, Martin (05.07.2019): Batterieelektrisch vs. Brennstoffzelle (H2) vs. Power-to-X im Straßenverkehr: Energieeffizienz, Wirkung auf das Energiesystem, Infrastruktur, Kosten und Ressourcen; https://www.zukunft-mobilitaet.net/169895/analyse/elektroauto-brennstoffzelle-synthetische-kraftstoffe-ptx-ptl-kosten-infrastruktur-rohstoffe-energiebedarf-wirkungsgrad/

27 Spreer, Jasmin (04.03.2021): Forscher wollen Lithium aus Grubenwasser stillgelegter Bergwerke gewinnen. Tech & Nature; https://www.techandnature.com/forscher-wollen-lithium-aus-grubenwasser-stillgelegter-bergwerke-gewinnen/

28 Scheid, Lukas (20.03.2021): Der Weg zu fairen Batterien. Zeit; https://www.zeit.de/mobilitaet/2021-03/elektromobilitaet-akku-batterie-elektroauto-rohstoffe-abbau-umweltschutz-menschenrechte/komplettansicht

29 Groneweg, Merle & Weis, Laura (2019): Weniger Autos, mehr globale Gerechtigkeit. PowerShift; https://power-shift.de/weniger-autos-mehr-globale-gerechtigkeit/

7 Selbstfahrend oder selbst fahrend

1 Wilkens, Andreas (09.01.2020): Autonomes Fahren: Waymo-Autos absolvieren 20 Millionen Testmeilen. Heise; https://www.heise.de/newsticker/meldung/Autonomes-Fahren-Waymo-Autos-absolvieren-20-Millionen-Testmeilen-4630765.html

2 Audi AG (14.05.2019): Audi vernetzt sich mit Ampeln in Deutschland; https://www.audi-mediacenter.com/de/pressemitteilungen/audi-vernetzt-sich-mit-ampeln-in-deutschland-11649

3 Audi of America (28.05.2020): Tech talk: Audi, Traffic Light Information and the future of what – and how – to drive. Audi Newsroom; https://media.audiusa.com/en-us/releases/412

4 Agora Verkehrswende (2020): These 05: Autonome Fahrzeuge werden gemeinschaftlich genutzt; https://www.agora-verkehrswende.de/12-thesen/autonome-fahrzeuge-werden-gemeinschaftlich-genutzt/

5 Wildemann, Kathrin (15.01.2019): Vereinte Sensor-Power für autonome Fahrzeuge. ZF Vision Magazin; https://www.zf.com/site/magazine/de/articles_13632.
   html

6 Rudschies, Wolfgang (11.12.2019): Autonomes Fahren: Digital entspannt in
   die Zukunft. ADAC; https://www.adac.de/rund-ums-fahrzeug/ausstattung-tech-
   nik-zubehoer/autonomes-fahren/technik-vernetzung/aktuelle-technik/

7 Nationale Plattform Zukunft der Mobilität (2019): Zweiter Zwischenbericht:
   Handlungsempfehlungen zum autonomen Fahren. Arbeitsgruppe 3: Digitalisierung für den Mobilitätssektor; https://www.plattform-zukunft-mobilitaet.de/
   wp-content/uploads/2020/03/NPM-AG-3-Handlungsempfehlungen-zum-autono-
   men-Fahren.pdf

8 Vitzthum, Thomas (09.06.2017): Als Merkel in die Zukunft blicken soll, lacht das
   Auditorium. Welt; https://www.welt.de/politik/deutschland/article165359594/Als-
   Merkel-in-die-Zukunft-blicken-soll-lacht-das-Auditorium.html

9 Wintersberger, Philipp et al. (2020): Evaluierung von Benutzeranforderungen für
   die Kommunikation zwischen automatisierten Fahrzeugen und ungeschützten
   Verkehrsteilnehmern. In: Riener, Andreas et al. (Hrsg.): Autonome Shuttlebusse
   im ÖPNV. Springer, S. 115 – 132.

10 Europäisches Parlament (15.04.2019): Verkehrsunfallstatistiken in der
   EU (Infografik); https://www.europarl.europa.eu/news/de/headlines/
   society/20190410STO36615/verkehrsunfallstatistiken-in-der-eu-infografik

11 Esser, Klaus & Kurte, Judith (2018): Autonomes Fahren. Aktueller Stand, Poten-
   tiale und Auswirkungsanalyse. Deutscher Industrie- und Handelskammertag;
   https://www.dihk.de/resource/blob/3924/b1d16ab3418ee25133fe2efdfa04c832/
   studie-autonomes-fahren-data.pdf

12 Kalra, Nidhi & Paddock, Susan (2016): Driving to Safety. How many miles of
   driving would it take to demonstrate autonomous vehicle reliability? RAND Corpo-
   ration; https://www.rand.org/content/dam/rand/pubs/research_reports/RR1400/
   RR1478/RAND_RR1478.pdf

13 Gründinger, Wolfgang (2020): Digitale Ethik und unternehmerische Verantwortung am Beispiel der Automobilbranche. In: Unternehmensverantwortung im
   digitalen Wandel. Bertelsmann Stiftung, S. 23 – 27.

14 Bundesministerium für Verkehr und digitale Infrastruktur (2017): Ethik-Kommission: Automatisiertes und vernetztes Fahren. Bericht; https://www.bmvi.de/
   SharedDocs/DE/Publikationen/DG/bericht-der-ethik-kommission.pdf

15 Jungwirth, Johann (14.01.2018): VW Digital-Chef: »Das Auto der Zukunft schenkt
   einem 37.668 Stunden Lebenszeit.« Focus.de; https://www.focus.de/auto/elek-
   troauto/gastbeitrag-von-johann-jungwirth-vw-digital-chef-das-auto-der-zukunft-
   schenkt-einem-37-668-stunden-lebenszeit_id_8292559.html

16 Esser, Klaus & Kurte, Judith (2018): Autonomes Fahren. Aktueller Stand, Poten-
   tiale und Auswirkungsanalyse. Deutscher Industrie- und Handelskammertag;

https://www.dihk.de/resource/blob/3924/b1d16ab3418ee25133fe2efdfa04c832/
studie-autonomes-fahren-data.pdf

17 Ebd.

18 Waymo: Say Hello to Waymo. YouTube: https://www.youtube.com/watch?v=uHb-Mt6WDhQ8

19 Claypool, Henry et al. (2017): The Ruderman White Paper: Self-driving cars: The impact on people with disabilities. Ruderman Family Foundation; https://ruder-manfoundation.org/wp-content/uploads/2017/08/Self-Driving-Cars-The-Impact-on-People-with-Disabilities_FINAL.pdf

20 Statistisches Bundesamt (12.05.2020): Gesundheitsausgaben nach Leistungs-arten; https://www.destatis.de/DE/Themen/Gesellschaft-Umwelt/Gesundheit/Gesundheitsausgaben/Tabellen/leistungsarten.html

21 Davies, Alex (03.04.2020): Waymo's Self-Driving Jaguars Arrive With New, Home-grown Tech. WIRED; https://www.wired.com/story/waymos-self-driving-jaguars-arrive-new-homegrown-tech/

22 Deloitte (2019): Urbane Mobilität und autonomes Fahren im Jahr 2035; https://www2.deloitte.com/de/de/pages/trends/urbane-mobilitaet-autonomes-fahren-2035.html

23 Roland Berger (2014): Shared Mobility. How new businesses are rewriting the rules of the private transportation game; https://www.rolandberger.com/publica-tions/publication_pdf/roland_berger_tab_shared_mobility_1.pdf

24 Berylls (2018): The revolution of urban mobility. Studie zu urbaner Mobilität; https://www.berylls.com/wp-content/uploads/2018/01/20171216_Studie_Mobili-taet.pdf

25 Deutsche Bank Research (2018): Automatisierung – kein Jobkiller; https://www.dbresearch.de/PROD/RPS_DE-PROD/PROD0000000000471296/Automatisie-rung_-_kein_Jobkiller.pdf

26 Deloitte (2019): Urbane Mobilität und autonomes Fahren im Jahr 2035. Welche Veränderungen durch Robotaxis auf Automobilhersteller, Städte und Politik zurol-len; https://www2.deloitte.com/content/dam/Deloitte/de/Documents/Innovation/Datenland%20Deutschland%20-%20Autonomes%20Fahren_Safe.pdf

27 Hartmann, Jürgen (25.09.2020): Staus in den Städten – Uber und Lyft erkennen die Wahrheit. Taxi-Times.com; https://www.taxi-times.com/staus-in-den-staed-ten-uber-und-lyft-erkennen-die-wahrheit/

28 Kirchbeck, Benjamin (06.06.2017): Autonomes Fahren generiert 7 Billionen US-$ durch neuen Wirtschaftszweig. Next-Mobility; https://www.next-mobility.de/amp/autonomes-fahren-generiert-7-billionen-us-durch-neuen-wirtschafts-zweig-a-647543/

29 Bitkom (05.09.2019): Das Auto der Zukunft spaltet die Deutschen; https://www.bit-kom.org/Presse/Presseinformation/Das-Auto-der-Zukunft-spaltet-die-Deutschen

30 Website: http://humandriving.org/manifesto

8 Die Veränderung von Arbeit

1 Baum-Ceisig, Alexandra & Osterloh, Bernd (2013): Mitbestimmung im Volks-wagen-Konzern. In: Maletzky, Martina et al. (Hrsg.): Arbeit, Organisation und Mobilität. Campus Verlag, S. 176–189.

2 Baum-Ceisig, Alexandra & Osterloh, Bernd (2011): Wirtschaftsdemokratie in der Praxis: Die erweiterte Mitbestimmung bei Volkswagen. In: Meine, Hartmut et al. (Hrsg.): Mehr Wirtschaftsdemokratie wagen, VSA Verlag, S. 123–139.

3 Schade, Wolfgang (2018): Status-quo von Wertschöpfung und Beschäftigung in der Mobilität. Arbeitspapier von AP2 des Projektes: Beschäftigungseffekte nachhaltiger Mobilität: Eine systemische Analyse der Perspektiven in Deutschland bis 2035. M-Five; https://www.m-five.de/pdf/m-five_isi_nachhaltige_mobili-taet_80223.pdf

4 World Bank (2019): World Development Report 2019: the changing nature of work. Washington DC: World Bank; http://documents1.worldbank.org/curated/en/816281518818814423/2019-WDR-Report.pdf

5 Rüßmann, Michael et al. (2015): Industry 4.0: The future of productivity and growth in manufacturing industries. Boston Consulting Group; https://www.bcg.com/de-de/publications/2015/engineered_products_project_business_indus-try_4_future_productivity_growth_manufacturing_industries.aspx

6 Schulz, Christiane (03.02.2020): Wer gibt die Vertrauens-Richtung vor? Warum Deutschlands Unternehmen Fahrt aufnehmen müssen. Edelman; https://www.edelman.de/newsroom/wer-gibt-die-vertrauens-richtung-vor

7 World Economic Forum (2020): These are the top 10 job skills of tomorrow – and how long it takes to learn them; https://www.weforum.org/agenda/2020/10/top-10-work-skills-of-tomorrow-how-long-it-takes-to-learn-them/

8 Daheim, Cornelia & Wintermann, Ole (2019): Arbeit 2050: Drei Szenarien. Neue Ergebnisse einer internationalen Delphi-Studie des Millennium Project. Bertelsmann Stiftung.

9 Kords, Martin (2020): Beschäftigtenzahl in der deutschen Automobilindustrie bis 2019. Statista; https://de.statista.com/statistik/daten/studie/30703/umfrage/beschaeftigtenzahl-in-der-automobilindustrie/

10 Bauer, E. H. Wilhelm et al. (2018): ELAB 2.0: Wirkungen der Fahrzeug-elektrifizierung auf die Beschäftigung am Standort Deutschland. Fraunhofer IAO; https://www.iao.fraunhofer.de/lang-de/images/iao-news/elab20.pdf

11 Dams, Jan et al. (29.09.2019): Elektromobilität kostet bis 2030 fast 125 000 Jobs. Welt; https://www.welt.de/wirtschaft/article201106910/Autoindustrie-Elektro-mobilitaet-kostet-bis-2030-fast-125-000-Jobs.html

12 Heymann, Eric et al. (2013): Evolution statt Revolution – die Zukunft der Elektro-mobilität. Forschungsberichte aus dem Institut der deutschen Wirtschaft Köln,

Nr. 84; https://www.iwkoeln.de/fileadmin/user_upload/Studien/IW-Analysen/PDF/
Bd._84_Evolution.pdf

13 Bauer, E. H. Wilhelm et al. (2018): ELAB 2.0: Wirkungen der Fahrzeug-
elektrifizierung auf die Beschäftigung am Standort Deutschland. Fraunhofer IAO;
https://www.iao.fraunhofer.de/lang-de/images/iao-news/elab20.pdf

14 3D Natives (06.09.2019): Olli 2.0 – Welche neuen Funktionen hat das 3D-gedruck-
te autonome Shuttle? 3Dnatives; https://www.3dnatives.com/de/olli-2-0-welche-
neuen-funktionen-hat-das-3d-gedruckte-autonome-shuttle-060920191/

15 Webseite von local motors: https://localmotors.com/mediakit/

16 Herrmann, Florian et al. (2020): Beschäftigung 2030. Auswirkungen von Elektromobilität und Digitalisierung auf die Qualität und Quantität der Beschäftigung
bei Volkswagen. Fraunhofer IAO; http://publica.fraunhofer.de/eprints/urn_nbn_
de_0011-n-6154803.pdf

17 (Ohne Verfasser) (21.10.2019): BEM prophezeit 225 000 neue Arbeitsplätze durch
E-Mobilität; https://emobilitaet.online/news/politik/5928-225-000-arbeitsplaetze-
durch-elektromobilitaet

18 Petereit, Dieter (15.03.2021): Power Day: VW kopiert Tesla-Strategie – kündigt
mehr Werke und bessere Zellen an. t3n; https://t3n.de/news/vw-power-day-tesla-
battery-day-1366024/

19 Küpper, Daniel et al. (28.09.2020): Shifting Gears in Auto Manufacturing;
https://www.bcg.com/de-de/publications/2020/transformative-impact-of-electric-
vehicles-on-auto-manufacturing

20 European Commission (08.10.2018): Vice-President Šefčovič: Towards an Inter-
regional Partnership on Batteries; https://ec.europa.eu/commission/presscorner/
detail/en/SPEECH_18_6066

21 Nicke, Katrin et al. (2019): Batterierecycling als Beschäftigungsperspektive für
die Lausitz. Ansätze einer arbeits- und beschäftigungsorientierten Regionalent-
wicklungsstrategie. Otto Brenner Stiftung; https://www.otto-brenner-stiftung.de/
wissenschaftsportal/publikationen/titel/batterierecycling-als-beschaeftigungs-
perspektive-fur-die-lausitz/aktion/show/

22 Strategy& | PwC (2018): The 2018 Strategy& Digital Auto Report: The future is
here: winning carmakers balance metal and mobility; https://www.strategyand.
pwc.com/de/en/insights/2018/the-future-is-here/digital-auto-report-2018.pdf

23 Behrendt, Siegfried et al. (2020): Mobilitätsdienstleistungen gestalten.
Beschäftigung, Verteilungsgerechtigkeit, Zugangschancen sichern. WISO Diskurs.
Friedrich-Ebert-Stiftung.

24 Brückner, Iris (18.12.2019): Upskilling – der Schlüssel für eine erfolgreiche
digitale Transformation. Capgemini; https://www.capgemini.com/de-de/2019/12/
invent-upskilling/

25 Denkfabrik BMAS (2020): EU-Ratspräsidentschaft: Welche Modelle arbeitsvermittelnder Plattformen gibt es in Europa?; https://www.denkfabrik-bmas.de/

projekte/eu-ratspraesidentschaft/modelle-arbeitsvermittelnder-plattformen-in-europa

26 Hier wird das typische Vermittlungsmodell von Uber in zahlreichen Ländern beschrieben. Für Deutschland gilt jedoch eine Ausnahme: Denn hier werden alle Fahrtanfragen ausschließlich an lizenzierte Mietwagen- und Taxiunternehmen vermittelt: https://www.uber.com/global/de/u/wir-sind-hier/

27 Uber (06.02.2020): 2020 Investor Presentation; https://s23.q4cdn.com/407969754/files/doc_financials/2019/sr/InvestorPresentation_2020_Feb13.pdf

28 Behrendt, Siegfried et al. (2020): Mobilitätsdienstleistungen gestalten. Beschäftigung, Verteilungsgerechtigkeit, Zugangschancen sichern. WISO Diskurs. Friedrich-Ebert-Stiftung.

29 Eichhorst, Werner & Spermann, Alexander (2015): Sharing Economy – Chancen, Risiken und Gestaltungsoptionen für den Arbeitsmarkt. IZA Research Report No. 69.

30 Dervisevic, Dina (27.06.2019): Juicer, Charger und Ranger sorgen für volle Akkus. So funktioniert die Miet-E-Scooter-Logistik. Auto Motor Sport; https://www.auto-motor-und-sport.de/tech-zukunft/mobilitaetsservices/so-werden-miet-e-scooter-geladen-juicer-sorgen-fuer-volle-akkus/

31 Kerr, Dara (28.05.2020): Uber says 158,000 drivers will lose work if they're reclassified as employees. Cnet.com; https://www.cnet.com/news/uber-says-158000-drivers-will-lose-work-if-theyre-reclassified-as-employees/

32 FAZ (04.11.2020): Kalifornier stimmen gegen Gesetz für Uber-Fahrer; https://www.faz.net/aktuell/wirtschaft/digitec/kalifornier-stimmen-gegen-gesetz-fuer-uber-fahrer-17035593.html

33 Kelly, Jack (13.05.2020): Uber lays off 3,500 Employees over a Zoom Call. Forbes; https://www.forbes.com/sites/jackkelly/2020/05/13/uber-lays-off-3500-employ-ees-over-a-zoom-call-the-way-in-which-a-company-downsizes-its-staff-says-a-lot-about-the-organization/amp/

34 Vander Zanden, Travis (27.03.2020), Tweet: https://twitter.com/travisv/status/1244023097801314305

35 Schwär, Hannah (22.07.2020): Seitenhieb auf Uber und Lime: Europäische E-Scooter-Startups gründen Allianz gegen Massen-Verschrottung. Business Insider; https://www.businessinsider.de/wirtschaft/mobility/gegen-verschrottung-von-e-scootern-tier-voi-und-dott-schliessen-allianz/

36 Von der Gracht, Heiko & Kisgen, Stefanie (2020): Die 20-Stunden-Woche. HR Consulting Review: Sonderband Zukunft der Arbeit, Band 12 (2020).

37 Hagelüken, Alexander (21.02.2017): Bill Gates fordert Robotersteuer. Süddeutsche Zeitung; https://www.sueddeutsche.de/wirtschaft/digitalisierung-bill-gates-fordert-robotersteuer-1.3386861

38 Zitiert in: Sohn, Gunnar (28.02.2020): Wenn Thesen zur Automatisierung in sich zusammenbrechen. Netzpiloten; https://www.netzpiloten.de/ki-thesen-zur-automatisierung/

9 Von technischen zu sozialen Innovationen

1 Lotter, Wolf (2018): Innovation: Streitschrift für barrierefreies Denken. Edition Körber.

2 Beck, Ulrich (2016): Risikogesellschaft: Auf dem Weg in eine andere Moderne. Suhrkamp Verlag.

3 Spiekermann, Sarah (2019): Digitale Ethik. Ein Wertesystem für das 21. Jahrhundert. Droemer, S. 138.

4 Morozov, Evgeny (2013): To save everything, click here: Technology, Solutionism and the Urge to fix Problems that don't exist. PublicAffairs.

5 Lind, Michael (11.03.2010): The Boring Age. Time, New York; http://content.time.com/time/specials/packages/article/0,28804,1971133_1971110_1971120,00.html; Übersetzung auf: https://www.zukunftsinstitut.de/artikel/innovation-und-neugier/soziale-innovation/

6 Schwarzer, Jessica (21.11.2018): Wie sozialbewusste Anleger die Gesellschaft verändern. Handelsblatt; https://www.handelsblatt.com/finanzen/anlagestrategie/nachhaltigegeldanlage/nachhaltiges-investieren-wie-sozialbewusste-anleger-die-gesellschaft-veraendern/23653048.html

7 ZukunftsInstitut (2013): Wie funktioniert soziale Innovation? https://www.zukunftsinstitut.de/artikel/innovation-und-neugier/soziale-innovation/

8 Europäische Kommission (ohne Jahr): Social Innovation; https://ec.europa.eu/growth/industry/policy/innovation/social_en

9 Deutscher Bundestag (2020): Antrag der Fraktionen der CDU/CSU und SPD: Soziale Innovationen stärker fördern und Potenziale effizienter nutzen. Drucksache 19/19493; https://dip21.bundestag.de/dip21/btd/19/194/1919493.pdf

10 Dieterich, Johannes (2019): Fliegende Esel – Drohnen in Afrika. Brand Eins; https://www.brandeins.de/magazine/brand-eins-wirtschaftsmagazin/2019/mitleichtem-gepaeck/drohnen-in-afrika-fliegende-esel

11 Schlautmann, Christoph (02.01.2020): Wie Drohnen zum Lebensretter werden. Handelsblatt; https://www.handelsblatt.com/technik/it-internet/logistik-wie-drohnen-zum-lebensretter-werden/25318062.html

12 Dieterich, Johannes (2019): Fliegende Esel – Drohnen in Afrika. Brand Eins; https://www.brandeins.de/magazine/brand-eins-wirtschaftsmagazin/2019/mitleichtem-gepaeck/drohnen-in-afrika-fliegende-esel

13 Kaufmann, Johannes (28.05.2019): Dieses Startup liefert Medikamente per Drohne – und hat bereits tausende Menschenleben gerettet. Business Insider; https://www.businessinsider.de/tech/dieses-startup-liefert-medikamente-per-drohne-und-hat-bereits-14000-menschenleben-gerettet-2019-5/

14 Rinaudo, Keller (2017): Wie wir Drohnen nutzen, um Blut zu liefern und Leben zu retten. TED Global 2017; https://www.ted.com/talks/keller_rinaudo_how_we_re_using_drones_to_deliver_blood_and_save_lives/transcript?language=de

15 Ghana Business News (26.06.2019): Zipline drone saves 113 students from acute diarrhoea; https://www.ghanabusinessnews.com/2019/06/26/zipline-drone-saves-113-students-from-acute-diarrhoea/

16 Rinaudo, Keller (2017): Wie wir Drohnen nutzen, um Blut zu liefern und Leben zu retten. TED Global 2017; https://www.ted.com/talks/keller_rinaudo_how_we_re_using_drones_to_deliver_blood_and_save_lives/transcript?language=de

10 Epilog

1 Acatech-Studie (2019): Mobilität und Klimaschutz: Gesellschaftliches Problembewusstsein und individuelle Veränderungsspielräume. Eine Umfrage des Instituts für Demoskopie Allensbach im Auftrag von acatech (Hrsg.); https://www.acatech.de/publikation/mobilitaet-und-klimaschutz/, S. 26

2 Diamandis, Peter: Avatars IRL. YouTube-Video; https://www.youtube.com/watch?v=jZcDm5vo1SQ

3 Kerler, Wolfgang (19.03.2020): Roboter kommen im Kampf gegen das Coronavirus zum Einsatz, aber sie können noch nicht genug. 1E9; https://1e9.community/t/roboter-kommen-im-kampf-gegen-das-coronavirus-zum-einsatz-aber-sie-koennen-noch-nicht-genug/4036

Gesprächspartner:innen

(in alphabetischer Reihenfolge)

Barth, Vanessa: Leiterin des Funktionsbereichs Zielgruppen und Gleichstellung beim Vorstand der IG Metall (Kapitel 8)

Büttner, Chris: Projektleiter für autonomes Fahren bei ioki (Deutsche Bahn), seit 1.3.2021 bei MOIA (Kapitel 5)

Creutzer, Michael: Geschäftsführer teilAuto (Kapitel 3)

Guggenmos, Lisa: Ehem. Programmleiterin MAN Impact Accelerator. Mittlerweile: Selbstständige Sustainable-Innovation-Beraterin, Senior Advisor für Yunus Social Business (Einleitung)

Hefenbrock, Katharina: Projektleitung Sozio-Med-Mobil, Deutsches Rotes Kreuz (Kapitel 5)

Jungwirth, Johann: Vice President Mobility-as-a-Service, Mobileye (Intel) (Kapitel 7)

Kinsman-Chauvet, Gregory: Gründer von Bike for Good (Kapitel 1)

Kremer, Jonas: Gründer von citkar (Kapitel 8)

Krümpel, Volker: Mitgründer der Minespider AG (Kapitel 6)

Maier, Philipp: Entwickler von Hilfeleistung-als-service.de (Hase.app) (Kapitel 4)

Müller, Constantin (@ubahnverleih): Open-Data-Aktivist (Kapitel 4)

Ouffata, Sohaila: Geschäftsführerin BMW i Ventures Europe (Epilog)

Dr. Pechstein, Arndt: Innovationsvordenker, Mobilitätsexperte und Neurowissenschaftler (Kapitel 2)

Reitz, Hans: Sozialer Unternehmer, Denker, Visionär, Macher (Einleitung)

Richt, Maximilian (@robbi5): Open-Data-Aktivist (Kapitel 4)

Schwarzenbauer, Peter: Ehem. Mitglied des Vorstands der BMW AG (Kapitel 7)

Prof. Scholz, Trebor: Professor und Gründungsdirektor am Institute for the Cooperative Digital Economy, The New School, New York, sowie Fellow am Berkman Klein Center for Internet and Society, Harvard University (Kapitel 3)

Warncke, Wolf: Geschäftsleitung Autohaus Warncke, Tarmstedt (Kapitel 5)

Werner, Hiltrud Dorothea: Mitglied des Vorstands der Volkswagen AG, Geschäftsbereich »Integrität und Recht« (Kapitel 6)

Dank

Den größten Dank möchte ich meinem Ehemann Marius aussprechen. Vom ersten Moment an hat er mich in jedem Aspekt des Projekts unterstützt und stand mir bei allen Überlegungen als Allroundtalent zu jedem Thema während der gesamten Zeit zur Seite. Ob es inhaltliche Diskussionen waren, das ein oder andere Back-up während des Schreibens, Hinweise zu aktuellen Entwicklungen in der Mobilität bis hin zum Gegenlesen eines jeden Kapitels und im Anschluss die komplette Erstellung der Website – ich stehe tief in seiner Schuld und bin ihm wahnsinnig dankbar, dass er sich so viel Zeit genommen hat, die Erstellung des Buches zu begleiten. Da er eigentlich kein allzu großer Fan von Sachbüchern ist, weiß ich all sein Feedback, seine Mühe und seine Zeit ganz besonders zu schätzen. Ohne ihn wäre dieses Buch nicht möglich gewesen. Danke für deine Engelsgeduld und all deine Unterstützung auf dem gesamten Weg!

Professor Muhammad Yunus gilt ebenfalls mein großer Dank, ebenso seinem Berater Hans Reitz, der mir mittlerweile ein enger Freund geworden ist. Das Wirken von Professor Yunus für soziale Geschäftsmodelle und gegen Ungerechtigkeit und Armut auf dieser Welt ist schon seit meiner Promotion eine große Quelle der Inspiration für mich. Jedes Gespräch mit den beiden in den vergangenen Jahren zeigte mir immer wieder aufs Neue, wie viel Einzelne bewirken können und wie wichtig es ist, für »das Gute« zu kämpfen – wie auch immer es aussehen mag. Ich bin beiden wahnsinnig dankbar, dass sie das Vorwort dieses Buches ermöglicht haben.

Zudem möchte ich mich bei allen Gesprächspartner:innen und Expert:innen für ihre Zeit und ihre Bereitschaft bedanken, mich auf dieser Erkundungsreise zu unterstützen. Viele von ihnen kenne und begleite ich bereits seit vielen Jahren, andere Bekanntschaften wurden erst für dieses Buchprojekt geschlossen. Ich hoffe, dass ich meine Wertschätzung für ihre Projekte und ihre viele Arbeit auf den vorherigen Seiten ausdrücken konnte, und wünsche ihnen allen alles erdenklich Gute und weiterhin viel Erfolg mit ihrer jeweiligen Mission.

Großer Dank gebührt auch meiner Freundin Almuth, die nicht nur für jedes inhaltliche Sparring zur Verfügung stand, sondern mit ihrem sprachlichen Talent so manche Passage verbessert hat. Ich bin ihr aber auch dankbar für jedes kritische Feedback, jede Entdeckung eines Logikbruchs und auch den einen oder anderen Hinweis, so manche Stelle doch aus Verbundenheit zur Leserschaft ein wenig kürzer zu halten. Danke für all deine sprachliche Finesse und die stundenlangen Diskussionen bei Gin Tonic und koreanischer Bowl darüber, ob Technologien uns wirklich effizienter machen. Ich weiß nicht, ob wir diese Debatte jemals abschließen werden, aber es macht mir riesige Freude, mit dir weiter darüber zu diskutieren.

Auch Ulrike Scheuermann möchte ich ganz besonders danken. Aus einem ersten Mailverlauf entwickelte sich eine vertrauensvolle und enge Zusammenarbeit. Ulrike, ich habe viel von dir über die Welt der Sachbücher gelernt und bin sehr dankbar, dass du mich auf dieser Reise unterstützt und ab dem ersten Kontakt an dieses Projekt geglaubt hast.

Mein Dank geht zudem an den GABAL Verlag, insbesondere an Dr. Sandra Krebs, die so schnell Begeisterung für dieses Projekt fand und das Buch in dieser Form mit so viel Rücksicht auf meine Wünsche von Anfang bis zum Ende umgesetzt hat. Auch Bettina Schmidt und Andschana Gad haben sich bemerkenswert viel Zeit für dieses Buchprojekt genommen und standen stets unterstützend für jede Frage zur Seite. Ein besonders großer Dank gilt zudem Eva Gößwein, die weit über meine Erwartungen an ein Lektorat hinaus alle Passagen geprüft, hinterfragt und verbessert hat und mir für jedes inhaltliche Sparring zur Seite stand.

Danken möchte ich zudem denjenigen, deren kluge Gedanken und Worte vielleicht nicht explizit Eingang in das Buch gefunden haben, die für mich aber wichtige Begleiter:innen auf dem Weg hierhin waren. Dazu gehört ein wichtiges Gespräch mit Peter Spiegel, das ich hoffe in naher Zukunft weiterführen zu dürfen, aber auch Spaziergänge mit Ricarda Bier, die mir stets wertvolles Feedback zu meinen Überlegungen gab. Aber auch die jahrelange Zusammenarbeit mit Dr. Thymian Bussemer, von dem ich viel lernen durfte, hat mich sehr auf meinem Weg und in meinem Denken geprägt, und ich bin dankbar für alle Chancen, die er mir ermöglicht hat, genauso wie für die vielen Abende im »Das Büro« oder anderen Kneipen, in die ich sonst vermutlich nie gegangen wäre.

Genauso dankbar bin ich meinem früheren Chef Bernd Osterloh, der es geschafft hat, mich für die Welt der Mitbestimmung zu begeistern, und mir gleichwohl immer auch erlaubt hat, meinen kritischen Blick auf diese zu wahren und einen bestmöglichen gemeinsamen Weg zu finden.

Zuletzt habe ich meiner Mutter dafür zu danken, dass sie die christlichen Werte so tief in mir verwurzelt hat, dass dies sicherlich die Grundlage dafür ist, warum ich immer weiter nach Lösungen für eine bessere Welt suche und daran arbeiten möchte, diese zu gestalten. Vielen Dank dafür!

Personen- und Stichwortverzeichnis

3-D-Druck 187, 189, 191 f.
15-Minuten-Stadt (»Ville du quart
    d'heure«) 66

Airbnb 52, 77
Alibaba 93
Alternativer Nobelpreis 24
Ampelinformation 164
Amsterdam 67
Aquin, Thomas von 22
Arbeitsplätze 22, 25, 78, 143, 187,
    189 f., 193 f., 198, 201 f.
Argentinien 142, 156
Aristoteles 22
Auckland 67
Australien 142
Auto (Zahlen zur Nutzung) 32
Auto-Abomodelle 74
Automatisierung 202, 211
    Automatisierungssteuer 202
Autonomes Fahren
    Automatisierungsstufen 167 – 169
    Ethik-Kommission 173
    Kosten 176
    Ökonomisches Potenzial 179
    Selbstbestimmung 181
    Sicherheit 171 – 173
    Umsetzbarkeit 169
    Vorteile 163, 175 f.
Avatar 232 f.

Bad Birnbach 123 f.
Bahn (Zahlen zur Nutzung) 32
Bangladesch 13
Barth, Vanessa 196 – 198, 200

Batterie 139 – 143, 151 – 158, 191, 193,
    222
Beck, Ulrich 211
Beeline 57
Behindertenwerkstätten 204 – 206
Berlin 42, 54, 60, 63, 65, 118, 147,
    203 f.
Berliner Verkehrsbetriebe 54
Berlin mobil 54
Beschäftigung in Mobilitätsbranche 188
Bike for Good 37 – 40
Bird 199
BlaBlaCar 77
Blockchain 139, 146 f., 149 – 151
BMW 174, 178, 231
Bolivien 142 f., 156
Bundesverband Elektromobilität 192
Bürgerbus 132, 224
Büttner, Chris 123 – 126

Car-2-X-Kommunikation 164
Carbon Capture 181
Chile 142, 156
citkar 203 f.
Cloudwork 194
Covid-19-Pandemie 13, 228, 232 f.
Creutzer, Michael 84 – 88

Datenschutz 62, 179 f.
Deanonymisierung 95
Deutsche Bahn 79, 100 f., 123, 133 f.
DHL 221
Digitalisierung, Einfluss auf Arbeit 189
door2door 118
Dott 200

Dreipunktsicherheitsgurt 96
Drohne 25, 30, 219–221
Duesenfeld 154, 158

Echtzeitdaten 57–59, 61, 102–105,
    119, 164
Einwohnersituation in Deutschland 114
Elektroauto 67, 75, 128, 138, 140–142,
    145, 152, 154, 157, 181, 193
    Produktion 190
Erez, Nir 60
Estland 41
Europäische Kommission 193, 217
EZ10 123

Festkörperakku 141
Finnland 102
Freiwillige 37 f., 99, 108 f., 224
Frey, Carl Benedikt 202
freYfahrt 118 f.
Freyung 118

Gates, Bill 201
Gehl, Jan 65
Gemeinwohl 16, 21–23, 44, 84 f., 109,
    213, 217, 222 f., 234
    Gemeinwohlökonomie 84, 86
    Gemeinwohlzertifizierung 85
Geschäftsmodelle 18, 21, 35, 41, 44,
    53, 60, 74, 76, 81, 131, 133, 152,
    157, 181, 187, 193, 197, 199 f., 203,
    213, 217 f., 220, 223 f., 230, 255
Ghana 219–221
Gigwork 194
Glasgow 37, 40
Global Battery Alliance 157 f.
Google Maps 61
Grundbedürfnis 30
Grundmobilität, bedingungslose 40,
    181, 222
Grundversorgung 23, 61, 115, 133
Guggenmos, Lisa 21–23

Hamburg 79–82, 108
Hamburger Verkehrsverbund 79 f.
Hardt Hyperloop 230
HaSe 99, 101
Hefenbrock, Katharina 120–122
Helsinki 75
Hidalgo, Anne 66 f.
Homeoffice 228
Human Driving Manifesto 182
Hybrides Denken 63
Hyperloop 25, 30, 229–231
Hyperloop Transportation Techno-
    logies 230

IG Metall 196
Individualverkehr 35 f., 178
Inklusion 25, 34, 44, 62, 82, 100, 175 f.,
    222, 224
Innovation (Begriff) 210
Innovationsinflation 210
Intel 59 f.
ioki 79–82, 123, 126

Jakarta 67
Jelbi 54
Juice:rinnen (Scooter) 197
Juist 221
Jungwirth, Johann 170

Kalifornien 198 f.
Kinsman-Chauvet, Gregory 37–40
Klimarucksack 140, 154
Kommunen 103 f., 109 f., 121, 126 f.
Kongo 143 f., 156
Kopenhagen 67
Kreislaufwirtschaft 152
Kremer, Jonas 204–206
Krümpel, Volker 147, 149–151

Lebenswerte Stadt (Definition) 65
Lieferkette 144–151, 158, 215
Lieferkettengesetz 145
Lind, Michael 212
Lithium-Ionen-Batterie 154, 157

Local Motors 191
London 105
Los Angeles 67, 105 f.
Loske, Reinhard 78
Lotter, Wolf 210
Luxemburg 41, 43
Lyft 178, 198 f.

Mahan, Steve 175
Maier, Philipp 99, 101
MAN 21
Marseille 73
Medhurst, George 229
Medibus 133 f.
Menschenquote 201
Merkel, Angela 169
Mikromobilität 204
Minespider 147, 150, 158
Mitbestimmung 18, 186
Mobileye 170
Mobilitätsarmut 117
Mobilitäts-Flatrate 75
Mobilitätsform
    Intermodal 56
    Multimodal 55
Mobilitätsportfolio 76
Mobilitätsverhalten 25 f., 35, 73, 75,
    106, 120, 126
Mobility as a Service 74
Mobility Data Specification 105,
    108
Mobility Open Blockchain Initiative
    151
MOIA 81 f.
Moovit 59 f.
Morozov, Evgeny 211
Müller, Constantin. Siehe ubahnverleih
Mumford, Lewis 50
München 55, 65, 72, 92 f., 174, 178,
    180, 230
Münchner Verkehrsgesellschaft 55

Nahverkehr, kostenloser 41–43,
    80, 125

Nextbike 39
Nikutta, Sigrid 54

oBike 72 f., 92, 107
Offene Daten (Definition) 99
Open-Data-Strategie 103, 105 f., 222
Open-Source-Community 95, 191, 224
Open Source (Definition) 94
Ouffata, Sohaila 230–232

Paris 66 f.
Pechstein, Arndt 62 f., 66
Personalabbau 192
Pfaffenhofen 42
Plattformen
    Arbeitsvermittelnde 194–201, 223
    Nachteile von Mobilitätsplatt-
        formen 60
    Nutzen von Mobilitätsplatt-
        formen 57, 59
    Prinzip digitaler Plattformen 52 f.
    Tiefenintegration 58
    Ziel von Mobilitätsplattformen 55
PlusBusse 119
Possibilismus 24 f.
Public Money – Public Code 102

Rammler, Stephan 33
Recycling von Batterien 140, 154–157,
    193
Reitz, Hans 24
Richt, Maximilian. Siehe robbi5
Rinaudo, Keller 220 f.
robbi5 92–94, 96–98, 101, 105–109
Rohstoffe für Batterien 141
    Arbeitsbedingungen Rohstoff-
        förderung 143 f., 146 f.
    Grafit 141, 154
    Kleinbergbau 143, 146, 150 f.
    Kobalt 141–144, 154, 156
    Lithium 141 f., 154, 156
    Mangan 141, 154
    Nickel 141 f., 154
Ruanda 219–221

Santiago 67
Scholz, Trebor 76 f.
Schumpeter, Joseph 210
Schwarzenbauer, Peter 174 f., 178 – 181
Sensoren 165 f.
Seoul 67
Sharing
    Bikesharing 35, 39, 55, 73, 92, 93 f., 96 – 98, 182
    Carsharing 35, 54 f., 73 f., 83 – 88, 96, 103, 126 – 131, 138
    Dilemma von Sharing-Konzepten 83
    Ridepooling 35, 74, 79, 81 f., 118
    Scooter 30, 50 – 52, 54, 56 f., 59, 63, 73 – 76, 83, 104 – 108, 138, 182, 197, 199
    Shared Mobility 73
    Sharing-Anbieter 73 f., 96
    Sharing Economy 76 – 78
    Sharing-Kultur 76
Singapur 57, 72, 178
Smith, Adam 22
Social Business 15 f., 22, 24, 217
Social Innovation Community 217
Solutionismus 211
Soziale Innovation (Definition) 213
Soziale Mobilität 40, 234
Sozio-Med-Mobil 121 f., 129
Stadtplanung 64
Start-up 18, 21, 35, 60, 93, 109, 118, 141, 147, 152, 158, 187, 191, 200, 203 – 206, 219, 230 f.
Stau 13 f., 33, 50 f., 57, 61, 64 f., 74, 99, 103, 175, 178, 180, 228
Strukturwandel in Mobilitäts-branche 190

Tallinn 41 f.
Tarmstedt 127 f., 131
teilAuto 23, 84 – 88
Templin 42
Tesla 95, 144
The Boring Age 212

Ticketsystem 116
Tier 200
Tremel, Luise 78

ubahnverleih 92 – 97, 102, 106 – 109
Uber 178, 195 – 200
Uexküll, Jakob von 24
Ulm 92, 97 f., 108 f.

Vancouver 67
Vereinte Nationen 20
    Nachhaltigkeitsziele 21, 213 f.
    Definition von Nachhaltigkeit 20
    Leitprinzipien für Wirtschaft und Menschenrechte 144
Verteilung, Ungerechtigkeit der 32
Vilnius 105
Virgin Hyperloop One 230
Voi 200
Volkswagen 12, 18, 139, 141, 144, 153, 186, 192
Voltfang 152, 158
Volvo 96

Warncke, Wolf 127 – 131
Waymo 162, 170
Weckert, Simon 60 f.
Weltbevölkerung in Städten 50
Werner, Hiltrud Dorothea 139 – 141, 145 f., 152

Zanden, Travis Vander 199
Zipline 219 – 221
Zuschussgeschäft (Nahverkehr) 58, 117, 125

Die Autorin

Dr. Nari Kahle ist Head of Strategic Programs bei CARIAD SE, dem Software- und Technologieunternehmen im Volkswagen Konzern.

Zuvor arbeitete sie als Leiterin für soziale Nachhaltigkeit an der Schnittstelle von sozialen und digitalen Themen, wozu auch der Aufbau und die Leitung eines konzernweiten Programms für junge Menschen zu digitalen sozialen Innovationen gehörten.

Als Referentin des Gesamt- und Konzernbetriebsrats der Volkswagen AG wirkte sie an aktuellen Fragestellungen sowie Grundsatzthemen zur Digitalisierung sowie zur Zukunft von Mobilität, Arbeit und Beschäftigung aus Mitbestimmungssicht mit.

Ihre berufliche Laufbahn startete sie bei der Unternehmensberatung Detecon (Deutsche-Telekom-Gruppe), wo sie zu Corporate Responsibility, Transformation und Nachhaltigkeit beriet.

Für ihr herausragendes Engagement im Bereich Social Business erhielt sie 2018 einen Preis von Friedensnobelpreisträger Professor M. Yunus. 2019 war sie ZEIT-Stipendiatin der Bucerius Summer School on Global Governance. 2021 wurde sie vom Weltwirtschaftsforum zum »Young Global Leader« ernannt.

Sie studierte an der Rheinischen Friedrich-Wilhelms-Universität in

Bonn, an der Korea University in Seoul und an der Harvard University in den USA die Fächer Medienwissenschaften, Betriebswirtschaftslehre sowie Rechtswissenschaften. Im Anschluss erfolgte die Promotion an der WHU Otto Beisheim School of Management in Vallendar sowie an der Cambridge University in England zum Themenfeld soziale Innovationen und ihre wirtschaftlichen und gesellschaftlichen Effekte. Während ihrer akademischen Ausbildung war sie Stipendiatin der Konrad-Adenauer-Stiftung.

Sie ist davon überzeugt, dass Wirtschaft und Soziales neu gedacht werden müssen, um die globalen Herausforderungen gemeinsam anzugehen und langfristige Lösungen zu finden. In ihrer Freizeit engagiert sie sich daher ehrenamtlich als Beraterin und Coach für soziale Start-ups und Organisationen und schreibt über soziale Innovationen, Wirtschaft und Mobilität.

www.narikahle.com